파이썬 기반의 Natural 컴퓨팅

Natural Computing with Python

딥러닝, 유전 알고리즘, 개미 알고리즘 등 자연에서 아이디어를 얻은 알고리즘을 파이썬으로 구현해서 실세계 문제 해결하기

잔카를로 자코네 지음
강태원 옮김

도서출판 홍릉

Natural Computing with PYTHON

by Giancarlo Zaccone

파이썬 기반의 natural 컴퓨팅

인 쇄: 2020년 4월 10일 초판 1쇄
발 행: 2020년 4월 20일 초판 1쇄

역자와의
협의하에
인지생략

역 자: 강태원
발행인: 송 준
발행처: 도서출판 홍릉
주 소: 01093 서울시 강북구 인수봉로 50길 10
등 록: 1976년 10월 21일 제5-66호

전 화: 02-999-2274~5, 903-7037
팩 스: 02-905-6729
e-mail: hongpub@hongpub.co.kr
http://www.hongpub.co.kr
ISBN: 979-11-5600-749-4(93000)

정 가: 33,000원

낙장 및 파본은 구입처나 본사에서 교환하여 드립니다.

저자 소개

잔카를로 자코네는 10년 이상 과학과 산업 분야 연구 프로젝트에 책임자로 참여했다.

그는 유럽 우주국(European Space Agency, ESTEC) 소프트웨어 및 시스템 엔지니어 컨설턴트다.

잔카를로 자코네는 로마 라 사피엔자 대학교 물리학 석사학위와 과학 컴퓨팅 고급 석사학위를 가지고 있다.

역자 소개

강태원은 25년 이상 인공지능과 인공생명을 연구하고 교육해온 과학자이자 공학자다.

자연과 사회를 이해하고 그로부터 새로운 알고리즘 만들기를 즐긴다. 조만간 모두가 인공생명을 말하는 시절이 오리라 확신하고 있다.

연세대학교에서 수학으로, 고려대학교에서 컴퓨터과학으로 이학사를 취득하고, 고려대학교에서 이학 박사학위를 받았다. 국립강릉원주대학교 컴퓨터공학과 교수로 재직 중이다.

머리말

내추럴 컴퓨팅은 자연에서 영감을 얻은 문제해결 방법을 연구하는 분야로, 이러한 기술을 이용해서 복잡한 문제를 해결하기 위한 새로운 알고리즘을 개발하고, 자연의 모델을 합성하며, 나아가 새로운 컴퓨팅 시스템을 설계할 수 있다.

이 책은 이러한 중요한 연구 분야의 핵심 주제를 다룬다.

1장은 신경망과 오류 역전파 학습 알고리즘 소개로 시작해서, TensorFlow 프레임워크 응용사례 설명으로 끝난다.

2장은 딥러닝 아키텍처를 다룬다: Keras 도구를 사용한 CNN, RNN, 그리고 오토인코더. 마지막 절에서는 OpenAI를 사용한 강화학습을 집중적으로 설명한다.

3장은 자연의 진화 원리를 응용한 유전 알고리즘이다. 순회 외판원 문제를 해결하는 유전 알고리즘을 어떻게 만드는지 보여주고, gplearn을 사용해서 복잡한 수학 문제를 해결하는 방법을 알아본다.

4장은 대표적인 떼 지능을 구현한다: 개미 집단 및 입자 군집 최적화. 마지막 절에서 SwarmPackagePy 프레임워크로 인공 벌 알고리즘을 구현한다.

5장은 세포 자동자 혹은 셀룰러 오토마타를 다룬다. 이 모델은 전통적인 수학적 기술로 다루기 어려운 아주 복잡한 물리적 문제를 해결하는 데 유용한 수학적 도구다. 우리는 가장 대표적이자 중요한 세포 자동자인 라이프 게임, 랭턴의 개미, 그리고 울프람의 세포 자동자를 구현한다.

6장은 프랙털과 그것이 생성하는 놀라운 수학적 세계에 대해 설명한다. 칸토어 집합과 만델브로 집합 같이 가장 잘 알려진 프랙털을 감상하는 프로그래밍 예제들과 IFS와 LS 시스템 같이 자연과 프랙털을 연결하는 수단에 대해 살펴본다.

7장은 양자 컴퓨팅을 소개한다. 양자 알고리즘의 원리를 설명하고, QiSkit 툴을 사용해서 양자 프로그램을 개발하는 방법을 알아본다. 이 프로그램은 IBM Q 머신이라는 실제 양자 컴퓨팅 플랫폼에 실행된다.

8장은 DNA 컴퓨팅의 주요 특징을 설명한다. 마지막 절에서 애들먼 실험에 대한 파이썬 모의실험을 살펴본다. 애들먼 실험은 분자 수준에서 계산을 수행할 수 있음을 보여준 최초의 실험이다.

역자 머리말

인공지능의 주제가 "지능이 있는 것처럼 보이는 시스템을 만드는 것"이라면 인공생명은 "살아 있는 것처럼 보이는 시스템을 만드는 것"이라 할 수 있다.

이 책은 인공생명 분야에서 사용할 도구들을 가득 담고 있다.

계산에 의한 지능의 연구 결과가 축적되어 1956년, 다트머스에서 "인공지능"이라는 용어가 탄생했다면, 계산에 의한 생명의 연구 결과로 1987년, 로스 알라모스에서 "인공생명"이라는 용어가 탄생했다.

그 회의를 주도한 크리스 랭턴은 "우리가 알고 있는 생명"을 넘어 "가능한 것으로의 생명" 연구를 제안한다.

이 책은 그 연구를 가능하게 하는 도구를 소개하고 모두 파이썬으로 구현해서 경험할 수 있게 만들어졌다. 물론 이 책의 구현들이 전문가가 사용할 만큼 정교하지는 않다.

그러나 인공생명 기술을 맛보기에 충분하다.

독자들이여 절대 잊지 마시라, 이제 인공생명이다!

어려운 가운데 이 책이 나올 수 있도록 지원을 아끼지 않은 도서출판 홍릉의 모든 관계자께 머리 숙여 감사한다.

감사의 글

물리학자, 수학자, 생물학자, 그리고 컴퓨터 과학자에게 특별한 감사를 전한다. 그들의 아이디어로 이 책이 태어났다.

환상적인 BPB 출판 팀, 특히 큰 도움을 준 비나이 아르게카르에 많이 감사한다.

내 가족과, 특히 동생 미셸에게 감사한다.... 모든 게 고맙습니다!

소스 코드와 컬러 이미지 내려받기

아래 링크 사이트에서 이 책의 소스 코드와 컬러 이미지를
몽땅 내려받을 수 있다:

https://rebrand.ly/9715a

오류 피드백

BPB 출판사는 우리가 하는 일에 큰 자부심을 가지고 있으며, 독자가 책을 보는 동안 몰입을 경험할 수 있도록, 내용의 정확함을 유지하려는 최상의 절차를 따르고 있다. 독자는 우리의 거울이며, 우리는 독자의 피드백을 반영하여, 출판이 진행되는 동안 발생하는 인간적인 실수를 만회하려 한다. 이 책의 질적 수준을 유지하고, 알 수 없는 오류로 인해 어려움에 처한 다른 독자를 위해서 문제가 발견되면 알려주기 바란다:

errata@bpbonline.com

BPB 출판사 가족은 독자의 지지, 제안, 그리고 피드백에 깊이 감사한다.

차례

CHAPTER 1 신경망 Neural Network

CHAPTER 2 딥러닝 Deep Learning

CHAPTER 3 유전 알고리즘 및 프로그래밍 Genetic Algorithms and Programming

CHAPTER 5 세포 자동자 Cellular Automata

CHAPTER 6 프랙털 Fractals

CHAPTER 7 양자 컴퓨팅 Quantum Computing

CHAPTER 8 DNA 컴퓨팅 DNA Computing

CHAPTER 1

신경망
Neural Network

개요

신경망 역사는 제2차 세계대전이 한창인 1943년까지 거슬러 올라간다. 당시 **매컬럭**과 **피츠**가 인공뉴런과 그것을 서로 연결하여, 인공적인 방법으로 사람의 뇌 구조를 흉내내는 방법을 제안하였다.

몇 년이 지난 1949년, **허브**가 신경망 학습에 대한 아이디어를 소개한다. 그리고 1957과 1958년 사이에, **로젠블라트**가 최초로 현대식 신경망 체계를 제안한다. 즉, 모양은 물론이고 그들의 관계를 인식할 수 있는 페셉트론이 등장한다.

퍼셉트론은 학습할 수 있는 연결 가중치를 구성요소로 포함함으로써, **매컬럭**과 **피츠**가 제안한 이진구조의 한계를 극복한다. 자세한 내용은 **퍼셉트론** 절에서 설명한다.

현대식 컴퓨터가 출현하는 1970년대에서 80년대까지, 신경망은 과학계의 관심에서 벗어나게 된다. 다만 1974년, 다층신경망 학습에 관한 수학적 기초를 다진 **워보스**의 연구가 기억할 만한 사건이다.

가장 현대식 신경망 구조는 **루멜하트**, **힌톤**, 그리고 **윌리엄스**가 오류 역전파 학습 알고리즘을 개발한 1986년에 등장한다. 이 학습 알고리즘에 의해, 신경망 출력이 원하는 값이 되거나 충분히 가깝게 될 때까지 뉴런의 연결 가중치를 체계적으로 수정하는 게 가능해졌다. 오류 역전파 학습 알고리즘은 **MLP 파이썬 구현** 절에서 소개한다.

신경망은 학습과 추론을 하는 동안, 신경망의 내부 정보와 입력으로 들어온 외부 데이터를 기반으로, 스스로의 (노드 및 연결) 구조를 갱신하는 기능을 가진 "적응적" 시스템이다.

신경망을 잘 이해하고 응용하기 위해서, 1장 후반에 머신러닝을 위한 TensorFlow 소프트웨어 라이브러리를 소개한다. TensorFlow는 언어 처리에서 이미지 인식까지 다양한 유형의 문제를 해결하는 알고리즘을 구현하는 데 유용하게 사용할 수 있는 검증되고 최적화된 모듈을 제공한다.

다루는 세부 내용

- 생물학적 뉴런
- 퍼셉트론
    - 퍼셉트론으로 논리 게이트 구현
- 활성함수
    - 선형, 비선형 모델
    - 시그모이드 뉴런
- 신경망 학습 원리
- 신경망 구조
- 지도 학습
    - 기울기 강하
- MLP 파이썬 구현
- TensorFlow
    - 플로 그래프

- 로지스틱 회귀
- 결론
- 참고 사이트

> **노트**: 이 책에 나오는 예제는 파이썬 3.x 버전으로 만들었다. 그러나 뒤에 나오는 모든 예제와 호환성을 유지하기 위해 파이썬 3.5.2 버전 사용을 추천한다. 해당 버전은 다음 사이트에서 내려받을 수 있다: https://www.python.org/downloads/release/python-352/

생물학적 뉴런

생물학적 뉴런은 전기적으로 활동하는 세포이며, 사람의 뇌에는 뉴런이 약 1011개가 있다. 뉴런의 모양은 여러 가지지만 거의 대부분 그림 1.1 같이 생겼다. 세포 몸체를 체세포라 부른다; 수상돌기는 뉴런의 입력을 축색돌기는 출력을 나타낸다. 시냅스라 부르는 뉴런들 사이의 접합 부위를 통해서 통신이 일어난다.

하나의 뉴런은 일반적으로 수천 개에 이르는 다른 뉴런과 연결되므로, 사람 뇌 속 시냅스 개수는 10^{14}개가 넘는다. 각 뉴런은 주로 2가지 상태를 취한다: 활성 또는 수면. 활성 상태에 있는 뉴런은 활동 신호(전기 자극)를 생성해서 축색을 통해 전달한다. 일단 신호가 시냅스에 도달하면, 화학 물질(신경 전달 물질)이 방출되고, 이것이 접합 부위를 건너 다른 뉴런의 몸체로 전달된다(!좀 더 자세하게 설명하자면, 시냅스는 보내는 뉴런의 축색돌기와 받는 뉴런의 수상돌기가 만나는 부분으로, 보내는 뉴런의 축색 부위에서 생성된 화학 물질이 받는 뉴런의 수상돌기로 전달된 후, 시냅스의 유형이 흥분인 경우 다시 전기 자극으로 바뀐다. 따라서 보낸 활동 신호가 변환 과정을 통해 조절되어 전달된다).

시냅스 유형이 흥분이냐 억제냐에 따라 이 물질은 연결된 뉴런이 활성화될 확률을 높이거나 낮춘다. 시냅스에서 가중치란 시냅스의 유형과 흥분 또는 억제의 정도를 조절

하는 것에 해당한다. 다음 그림은 생물학적 뉴런을 나타낸다:

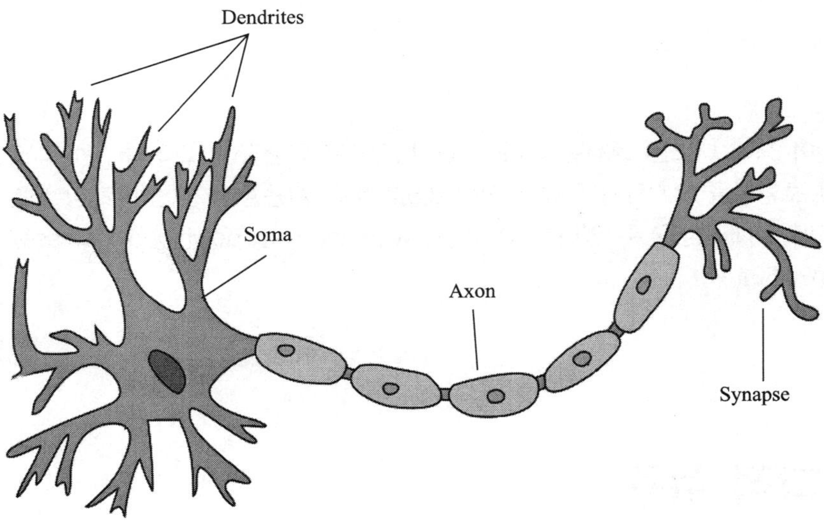

| 그림 1.1 | 생물학적 뉴런

간단하게 요약해서, 각 뉴런은 다른 뉴런들이 보낸 입력에 대한 가중치 합을 산정한 후, 이 값이 정해진 임계치를 초과하면 활성 상태가 된다. 즉 활성 신호를 생성해 전달한다.

1,000분의 1초 단위로 동작하는 뉴런은 상대적으로 매우 느린 처리 시스템이다; 그러나 뉴런들의 네트워크 전체는, 동시에 병렬로 처리되는 아주 많은 뉴런과 시냅스로 구성되었기 때문에, 실제로 매우 높은 정보 처리 능력을 가진다.

퍼셉트론

퍼셉트론perceptron은, 1950~1960년대 사이에 프랭크 로젠블라트라는 과학자가 개발한 인공 뉴런이다. 퍼셉트론은 이진수 x_1, x_2, ... x_n을 입력 받아 이진수 y를 하나 생성한다:

그림 1.2는 n개를 입력받아 하나를 출력하는 퍼셉트론을 나타낸다. 로젠블라트는

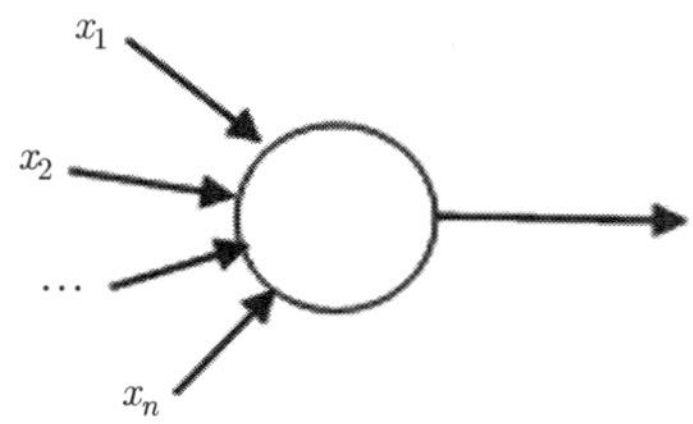

| 그림 1.2 | 퍼셉트론

1958년, 각 입력 x_i에 대응되는 가중치 w_i를 추가하고, 뉴런의 출력을 계산하는 단순한 규칙을 제안했다. 가중치는 실수 값이고, 출력 y를 계산하는데 입력 x_i가 얼마나 중요하게 반영되는지를 나타낸다.

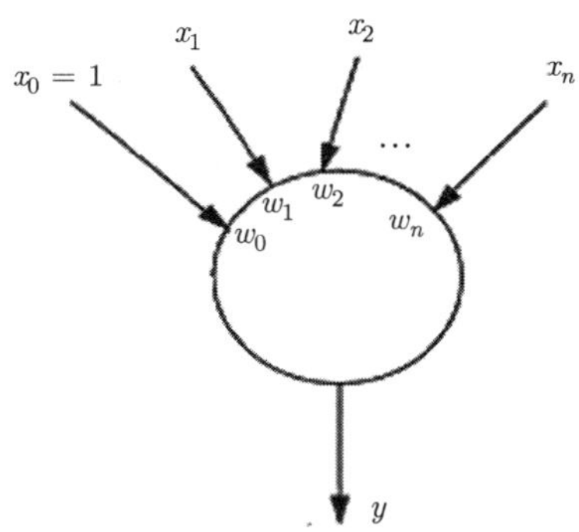

| 그림 1.3 | 로젠블라트 퍼셉트론

퍼셉트론의 출력은 0 또는 1 같은 이진 값이고, 입력 가중치 합이 임계치보다 큰지 아닌지에 따라 결정된다. 임계치는 뉴런의 매개변수로 무작위로 정한 실수 값이다. 여기서 $f(x)$는 **활성함수**라 부른다:

$$output = f(x) = \begin{cases} 1, & \sum w_i x_i + b \geq threshold \\ 0, & \sum w_i x_i + b < threshold \end{cases}$$

이 방정식이 퍼셉트론의 수학적 모델이다. 이 모델은 입력의 무게 즉, 중요도를 재서 결정을 내리는 이진 의사 결정기로도 볼 수 있다. 어떤 입력 x_i의 가중치가 다른 입력의 가중치보다 크면 이 입력은 가중치 합에 더 큰 영향을 준다. 또한, 임계치가 작아지면, 뉴런의 출력이 1일 가능성이 커지고, 반대의 경우 0일 가능성이 커진다.

임계치가 다음과 같은 경우를 생각해 볼 수 있다:

$$\sum_{i=1}^{m} w_i x_i = -bias = threshold$$

이 경우 모델은 다음과 같다.

$$output = f(x) = \begin{cases} 1, & \sum w_i x_i + b \geq 0 \\ 0, & \sum w_i x_i + b < 0 \end{cases}$$

바이어스를 퍼셉트론의 출력이 1일 가능성에 대한 척도로 생각할 수 있다. 바이어스가 큰 (!양수인) 뉴런은 활성 상태가 되기 쉽고 반대도 마찬가지로 해석할 수 있다. 즉, 바이어스가 0보다 많이 작으면 퍼셉트론의 출력이 1이 되기가 아주 어렵다(!퍼셉트론의 입력은 0 또는 1임을 기억할 것). 임계치를 0으로 정하면, 바이어스가 그 역할을 대신하고, 위와 같이 모델은 더 단순해진다.

요약하면, 퍼셉트론의 구조는 다음과 같다:

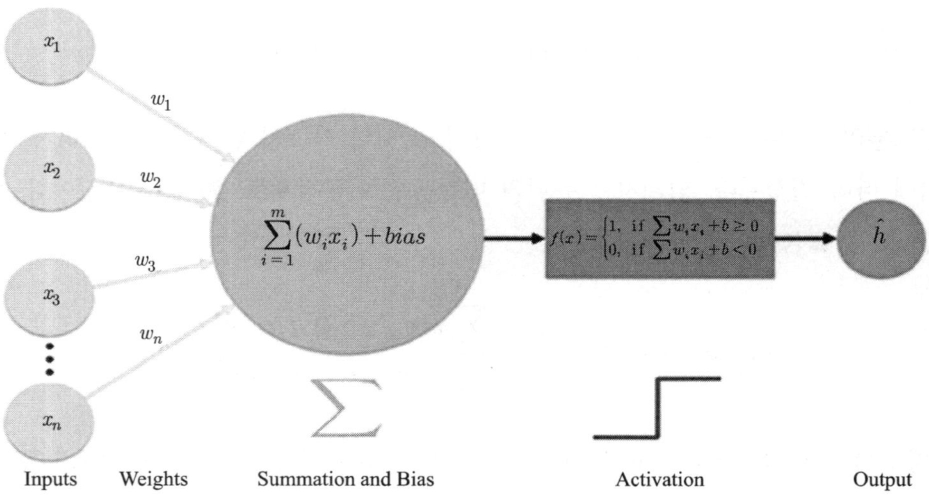

| 그림 1.4 | 퍼셉트론의 완전한 구조

- **입력**을 퍼셉트론에 전달
- 입력과 **가중치**를 곱해 가중치 합을 구한다.
- 가중치 합에 **바이어스**를 더한다.
- **활성함수**를 적용한다. 여기서는 스텝함수를 사용하지만, 시그모이드, 하이퍼볼릭 탄젠트, 그리고 ReLU 같은 더 복잡한 활성함수들도 있다.
- 1 또는 0이 **출력**된다. 퍼셉트론 출력을 $\hat{y}$으로 나타내기로 한다.

퍼셉트론으로 논리 게이트 구현

지금까지 의사결정 관점에서 퍼셉트론의 출력을 계산하는 방법을 설명했지만, 퍼셉트론은 AND, OR, 그리고 NAND 같은 기본 논리함수 기능을 구현하는 용도로 사용할 수도 있다.

예를 들어, 다음 그림 같이 입력이 2개고, 가중치가 각각 1이며, 바이어스가 −2인 퍼셉트론이 있다고 하자:

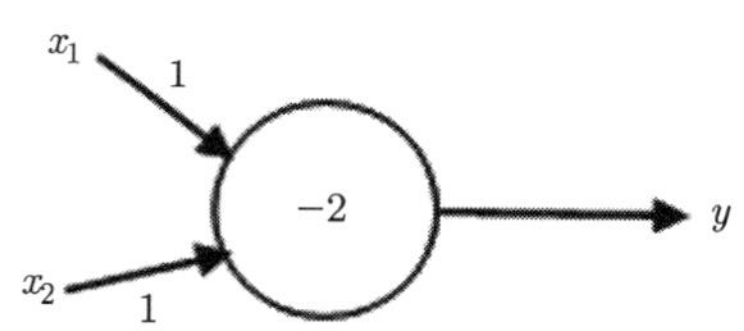

| 그림 1.5 | AND 게이트 신경망

입력 x_1, x_2를 달리해가면서 출력을 계산해보자:

$$x_1 = 0,\ x_2 = 0\ \rightarrow 0*(1) + 0*(1) + (-2) < 0 \rightarrow y = 0$$

$$x_1 = 1,\ x_2 = 0\ \rightarrow 1*(1) + 0*(1) + (-2) < 0 \rightarrow y = 0$$

$$x_1 = 0,\ x_2 = 1\ \rightarrow 0*(1) + 1*(1) + (-2) < 0 \rightarrow y = 0$$

$$x_1 = 1,\ x_2 = 1\ \rightarrow 1*(1) + 1*(1) + (-2) \geq 0 \rightarrow y = 1$$

결과를 보면 퍼셉트론이 논리 게이트 AND처럼 동작함을 알 수 있다.

가중치 w_1과 w_2를 모두 2로하고 바이어스를 3으로 정하면 퍼셉트론이 NAND 게이트처럼 동작하고, 부울 논리 드 모르간의 법칙에 의해 임의의 논리함수처럼 동작하는 퍼셉트론 네트워크를 구축할 수 있다.

보편적 계산기로써 퍼셉트론은 긍정적인 면과 부정적인 면을 모두 가지고 있다; 퍼셉트론이 다른 계산 장치만큼 충분히 강력해 보인다는 점에선 긍정적이나, 가중치와 바이어스를 사람이 직접 설정해야 하고, 네트워크 규모가 커지면 그 일이 비용이 많이 드는 어려운 일이기에, 그것이 단지 새로운 형태의 NAND 게이트에 지나지 않는다는 점에선 실망스러울 수 있다. 다행스럽게도, 인공 뉴런으로 구성된 네트워크의 가중치와 바이어스를 자동으로 조절하는 학습 알고리즘이라는 게 존재한다.

이 알고리즘은 인공 뉴런을 논리 게이트와 완전히 다른 용도로 사용할 수 있게 한다. 신경망은, 때로 너무 복잡해서 논리 게이트 네트워크를 명시적으로 설계해서 해결할 수 없는, 문제의 해결 방법을 쉽게 학습할 수 있다.

그림 1.6은 입력이 x_1, x_2, 출력이 y이고, 두 입력의 가중치는 각각 w_1, w_2이며, 바이어스가 w_0인 퍼셉트론이다:

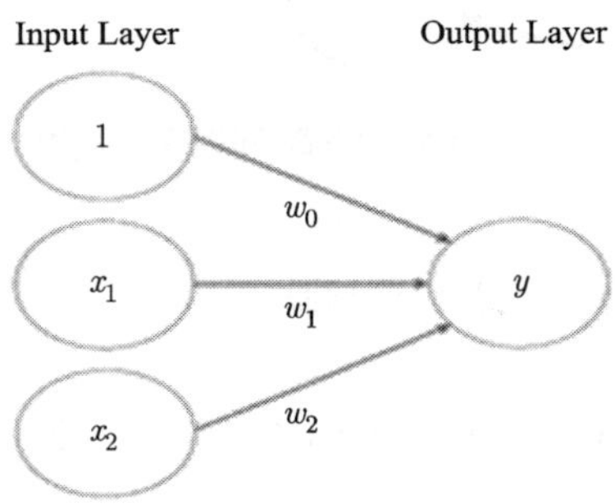

┃그림 1.6┃ 논리 게이트 신경망

입력 가중치 합이 임계치를 넘을 때만 1이 출력된다. 이 경우, 활성함수는 다음과 같다:

$$y = \begin{cases} 0, (w_0 + w_1x_1 + w_2x_2) \le 0 \\ 1, (w_0 + w_1x_1 + w_2x_2) > 0 \end{cases}$$

이 함수의 매개변수를 조절해서 논리 게이트를 만들어 보자. 만일 $w_0 = -1.5$, $w_1 = w_2 = 1$로 설정하면 AND 게이트가 된다.

다음은 AND, OR, 그리고 NAND에 대한 진리표다:

| 표 1.1 | AND, OR, NAND 진리표

AND			OR			NAND		
x_1	x_2	y	x_1	x_2	y	x_1	x_2	y
0	0	0	0	0	0	0	0	1
1	0	0	1	0	0	1	0	1
0	1	0	0	1	0	0	1	1
1	1	1	1	1	1	1	1	0

다음과 같이 파이썬 코드로 퍼셉트론의 동작을 구현해 보자:

1. 먼저 numpy 라이브러리를 가져온다:

```
import numpy as np
```

2. 논리 게이트 AND 정의:

```
def And(x1, x2):
    x = np.array([1, x1, x2])
    w = np.array([-1.5, 1, 1])
    y = np.sum(w*x)
    if y <= 0:
        return 0
    else:
        return 1
```

3. 논리 게이트 OR 정의:

```
def Or(x1, x2):
    x = np.array([1, x1, x2])
    w = np.array([-0.5, 1, 1])
    y = np.sum(w*x)
    if y <= 0:
        return 0
    else:
        return 1
```

4. 논리 게이트 NAND 정의:

```
def Nand(x1, x2):
    x = np.array([1, x1, x2])
    w = np.array([1.5, -1, -1])
    y = np.sum(w*x)
    if y <= 0:
        return 0
    else:
        return 1
```

5. 메인 함수를 정의한다:

```
if __name__ == '__main__':
```

6. 입력 배열을 정의한다:

```
input = [(0, 0), (1, 0), (0, 1), (1, 1)]
```

7. 논리 게이트를 호출해 실행한다:

```
print("AND")
for x in input:
    y = And(x[0], x[1])
    print(str(x) + " -> " + str(y))
```

```
print("OR")
for x in input:
    y = Or(x[0], x[1])
    print(str(x) + " -> " + str(y))

print("NAND")
for x in input:
    y = Nand(x[0], x[1])
    print(str(x) + " -> " + str(y))
```

8. 결과는 다음과 같다:

```
AND
(0, 0) -> 0
(1, 0) -> 0
(0, 1) -> 0
(1, 1) -> 1
OR
(0, 0) -> 0
(1, 0) -> 1
(0, 1) -> 1
(1, 1) -> 1
NAND
(0, 0) -> 1
(1, 0) -> 1
(0, 1) -> 1
(1, 1) -> 0
```

활성함수

생물학적 뉴런의 경우, 시냅스를 통해 전달받은 화학물질이 정해진 임계치를 넘어서면 전기적 활성 신호가 생성되어 전달된다. 인공 뉴런의 경우도 마찬가지다. 입력에 대한 선형함수 즉, 가중치 합을 계산한 후, **활성함수**라 부르는 비선형함수를 적용해서 결과를 생성한다.

활성함수를 적용하지 않으면 어떻게 될까? 신경망은 전체적으로 선형함수들의 합성이고, 결국 하나의 선형함수다. 예를 들어, (!비선형 활성함수를 적용하지 않는 선형) 뉴런 층 1,000개로 구성된 신경망의 계산 능력은 선형 단층 신경망과 동일하다. 따라서 활성함수는 선형성을 깨서 신경망을 비선형함수로 만드는 역할을 한다.

다음 절에서, 선형 모델과 비선형 모델의 차이를 설명하고, 인공신경망을 구현하는데 이 모델들이 어떤 결정적인 역할을 하는지 살펴본다.

선형, 비선형 모델

활성함수를 사용하지 않는 신경망은 그냥 회귀 모델에 불과하다. 즉, 그림 1.7 같이 하나의 직선으로 데이터 분포를 해석하려 한다. 이 사례의 경우, 직선이 데이터 분포를 정확하게 나타내지 못함을 알 수 있다. 어떻게 시도해도 정확도가 더 나아지지 않는다.

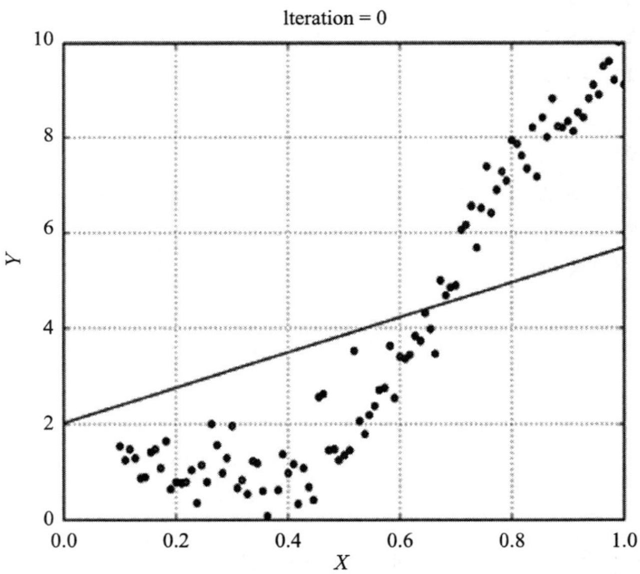

| 그림 1.7 | 선형회귀

임의의 함수를 근사할 수 있는 범용 함수 근사기가 되는 게 신경망의 목적이고, 그러기 위해서는 비선형 요소가 필요하며, 활성함수가 등장하는 이유가 된다.

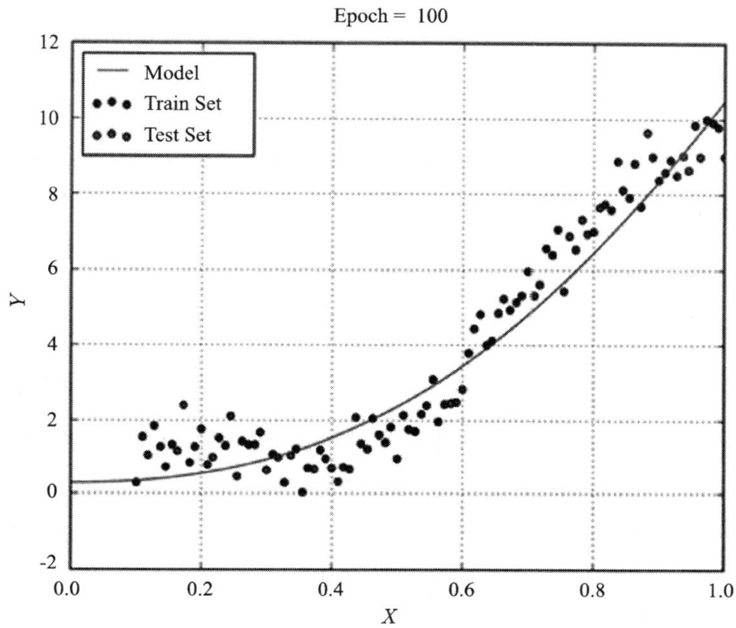

┃그림 1.8┃ 비선형회귀

앞 그림을 보면, 비선형 모델을 사용해서 같은 데이터를 훨씬 더 정확하게 근사할 수 있다. 따라서 활성함수는 비선형이어야 한다.

가장 많이 사용하는 3가지 활성함수로 계단 함수, 시그모이드 함수, 그리고 ReLU 함수가 있고, 다음 절부터 차례로 알아보자.

계단 함수

가장 직관적인 함수가 계단 함수이고 어떤 면에서, 생물학적 뉴런의 기능과 많이 유사하다. 입력 가중치 합이 음수인 동안, 0을 출력하다가, 합이 0을 넘자마자 1로 점프한다. 계산하기 쉽고, 출력을 0또는 1 값으로 압축하여 정규화하는 게 장점이다.

그러나 출력이 바뀌는 임계점이 미분 가능하지 않기 때문에 즉, 그 점의 미분계수가 존재하지 않기 때문에 이 유형의 함수는 실제 응용에는 잘 사용되지 않는다. 미분계수는 그 점의 접선 기울기 이상의 것으로, 가중치 수정 방향을 결정하기 때문에, 딥러닝의 기초가 되는 것이다.

간단히 말해서, 급격한 출력 변화가 신경망 동작 제어를 어렵게 만든다. 주어진 입력에 대해 가중치를 조금 수정해서 네트워크의 출력을 크게 개선할 수 있는 반면, 마찬가지로 작은 변화가 완전히 다른 값을 출력할 수도 있다.

시그모이드 함수

가장 많이 사용하는 활성함수가 시그모이드 함수다. 계단 함수와 유사하지만, S자 모양의 증감 경향을 지니므로 가중치 합을 더 완만하게 0과 1사이의 출력으로 매핑한다. 모든 점에서 미분 가능하다는 장점 외에, 가중치 합을 0과 1사이의 값으로 변환하므로 합의 편차가 아주 큰 경우라도 매우 안정적이다. 이와 같은 장점 때문에 시그모이드 함수가 오랫동안 사용되었지만 문제가 없는 건 아니다.

입력에 대한 가중치 합의 절댓값이 아주 큰 경우 시그모이드 함수가 거의 평평한 영역에 대응하므로, 결과적으로 기울기가 0에 가까워서 학습 수렴 속도가 매우 느리다. 시그모이드 곡선의 양 끝에서 발생하는 이러한 낮은 반응성이 기울기 소실의 원인이 된다. 기울기 소실 문제는 뒤에서 다룬다. 또한, 입력이 모두 양수인 경우, 가중치 합도 양수일 테니 기울기도 전부 양수이거나 또는 전부 음수가 된다(!결국 지그재그로 최적 점에 수렴하므로). 신경망 학습 속도가 느리게 된다.

이런 이유로 중간층 활성함수로는 더 이상 널리 사용되지 않지만, 분류 문제의 출력층에는 여전히 아주 유용하게 사용된다.

ReLU 함수

ReLU 함수는 최근 특히, 중간층에 아주 흔히 사용하는 활성함수다. 이 함수는 값 계산이 아주 쉽다: 가중치 합이 음수인 경우 출력은 0이고, 합이 음수가 아니면 그 자체가 출력 값이다.

이러한 단순성과 더불어, 기울기 소실을 극적으로 줄일 수 있기에, 반복 횟수와 계산량이 많은 중간층에 사용하기 좋은 매력적인 특징을 지녔다. 실제로 이 활성함수의 기울기 즉, 미분계수는 아주 쉽게 계산할 수 있다: 가중치 합이 음수면 0이고, 아니면 1이다. 합이 0인 지점 즉 활성함수 원점의 미분계수는 정의되지 않지만 관례적으로 0을 그 점에서의 기울기로 사용한다.

다음 파이썬 코드를 사용해서 이 활성함수를 그려볼 수 있다:

```
import numpy as np
import matplotlib.pylab as plt

def step(x):
    return np.array(x > 0, dtype=np.int)

def sigmoid(x):
    return 1 / (1 + np.exp(-x))

def relu(x):
    return np.maximum(0, x)

x = np.arange(-5.0, 5.0, 0.1)
y_step = step(x)
y_sigmoid = sigmoid(x)
y_relu = relu(x)

plt.plot(x, y_step, label='Step', color='k', lw=1, linestyle=None)
plt.plot(x, y_sigmoid, label='Sigmoid', color='k', lw=1, ls='--')
plt.plot(x, y_relu, label='ReLU', color='k', lw=1, linestyle='-.')
plt.ylim(-0.1, 1.1)
plt.legend()
```

다음은 위 코드 실행 결과를 나타낸다:

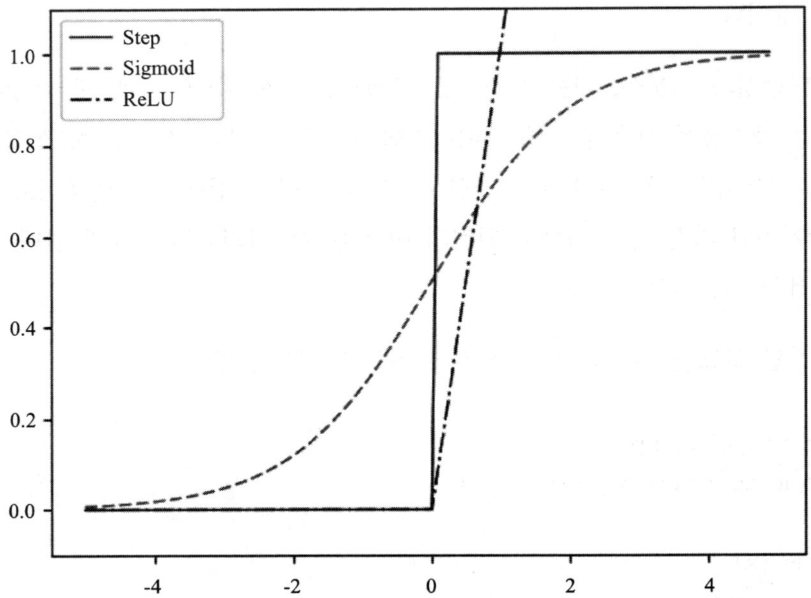

▌그림 1.9▐ ReLU, 계단, 그리고 시그모이드 함수

시그모이드 뉴런

시그모이드 뉴런 역시 퍼셉트론과 마찬가지로 나타낼 수 있다. n개의 입력 x_1, x_2, $\cdots$, x_n, 대응하는 가중치 w_1, w_2, $\cdots$, w_n, 바이어스 b, 그리고 네트워크의 다른 뉴런의 입력으로 전달될 출력 y로 구성된다.

퍼셉트론과 다르게 시그모이드 뉴런의 입력 x_i와 출력 y는 0 또는 1이 아니라, 0에서 1사이 실수 값을 취할 수 있다. y는 다음 같이 정의된다:

$$y = \sigma(w \cdot x + b)$$

여기서 σ는 시그모이드 함수다:

$$\sigma(z) = \frac{1}{1 + e^{-z}}$$

시그모이드 뉴런은 유용한 특징을 가지고 있다. 입력과 출력이 0에서 1 사이 값이기 때문에, 현실 세계 문제를 더 잘 모델링할 수 있다. 퍼셉트론 예제처럼 이진 결정 문제를 다루는 경우, 출력이 0.5보다 크거나 같으면 1 또는 논리적 참으로, 0.5보다 작으면 0 또는 논리적 거짓으로 해석해서 사용할 수 있다.

다음은 시그모이드 함수와 시그모이드 함수의 도함수를 나타낸다:

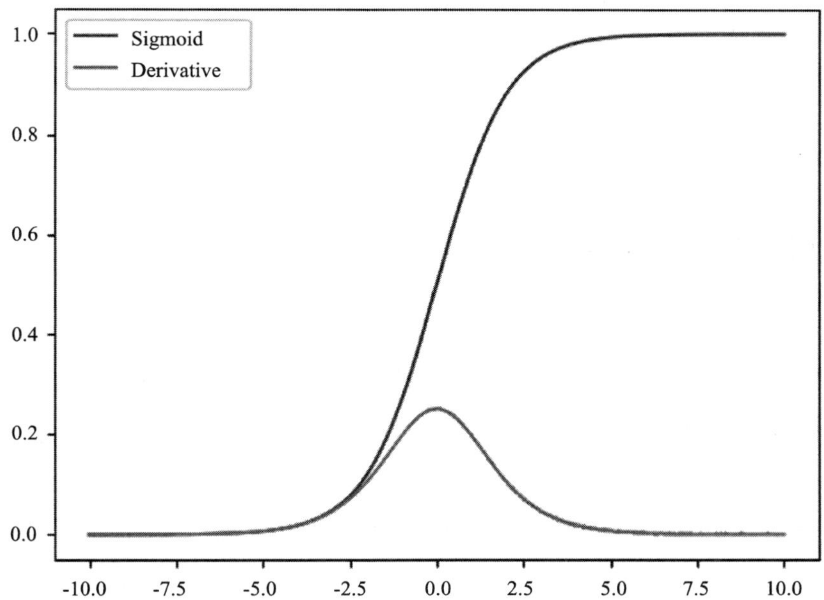

▌그림 1.10▐ 시그모이드 함수와 도함수

다음은 위 그림을 그리는 파이썬 코드다:

```
import numpy as np
import matplotlib.pyplot as plt

def sigmoid(x):
    return 1 / (1 + np.exp(-x))

def derivative(x, step):
```

```
    return (sigmoid(x+step) - sigmoid(x)) / step
x = np.linspace(-10, 10, 1000)

y1 = sigmoid(x)
y2 = derivative(x, 0.0000000000001)

plt.plot(x, y1, label='sigmoid')
plt.plot(x, y2, label='derivative')
plt.legend(loc='upper left')
plt.show()
```

신경망 학습 원리

네트워크의 모든 가중치와 바이어스를 잘 설정해서, 가중치(또는 바이어스)를 조금 수정했을 때, 출력도 조금 달라지는 네트워크를 얻는 게 신경망 학습의 주목적이다. 가중치(또는 바이어스)가 조금 달라졌을 때 대응하는 출력도 조금 달라진다면, 네트워크가 상황에 따라 적절하게 동작하도록 만들 수 있다. 예를 들어, 개를 고양이로 틀리게 인식하는 이미지 분류 신경망이 있을 때, 가중치와 바이어스를 조금 수정해서 네트워크가 이미지를 바르게 인식하도록 할 수 있다면, 이 신경망은 학습했다고 말 할 수 있다. 불행하게도, 퍼셉트론을 포함하는 인공 신경망은 그렇게 할 수 없다. 퍼셉트론의 경우 가중치 또는 바이어스의 작은 변화가 예를 들어, 출력을 1에서 0으로 바꿔, 결과적으로 신경망 동작이 크게 달라질 수 있다. 따라서 대부분의 고양이 이미지를 바르게 인식하는 분류기가 조금 다른 이미지에 대해서는 극적으로 다르게 인식하게 되기가 아주 쉽다. 퍼셉트론과 유사하지만, 가중치 또는 바이어스를 조금 수정했을 때 출력도 조금 달라지기 용이하기 때문에, 시그모이드 형 인공뉴런을 사용한다.

신경망 구조

앞 절에서 언급했듯이, 신경망은 생물학적 뇌 특히, 사람의 뇌 구조와 기능을 모방한 머신러닝 모델이다. 뇌는 서로 연결된 뉴런 덩어리들의 네트워크다. 신경세포 즉, 뉴런은 다른 많은 뉴런들과 연결되는데, 연결 링크는 뉴런의 활성 상태에 따라 신호를 강화하거나 억제한다. 이를 모방한 인공 뉴런은 들어오는 모든 입력을 묶어 가중치 합을 구하는 함수와, 최종 출력을 생성하는 활성함수를 갖는다. 이 두 함수를 하나로 묶으면 다음과 같다:

$$y = f(\sum w_i x_i + b_i)$$

여기서 w_i는 각 입력에 대응하는(!혹은 입력의 양을 조절하는) 가중치, b는 바이어스로 가중치 합에 더한다(!보통 바이어스는 1 혹은 −1 같은 상수 입력으로 고정하고 이 바이어스에 대응하는 가중치를 학습 대상으로 한다. 그러므로 이 책의 바이어스는 다르게 표현하면 바이어스 입력의 가중치다, 그림 1.6 참조). 가중치와 바이어스는 뉴런이 학습 단계에서 배운 정보에 해당하고, 이 값은 나중에 추론 단계에서 사용하기 위해 저장된다. 활성함수 f는 통상 정해진 범위의 출력을 생성해서 다음 뉴런 혹은 뉴런들에 전파한다. 일반적으로 계단 함수 그리고 시그모이드 함수 같은 비선형 함수를 사용한다.

신경망은 보통 다수의 뉴런을 포함하는 세 부분으로 구성된다:

- **입력층**: 입력 처리
- **중간층**: 통상 다수의 감춰진 내부 처리
- **출력층**: 출력 처리

입력 신호는 다음 그림처럼, 입력층부터 중간층 뉴런을 거쳐 출력층까지 전체 네트워크를 통과한다.

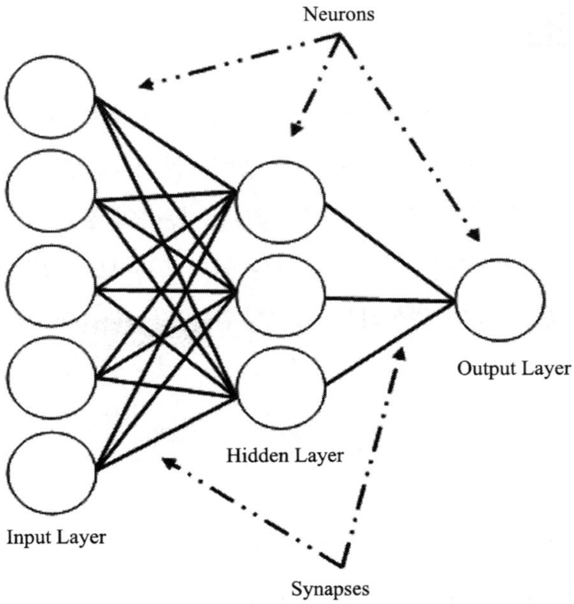

▌그림 1.11▐ 중간층이 하나인 신경망 구조

중간층이 하나 이상인 네트워크를 **다층 퍼셉트론**multi-layer-perceptron, MLP라 부른다(MLP는 퍼셉트론이 아니라 시그모이드 뉴런으로 구성되므로 이 이름이 완전히 적절하지는 않다).

한 층 뉴런들의 출력이 다음 층 뉴런의 입력으로 전달되는 유형의 신경망을 **전진전파** 또는 **전방향 신경망**이라 부른다: 무슨 의미냐 하면, 같은 층 뉴런들 사이에는 어떤 연결도 없으며, 이전 층으로 연결 즉, 역방향 연결도 없고, 네트워크에 사이클이 허용되지 않는다.

각 층을 연결하는 가중치 값, 혹은 네트워크 전이 함수는 경험 데이터를 이용한 학습을 통해서 얻는다.

이런 기술이 바로 **머신러닝**이다: **인공지능**의 한 분야인 머신러닝은 시스템을 명시적으로 코딩하지 않고, 시스템이 스스로 경험으로부터 배우고 자신을 개선할 수 있게 하는 기술이다. 머신러닝은 학습을 통한 프로그램 개발에 중점을 둔다.

다음 같은 3가지 학습 방법이 있다:

- 지도 학습, 입력과 그 입력에 대응하는 출력 즉, 학습 데이터를 사용하는 방법이다. 한정된 양의 입-출력 쌍을 이용해서, 임의의 입력에 대한 출력을 바르게 예측하는 시스템을 만들 수 있다. 신경망의 경우 **역전파**라는 알고리즘을 사용해 학습한다; 학습에 성공하면, 입력과 출력 사이의 숨겨진 관계를 학습하여, 결과적으로 미지의 입력에 대한 출력을 예측해 낼 수 있다.

- 비지도 학습, 입력 데이터만 주어지는 학습 알고리즘을 사용하는 방법이다. 학습 알고리즘은 입력 데이터를 그룹으로 묶거나 데이터를 잘 나타내는 덩어리들을 찾아낸다.

- 강화 학습, 외부 환경 관찰 절차를 통해서 작동 원리나 방식을 찾아낼 때 사용하는 학습 방법이다; 어떤 동작을 취하면 환경에 영향을 주게 되고, 환경은 피드백을 생성하고, 학습 알고리즘은 이 피드백 이용해서 학습을 수행한다.

지도 학습

지도 학습에 기반을 둔 신경망 학습은, 네트워크가 입력을 전파하여 산출한 출력과 학습데이터로부터 얻은 기대 출력의 차이를 최소화하도록, 뉴런의 가중치를 조절하는 과정이다. 두 출력의 차이 즉 오차를 계산하는 함수를 **손실함수** 또는 **비용함수**이라 부르는데, 몇 가지 다른 함수가 사용될 수 있다.

가중치 수정량은 기울기 강하 역전파 같은 수학적 최적화 기법으로 구할 수 있다.

신경망 학습 알고리즘은 입력 전진전파와 역전파에 의한 가중치 수정이라는 두 단계를 반복한다.

전진 전파 단계에서, 입력이 입력층부터 출력층까지 차례로 네트워크 전체를 통과해서 출력을 생성한다: 다음으로 비용함수가 최종 출력과 기대 출력의 차이를 이용해서 예측 오류를 계산한다.

예측 오류를 이용해서 비용함수의 기울기를 계산한 다음, 네트워크 역방향으로 전파(역전파)해 가면서 각 뉴런의 기울기를 계산한다. 모든 뉴런의 가중치에 대한 기울기를 계산하면 가중치 수정 단계를 시작한다: **기울기 강하** 알고리즘이, 기울기를 이용해서, 비용함수 값이 작아지도록 각 뉴런의 가중치를 수정한다.

기울기 강화

기울기 강하는 비용함수를 가능한 한 최소화하는 기술이다. 비용함수를 간단한 2변수 함수라고 가정했을 때, 이 함수의 전역 최소 점 즉 가장 깊숙한 골짜기를 찾는 게 기울기 강하가 하는 일이다.

비용함수의 형태가 구면처럼 간단하면 최소 점을 단번에 찾을 수 있겠으나, 대부분의 경우 비용함수가 매우 복잡하기 때문에 연속적으로 서서히 접근해야 한다. 비유를 이용해서 최대한 간단하게 설명해보자. 기울기 강하는 임의의 지점에서 시작한 다음, 그 점에서의 기울기를 이용해서 방향을 정해 조금 이동한다. 기울기가 크면 경사가 심하다는 뜻이므로 최솟점으로 가기 위해 많이 움직여야 하고, 기울기가 작으면 경사가 완만하고 따라서 최솟점이 가까이 있다는 뜻이므로 조금만 이동하면 된다. 이 과정을 반복하여 최솟점을 찾는 게 기울기 강하 알고리즘이다.

MLP, 파이썬 구현

XOR 함수를 학습하는 MLP를 구현해보자:

| 표 1.2 | XOR 진리표

x_0	x_1	y
0	0	0
0	1	1
1	0	1
1	1	0

구현하려는 네트워크 구조는 다음 그림과 같다:

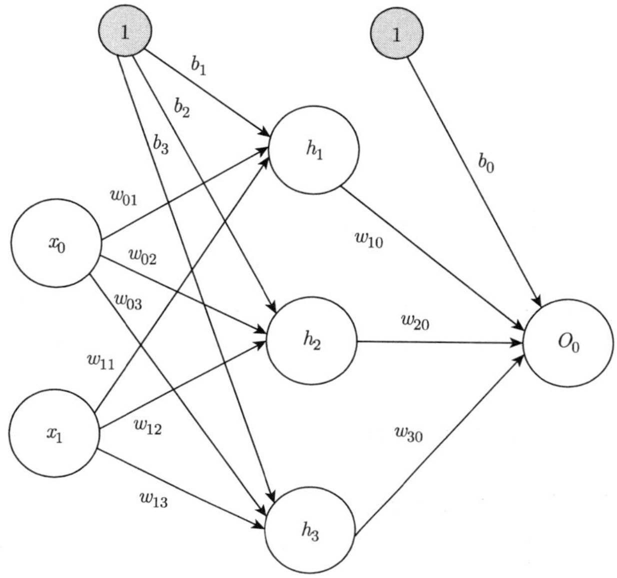

| 그림 1.12 |　XOR을 위한 MLP 신경망의 구조

그림처럼 이 MLP는 입력층, 중간층(1개), 그리고 출력층으로 구성되었다(!또한 앞 층 뉴런과 다음 층 뉴런이 빠짐없이 연결되었음에 주의하라. 이런 걸 완전연결 다층신경망이라 부른다).

- 입력층은 바이어스를 포함한 입력(1, x_0, x_1)을 나타낸다.
- 중간층 뉴런은 3개(h_1, h_2, h_3)다.
- 출력층 뉴런은 1개(O_o)다.

(!입력층 뉴런은 입력을 그대로 출력하는 일종의 허깨비 뉴런이다. 다만 중간층으로 전달될 때 둘을 잇는 가중치가 곱해져 중간층 뉴런으로 전파된다.)

이제 파이썬 코드를 써내려 가자:

```
import numpy as np

class NeuralNetworkXOR:
    def __init__(self, numHidden, numPasses, learningRate):
        self.inpDim = 2
        self.outDim = 1
        self.numHidden = numHidden
        self.numPasses = numPasses
        self.learningRate = learningRate
        self.x = np.array([[0,0],[0,1],[1,0],[1,1]], np.float64)
        self.y = np.array([[0],[1],[1],[0]], np.float64)
```

실행 시 numHidden = 3, numPasses = 25000, learningRate = 1로 설정한다.

먼저, 가중치와 바이어스(!의 가중치)를 무작위로 초기화한다. 따라서 이 상태에서 입력을 전파해서 얻은 신경망 출력은 완전 엉터리 값이 나올게 뻔하다:

```
def initializeWeights(self):
    self.w1 = np.random.rand(self.inpDim, self.numHidden)
    self.b = np.random.uniform(-0.5, 0.5, size = self.numHidden)
    self.w2 = np.random.rand(self.numHidden, self.outDim)
    self.b0 = np.random.uniform(-0.5, 0.5, size = self.outDim)
```

첫 단계로, 입력을 네트워크로 전파해서 비용함수 값을 계산한다. 여기서 사용하는 비용함수는 신경망 출력과 기대 출력의 차이에 대한 평균 제곱 함수다.

전진 전파

입력 x_0와 x_1이 네트워크로 들어간다(!입력층 뉴런은 허깨비이므로 아무런 계산 없이 입력 값이 그대로 중간층과 연결된 선으로 들어간다. 바이어스는 1로 고정된 값이므로 곱할 필요가 없다).

중간층 뉴런 h_j의 가중치 합 $z_j = \sum_{i=0}^{1} x_i w_{ij} + b_j$, $j=1, 2, 3$을 계산한다:

$$z_1 = x_0 w_{01} + x_1 w_{11} + b_1,\ j=1$$

$$z_2 = x_0 w_{02} + x_1 w_{12} + b_2,\ j=2$$

$$z_3 = x_0 w_{03} + x_1 w_{13} + b_3,\ j=3$$

활성함수 σ를 적용해서 각 뉴런의 출력 a_{h_j}를 계산한다:

$$a_{h_j} = \sigma(z_j)$$

출력층 뉴런 O_o의 출력도 같은 절차로 계산한다. 먼저 중간층 출력에 대한 가중치 합 $z_0 = \sum_{i=1}^{3} a_i w_{i0} + b_0$, $i=1, 2, 3$을 계산한다:

$$z_0 = a_1 w_{10} + a_2 w_{20} + a_3 w_{30} + b_0$$

마찬가지로 활성함수 σ를 적용해서 출력층 뉴런의 출력 a_o를 계산한다:

$$a_o = \sigma(z_o)$$

입력에 대한 네트워크의 출력을 구했으니 비용을 계산할 수 있다(!아래 식의 경우 출력층 뉴런이 1개라서 비용을 계산할 때 $\sum$ 기호는 의미가 없다, 뉴런이 여러 개인 경우 각 뉴런의 오차 제곱이 모두 더해진다):

$$cost = \frac{1}{2}\sum(\hat{y} - y)^2,\ \hat{y}\text{는 네트워크 출력, } y\text{는 기대 출력}$$

다음은 지금까지 설명한 전진 전파를 수행하는 코드다:

```
def forwardPropagate(self):
    self.z1 = np.dot(self.x, self.w1) + self.b
    self.a1 = self.sigmoid(self.z1)
    self.z2 = np.dot(self.a1, self.w2) + self.b0
    self.yHat = self.sigmoid(self.z2)
    self.cost = 0.5 * np.sum(np.square(self.y - self.yHat))
```

주로 사용하는 활성함수는 시그모이드, ReLU, 또는 tanh인데, 여기서는 시그모이드를 사용한다:

$$\sigma(z) = \frac{1}{1+e^{-z}}$$

다음은 시그모이드 함수에 대한 파이썬 코드다:

```
def sigmoid(self, x):
    return 1 / (1 + np.exp(-x))
```

역전파

역전파 알고리즘은 MLP 신경망을 학습하는 알고리즘으로 루멜하트가 1986년에 제안하였다. 이 알고리즘이야말로 신경망 학습 원리의 핵심이므로 여기서 아주 자세하게 살펴보자. 역전파 알고리즘은 기울기 강하를 이용해서 비용함수를 최소화한다. 비용함수는 앞에서 언급한대로 기대 출력과 신경망이 실제 생성한 출력에 대한 평균 제곱 오차로 정의한다(!역전파는 출력층부터 거꾸로 계산하는 것이니). 출력층, 그리고 중간층 차례로 어떻게 계산하는지 알아보자.

먼저 출력층 뉴런의 가중치를 어떻게 수정하는지 알아보자. 우선 출력층 가중치에 대한 비용함수의 변화량 즉 기울기를 계산해야 하므로, 다음 같이 편미분을 계산한다:

$$\frac{\partial E}{\partial w_{i0}} \quad for\ i = 1, 2, 3$$

체인-룰을 적용해서 다음을 얻을 수 있다.

$$\frac{\partial E}{\partial w_{i0}} = \frac{\partial E}{\partial a_0}\frac{\partial a_0}{\partial z_0}\frac{\partial z_0}{\partial w_{i0}} \quad for\ \ i = 1,\ 2,\ 3$$

여기서,

$$\frac{\partial E}{\partial a_0} = \hat{y} - y$$

$$\frac{\partial a_0}{\partial z_0} = \frac{\partial \sigma(z_0)}{\partial z_0} = a_0(1 - a_0)$$

이고, 마지막 항은

$$\frac{\partial z_0}{\partial w_{i0}} \quad for\ \ i = 1, 2, 3$$

이므로 아래와 같다.

$$\frac{\partial z_0}{\partial w_{10}} = \frac{\partial(a_1 w_{10} + a_2 w_{20} + a_3 w_{30} + b_0)}{\partial w_{10}} = a_1 \quad for\ \ i = 1$$

$$\frac{\partial z_0}{\partial w_{20}} = \frac{\partial(a_1 w_{20} + a_2 w_{20} + a_3 w_{30} + b_0)}{\partial w_{20}} = a_2 \quad for\ \ i = 2$$

$$\frac{\partial z_0}{\partial w_{30}} = \frac{\partial(a_1 w_{10} + a_2 w_{20} + a_3 w_{30} + b_0)}{\partial w_{30}} = a_3 \quad for\ \ i = 3$$

따라서, 출력 가중치에 대한 비용함수의 변화량은 다음과 같다:

$$\frac{\partial E}{\partial w_{10}} = (\hat{y} - y)a_0(1 - a_0)a_1 \quad for\ \ i = 1$$

$$\frac{\partial E}{\partial w_{20}} = (\hat{y} - y)a_0(1 - a_0)a_2 \quad for\ \ i = 2$$

$$\frac{\partial E}{\partial w_{30}} = (\hat{y} - y)a_0(1 - a_0)a_3 \quad for\ i = 3$$

이제 중간층 뉴런의 가중치를 수정하자:

$$\frac{\partial E}{\partial w_{ij}} \quad for\ i = 1, 2\ and\ j = 1, 2, 3$$

이해하기 쉽고 종이도 아낄 겸, 가중치 w_{01} 즉, $i = 0$, $j = 1$인 경우만 계산해보자:

$$\frac{\partial E}{\partial w_{01}} = \frac{\partial E}{\partial a_1} \frac{\partial a_1}{\partial z_1} \frac{\partial z_1}{\partial w_{01}}$$

첫 번째 편미분 항에 체인-룰을 적용해서 다음을 얻을 수 있다:

$$\frac{\partial E}{\partial a_1} = \frac{\partial E}{\partial a_0} \frac{\partial a_0}{\partial z_0} \frac{\partial z_0}{\partial w_{01}}$$

이고

$$\frac{\partial E}{\partial a_1} = (\hat{y} - y)a_0(1 - a_0)\frac{\partial(a_1 w_{10} + a_2 w_{20} + a_3 w_{30} + b_0)}{\partial a_1} = (\hat{y} - y)a_0(1 - a_0)w_{10}$$

두 번째 항은:

$$\frac{\partial a_1}{\partial z_1} = a_1(1 - a_1)$$

마지막 세 번째 항은:

$$\frac{\partial z_1}{\partial w_{01}} = \frac{\partial(x_0 w_{01} + x_1 w_{11} + b_1)}{\partial w_{01}} = x_0$$

최종적으로 중간층 뉴런 w_{01}의 변화량 $\frac{\partial E}{\partial w_{01}}$은 다음과 같다:

$$\frac{\partial E}{\partial w_{01}} = (\hat{y} - y)a_0(1 - a_0)w_{10}a_1(1 - a_1)x_0$$

이상을 (!출력층 뉴런이 1개 이상인 경우까지) 일반화하면, 그림 1.12 신경망에 대한, 출력층 및 중간층 뉴런의 변화량 즉 가중치 수정량 계산 공식은 다음과 같다:

- 출력층:

$$\frac{\partial E}{\partial w_{i0}} = \frac{\partial E}{\partial a_0}\frac{\partial a_0}{\partial z_0}\frac{\partial z_0}{\partial w_{i0}} = (\hat{y} - y)a_0(1 - a_0)a_i \quad for \ i = 1, 2, 3$$

(!출력층 뉴런이 k개인 경우,

$$\frac{\partial E}{\partial w_{ik}} = \frac{\partial E}{\partial a_k}\frac{\partial a_k}{\partial z_k}\frac{\partial z_k}{\partial w_{ik}} = (\hat{y} - y)a_k(1 - a_k)a_i \quad for \ i, k)$$

- 중간층:

$$\frac{\partial E}{\partial w_{ij}} = \frac{\partial E}{\partial a_j}\frac{\partial a_j}{\partial z_j}\frac{\partial z_j}{\partial w_{ij}} = (\hat{y} - y)a_0(1 - a_0)w_{j0}a_j(1 - a_j)x_i$$

$$for \ i = 0, 1 \ and \ j = 1, 2, 3$$

(!출력층 뉴런이 k개인 경우,

$$\frac{\partial E}{\partial w_{ij}} = \frac{\partial E}{\partial a_j}\frac{\partial a_j}{\partial z_j}\frac{\partial z_j}{\partial w_{ij}}$$

$$= (\hat{y} - y)\sum_{k=0}^{|O|-1} a_k(1 - a_k)w_{jk}a_j(1 - a_j)x_i \quad for \ i, j, k)$$

(!입력층은 허깨비층으로 입력층 뉴런들은 가중치를 가지고 있지 않음을 기억하자. 그러니 수정할 게 없다.)

(!눈치 빠른 독자를 위하여 덧붙이자면, 중간층 뉴런의 변화량을 계산할 때, $\frac{\partial a_j}{\partial w_{ij}}$로

계산하지 않고 $\frac{\partial E}{\partial w_{ij}}$를 계산하는 게 너무 너무 이상하다. 공부를 더 해보면 알게 되겠지만, 출력층과 다르게 중간층 뉴런의 기대 출력 즉, 정답을 모르기 때문에 $\frac{\partial a_j}{\partial w_{ij}}$를 구할 수 없다. 그래서 신경망은 20여년간 추운 겨울을 만났고, 루멜하트가 $\frac{\partial E}{\partial w_{ij}}$로 계산하자는 엄청난 아이디어를 제시해서 결국 오늘의 번성에 이르게 된다. 체인-룰을 직관적으로 해석하자면, 중간층 뉴런의 기대 출력은 알 수 없지만 어쨌든 그들의 가중치가 잘못돼서 최종 출력층에 오류가 발생했으니 그 값을 가져다가 가중치 변화량을 계산하겠다는 뜻이다.)

마지막으로 역전파 알고리즘을 파이썬으로 구현하자:

```
def backPropagate(self):
    self.delta2 = np.multiply(-(self.y - self.yHat), self.sigmoidPrime(self.z2))
    self.dcdw2 = np.dot(self.a1.T, self.delta2)
    self.delta1 = np.dot(self.delta2, self.w2.T) * self.sigmoidPrime(self.z1)
    self.dcdw1 = np.dot(self.x.T, self.delta1)
```

신경망 가중치를 수정할 때는, 가중치 변화량에 학습계수를 곱한 다음, 현재의 가중치에서 빼면 된다(!왜 더하지 않고 빼는지 궁금하면 번역자에게 메일을 보내라 친절하게 알려주겠다, twkang@gwnu.ac.kr). 매개변수인 학습계수는 여기서는 1로 가정하지만 문제에 따라 적절한(보통 1보다 작은) 값으로 정한다:

```
def updateWeights(self):
    self.w1 -= self.dcdw1 * self.learningRate
    self.b1 -= np.mean(self.dcdw1) * self.learningRate
    self.w2 -= self.dcdw2 * self.learningRate
    self.b2 -= np.mean(self.dcdw2) * self.learningRate
```

신경망이 XOR를 바르게 계산하려면 학습을 해야 한다:

```
def train(self):
    self.initializeWeights()

    for i in range(self.numPasses):
        self.forwardPropagate()
        self.backPropagate()
        self.updateWeights()
        if i % 5000 == 0:
            print("Iteration  {i }  \nOutput: \n  {y }  \
                \nPredicted Output: \n  {yHat }  \nCost: \n {cost } \n".
                format(i = i, y=self.y, \yHat = self.yHat,
                \cost = self.cost))
```

모든 함수를 포함하는 파이썬 프로그램 NeuralNetworkXOR는 다음과 같다:

```
import numpy as np

class NeuralNetworkXOR:

def __init__(self, numHidden, numPasses, learningRate):
    self.inpDim = 2
    self.outDim = 1
    self.numHidden = numHidden
    self.numPasses = numPasses
    self.learningRate = learningRate
    self.x = np.array([[0,0],[0,1],[1,0],[1,1]], np.float64)
    self.y = np.array([[0],[1],[1],[0]], np.float64)

def sigmoid(self, x):
    return 1 / (1 + np.exp(-x))

def sigmoidPrime(self, x):
    return np.exp(-x) / ((1 + np.exp(-x)) ** 2)

def initializeWeights(self):
```

```
        self.w1 = np.random.rand(self.inpDim, self.numHidden)
        self.b1 = np.random.uniform(-0.5, 0.5, size = self.numHidden)
        self.w2 = np.random.rand(self.numHidden, self.outDim)
        self.b2 = np.random.uniform(-0.5, 0.5, size = self.outDim)

    def forwardPropagate(self):
        self.z1 = np.dot(self.x, self.w1) + self.b1
        self.a1 = self.sigmoid(self.z1)
        self.z2 = np.dot(self.a1, self.w2) + self.b2
        self.yHat = self.sigmoid(self.z2)
        self.cost = 0.5 * np.sum(np.square(self.y - self.yHat))

    def backPropagate(self):
        self.delta2 = np.multiply(-(self.y - self.yHat), \
        self.sigmoidPrime(self.z2))
        self.dcdw2 = np.dot(self.a1.T, self.delta2)
        self.delta1 = np.dot(self.delta2, self.w2.T) * \
        self.sigmoidPrime(self.z1)
        self.dcdw1 = np.dot(self.x.T, self.delta1)

    def updateWeights(self):
        self.w1 -= self.dcdw1 * self.learningRate
        self.b1 -= np.mean(self.dcdw1) * self.learningRate
        self.w2 -= self.dcdw2 * self.learningRate
        self.b2 -= np.mean(self.dcdw2) * self.learningRate

    def train(self):
        self.initializeWeights()
        for i in range(self.numPasses):
            self.forwardPropagate()
            self.backPropagate()
            self.updateWeights()
            if i % 5000 == 0:

                print("Iteration  {i }  \nOutput: \n  {y }  \
```

```
            \nPredicted Output: \n  {yHat }
            \nCost: \n {cost }  \n"
            .format(i = i, y=self.y,  \
               yHat = self.yHat,  \
               cost = self.cost))

def main():
    nn = NeuralNetworkXOR(numHidden = 3, \
                                      numPasses = 25C00, \
                                      learningRate = 1)
        nn.train()

if __name__ == '__main__':
    main()
```

프로그램 실행 결과는 다음과 같다:

```
Iteration 0

Output:
  [[ 0.]
  [ 1.]
  [ 1.]
  [ 0.]]
Predicted Output:
  [[ 0.7912961 ]
  [ 0.82359783]
  [ 0.85018254]
  [ 0.86919411]]
Cost:
0.7176054575188995

Iteration 5000
Output:
```

```
 [[ 0.]
 [ 1.]
 [ 1.]
 [ 0.]]
Predicted Output:
 [[ 0.02727036]
 [ 0.97273709]
 [ 0.97378694]
 [ 0.02004276]]
Cost:
0.0012878877387594275

Iteration 10000
Output:
 [[ 0.]
 [ 1.]
 [ 1.]
 [ 0.]]
Predicted Output:
 [[ 0.01876351]
 [ 0.98165778]
 [ 0.98236969]
 [ 0.01285129]]
Cost:
0.0005822448937529495

Iteration 15000
Output:
 [[ 0.]
 [ 1.]
 [ 1.]
 [ 0.]]
Predicted Output:
 [[ 0.01521737]
 [ 0.98528372]
```

```
  [ 0.9858567 ]
  [ 0.01004788]]
Cost:
0.0003745650823309048

Iteration 20000
Output:
  [[ 0.]
  [ 1.]
  [ 1.]
  [ 0.]]
Predicted Output:
  [[ 0.01314728]
  [ 0.98737285]
  [ 0.98786532]
  [ 0.00847111]]
Cost:
0.00027565309400540334
```

결과를 보면 20,000번 학습 후, 비용함수가 거의 0으로 수렴해서, 결국 신경망 출력이 기대 출력과 거의 같아진다. XOR 학습에 성공했다는 뜻이다.

TensorFlow

이 절에서는 TensorFlow 프레임워크의 주요 개념을 살펴보고, 이미지 분류 문제에 대한 로지스틱 회귀 알고리즘을 구현하여 구체적인 사례를 경험해보자.

설치

다음 절차에 따라 파이썬 3.5.2 호환 TensorFlow 1.12를 설치하자:

1. 다음 링크로 들어간다:

   https://www.tensorflow.org/install/pip#package-location

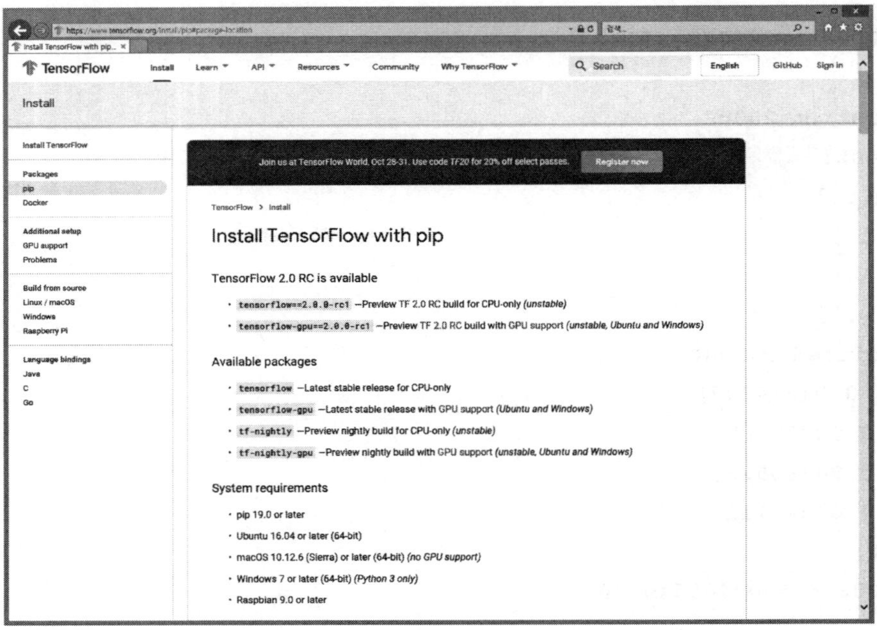

| 그림 1.13 | TensorFlow

   (!독자가 이 책을 읽을 때, 같은 화면을 보기는 쉽지 않겠다. TensorFlow는 너무나 빠르게 업데이트되고, 더불어 사이트 디자인도 수시로 바뀐다. 2019년 10월 기준 TensorFlow 최신 버전은 2.0이다. 최신 버전을 설치하고 싶은 유혹이 크겠지만, 이 책의 예제를 무리 없이 돌려보려면 다음 단계에 따라 1.12 버전을 설치하는 게 좋겠다. 경험이 많고 땀의 가치를 아는 독자라면 새 버전을 추천한다.)

2. 사용자 운영체제, 파이썬 버전, 그리고 GPU 설치 여부에 따라, 구글링으로 적절한 패키지를 내려받는다. 예를 들어, 윈도우즈 운영체제, 파이썬 3.5.2인 경우 다음 링크를 따라가 TensorFlow 1.12 패키지를 내려받을 수 있다:

   https://storage.googleapis.com/tensorflow/windows/gpu/tensorflow_gpu-1.12.0-cp35-cp35m-win_amd64.whl

3. 윈도우즈 명령 프롬프트를 열고, 패키지 위치로 들어가서 파이썬 패키지 관리자 pip를 사용해 설치한다:

```
pip tensorflow_gpu-1.12.0-cp35-cp35m-win_amd64.whl
```

(!사용자 시스템에 따라 TensorFlow 개발 환경은 매우 다양하게 구성할 수 있다. 독자의 상황에 적절하게 환경을 구축하기 바란다. 윈도우즈, 우분투, 맥OS에 TensorFlow를 설치하는 방법은 단계 1의 사이트를 참조하거나, 구글링을 통해서 알아낼 수 있다.)

플로 그래프

TensorFlow는 **데이터 플로 그래프**를 이용해서 수치 계산을 하는 라이브러리다. 플로 그래프는 사이클이 없는 방향 그래프로, 수치 계산과 데이터의 흐름을 나타낸다. 플로 그래프에서 노드는 **연산**을 나타내는데, 각 노드는 0개 이상의 텐서를 입력으로 받아 처리한 후, 0개 이상의 텐서를 출력한다. 여기서 **텐서**는 데이터를 나타내는데, 일반적으로 배열 형태다. 다음 그림과 같이 일련의 계산을 플로 그래프로 자연스럽게 정의할 수 있다.

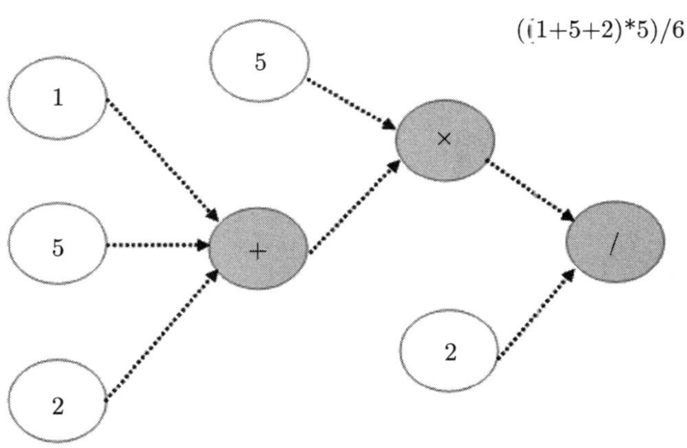

▌그림 1.14▐ TensorFlow 플로 그래프

플로 그래프에서 모든 노드는 연산을 나타낸다. 위 그래프에서,

- 흰색 노드는 상수를 나타내는데, 상수 연산은 텐서를 0개 입력받아(즉, 아무 입력 없이) 노드 값 즉, 텐서를 그대로 반환한다;
- 노드 +는 텐서 3개(**1**, **5**, **2**)를 입력으로 받아, 텐서 하나(즉, 합 **(1+5+2)**)를 반환한다.
- 노드 ×는 텐서 **2**개를 받아 하나를 반환하고, 노드 /는 2개를 받아 계산한다.

이제 위 그래프를 TensorFlow로 정의해 보자:

```
import tensorflow as tf

a = tf.constant(1.)
b = tf.constant(5.)
c = tf.constant(2.)
d = tf.constant(5.)
e = tf.constant(6.)
result = ((a+b+c)*d)/6
```

그래프를 정의하고 나서 결과를 계산하려면, 먼저 현재 그래프에 대한 세션을 개시해야 한다:

```
sess = tf.Session()
```

`run()`을 호출해서 TensorFlow가 `result` 텐서 값을 반환하도록 한다:

```
r = sess.run(result)
print (r)

6.66667
```

계산 과정을 분할해서 중간 값 텐서에 이름을 부여할 수 있다:

```
x = a+b+c
y = x*d
result = y/6

print (sess.run(x))
print (sess.run(y))
print (sess.run(result))

8.0
40.0
6.66667
```

그래프 실행이 끝나면, 세션을 닫을 수 있다. 그러면 사용자가 정의한 텐서 내용이 모두 소멸된다.

(!그래프를 막 흘러 flow 다니는 텐서 tensor를 처리하니까 텐서플로 TensorFlow다.)

플레이스홀더

TensorFlow에서 상수를 어떻게 정의하는지 알았다. 상수는 그래프가 실행되는 동안 값이 바뀌지 않는다. 플로 그래프가 실행되는 시점에 입력 값 즉, 텐서를 정의해야 하는 경우, 다음과 같이 플레이스홀더를 사용한다:

```
a = tf.placeholder(tf.float32)
b = tf.placeholder(tf.float32)
c = tf.placeholder(tf.float32)
d = tf.placeholder(tf.float32)
e = tf.placeholder(tf.float32)
result = ((a+b+c)*d)/6
```

플레이스홀더는, 그래프 정의 시점에 값을 지정할 수 없고, 반드시 실행 시점에 값을 정의해야 한다. 그렇지만 플레이스홀더의 데이터 타입은 반드시 정의해야 한다.

이제, 세션을 생성한 후, 플레이스홀더를 위한 입력으로 다음과 같이 딕셔너리를 지정해서, 계산을 개시할 수 있다:

```
sess = tf.Session()
print sess.run(result,feed_dict= a:1,b:5,c:2,d:5,e:6 )
sess.close()

6.66667
```

플레이스홀더와 상수를 이용해서 플로 그래프의 입력을 정의할 수 있음을 알았다. 또한 예를 들어, result 같이 출력 텐서에 이름을 지정할 수도 있었다. 모델을 학습할 때, 초기 값과 중간 값을 저장하고 또 수시로 갱신할 수 있는 데이터 구조 즉, 변수가 필요하다. 변수는 다음과 같이 정의한다:

```
var = tf.Variable(0)
```

변수를 정의할 때 반드시 어떻게 초기화하는지 지정해 주어야 한다. 위에서는 var을 0으로 초기화하도록 지정했다. 그래프에서 사용할 모든 변수를 정의하면 마지막으로 변수 초기화 노드 init을 다음과 같이 생성한다:

```
init = tf.global_variables_initializer()
```

그러고 나서, 그래프 실행을 위해, 세션을 생성하면 먼저 모든 변수를 초기화하기 위해 init을 실행한다. 다음과 같이 변수를 초기화한 후, 결과를 확인할 수 있다:

```
sess = tf.Session()
sess.run(init)
print sess.run(var)

0
```

변수 노드 inc는 값에 1을 더하는 노드 inc는 다음과 같다:

```
inc = tf.assign(var, var+1)
```

노드 inc는 텐서 2개를 입력 받아, 두 번째 노드 값을 첫 번째 노드에 할당한 후, 그 값을 반환한다:

```
print(sess.run(inc))

1
```

노드 inc를 반복해서 실행하면 var가 증가한다:

```
for i in range(3):
   print sess.run(inc)

2
3
4
```

로지스틱 회귀

회귀는 샘플 데이터에서 관찰되는 여러 요인의 관계를 식별하는 통계적 모델이다. 예를 들어, 어떤 집단의 신장과 그들의 신발 크기 데이터를 측정했다고 가정하면, (보통 키가 큰 사람이 발도 클 테니) 자연스럽게 두 값이 비례한다는 걸 알 수 있다. 회귀는 이러한 관계를 분석하는 모델이다.

로지스틱 회귀는, 종속 또는 독립 변수가 0 또는 1(즉, 참 또는 거짓: 예를 들어, 안경을 착용했으면 $x=1$, 아니면 $x=0$)을 취하는 특별한 고델이다. 이런 맥락에서 보통 종속변수 y가 발생할 확률을 계산한다.

특히, 어떤 집단에 속하는지 아닌지를 가르는 기준 확률을 정할 수 있는 경우, 이것에 기초해서 분류 작업을 할 수 있다.

로지스틱 회귀 모델은 정확하게 말하자면 시그모이드 뉴런을 다룰 때 사용한 시그모이드 함수다. 이제 로지스틱 회귀 모델을 이용해서 MNIST 데이터 세트 이미지를 분류해보자.

MNIST 데이터 셋

MNIST 데이터 셋은 다음 위치에 있다: http://yann.lecun.com/exdb/mnist/

이 데이터 셋에는 손으로 쓴 숫자 이미지가 들어 있다. 각 이미지는 크기가 28×28=784 픽셀인 그레이스케일이고, 0부터 9까지 이름이 붙은 클래스 10개 중 하나에 속한다. 전체 데이터 셋은 세 종류로 나뉜다:

- 학습용 이미지, 55,000개
- 시험용 이미지, 10,000개
- 그리고 검증용, 이미지 5,000개

MNIST 데이터 셋을 인터넷 상에서 내려받아 메모리로 바로 로딩하는 TensorFlow 유틸리티가 있다. 다음과 같이 input_data 유틸리티를 먼저 임포팅한 후:

```
from tensorflow.examples.tutorials.mnist import input_data
```

데이터 셋을 로딩하자(몇 분 걸릴 수 있다).

```
mnist = input_data.read_data_sets("MNIST_data/", one_hot=True)

Extracting MNIST_data/train-images-idx3-ubyte.gz
Extracting MNIST_data/train-labels-idx1-ubyte.gz
Extracting MNIST_data/t10k-images-idx3-ubyte.gz
Extracting MNIST_data/t10k-labels-idx1-ubyte.gz
```

학습, 시험, 그리고 검증 데이터 셋은 mnist.train, mnist.test, 그리고 mnist.validation에 각각 저장되어 있다. 그리고 각 데이터 셋은 이미지(예를 들어, inst.

validation.images)와 레이블(mnist.validation.labels)로 구분되어 있다. 먼저 학습 데이터 셋을 들여다보자:

```
print (mnist.train.images.shape)

(55000, 784)
```

학습 데이터가 55,000×784 행렬임을 알 수 있다. 한 행 즉, 이미지 한 개가 784(=28×28) 픽셀이고 그런 이미지가 55,000개라는 뜻이다. 한 행 즉, 행 벡터를 reshape으로 28×28 행렬로 변환한 하면 해당 이미지를 그려볼 수 있다(!MNIST 학습 데이터 셋 중 첫 번째 이미지를 그려보는 거다. 그 유명한 MNIST 첫 이미지는 어떤 숫자일까?):

```
from matplotlib import pyplot as plt
plt.figure()
img = mnist.train.images[0].reshape((28,28))
plt.imshow(img,cmap='gray')
plt.show()
```

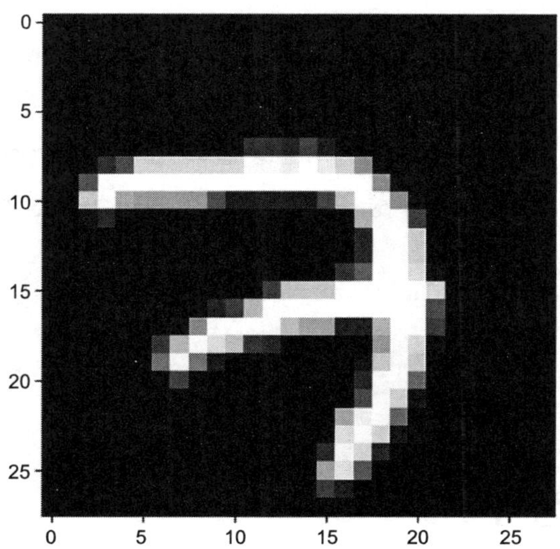

| 그림 1.15 | MNIST 이미지

레이블은 원핫 인코딩으로 표현된다(!레이블은 기본으로 0부터 9중 한 값이어야 하지만, 지원 데이터를 로딩할 때, one_hot=True로 지정해서 그렇다).

원핫 인코딩은, 대응되는 클래스 위치는 1, 나머지는 0으로 나타내는 표기 방법이다. 예를 들어, 클래스가 3개인 경우 다음과 같이 표현된다:

```
0 -> 100
1 -> 010
2 -> 001
```

MNIST 데이터의 경우, 원핫 인코딩 레이블 벡터의 차원은 10이다:

```
print (mnist.train.labels.shape)

(55000, 10)
```

MNIST 첫 이미지는 (!그림 1.15를 참조하면 ^^;) 숫자 7이고, 이에 대응하는 원핫 레이블은 다음과 같다:

```
print (mnist.train.labels[0])

[ 0. 0. 0. 0. 0. 0. 0. 1. 0. 0.]
```

반대로, 원핫 벡터로 표현된 클래스 레이블을 알고 싶으면, argmax() 함수를 사용하면 된다. 이 함수는 벡터의 원소 중 가장 큰 값의 인덱스를 반환한다:

```
print (mnist.train.labels[0].argmax())

7
```

플로 그래프 정의

(!TensorFlow는 그래프를 작성한 후 세션을 생성해서 그래프를 실행한다. 즉, 그래프

가 프로그램이고, 그 프로그램을 세션을 생성해서 실행하는 구조다. 따라서 플로 그래프 정의를 프로그램 작성으로 이해해도 좋겠다.)

MNIST 데이터 셋 이미지를 분류하는 TensorFlow 선형 회귀를 위한 플로 그래프를 정의해보자. 먼저 입력 데이터를 저장할 플레이스홀더를 정의한다:

```
x = tf.placeholder(tf.float32, [None, 784])
```

입력 데이터는 실수 형 배열로 정의된다. 배의 크기는 `[None, 784]`인데, 여기서 None은 배열의 행의 크기를 미리 확정하지 않겠다는 의미다. 즉, 실제로 데이터를 읽어오는 실행 시점에 읽어온 개수로 자동적으로 확정된다. 열의 크기 즉, 특징의 크기는 MNIST 데이터 셋 이미지 픽셀 크기인 784다. 다음으로 선형 변환(!일차 함수)을 위한 두 변수를 (초기값은 0으로 설정하도록) 정의한다:

```
W = tf.Variable(tf.zeros([784, 10]))
b = tf.Variable(tf.zeros([10]))
```

회귀 값을 다음과 같이 계산하고:

```
scores = tf.matmul(x, W)+b
```

회귀 값에 소프트맥스[softmax] 함수를 적용한다(!소프트맥스 함수는 회귀 값을 확률로 해석할 수 있게 변환한다.):

```
y = tf.nn.softmax(tf.matmul(x, W) + b)
```

(!독자께서는 당황하지 말라. 아직 설명이 끝난 게 아니다.)

학습

이제, 회귀 알고리즘 학습 단계를 알아보자. 여기서도 기울기 강하를 사용해서 학습한다. TensorFlow에는 간단하게 학습과 관련된 계산을 정의할 수 있도록 만들어진 **특수 노드**가 있으므로, 복잡한 코딩이 필요하지 않다. 학습을 위해서 먼저, 최소화할 손실함수를 정의해야 한다(!앞에서 다룬 비용함수와 같은 거다. 앞에서는 평균제곱 오차함수를 사용했고 비용함수라 불렀다). 다음과 같은 **교차 엔트로피** 손실함수를 사용한다:

$$H_{y'}(y) = \sum_i y'_i \log(y_i)$$

여기서 y는 소프트맥스를 적용한 회귀 출력이고, y'는 기대 값 즉, 원핫 인코딩으로 표현된 기대 출력 즉, 정답이다. 학습 단계에서, 교차 엔트로피를 계산하려면 y' 즉, 각 입력 이미지의 정답 레이블을 저장하기 위한 플레이스홀더를 정의해야 한다:

```
y_ = tf.placeholder(tf.float32, [None, 10])
```

앞 절에서 설명했듯이 MNIST 데이터 셋을 가져올 때 정답 레이블을 원핫 인코딩으로 지정했었다.

따라서 y_의 한 행이 대응되는 한 이미지의 정답 레이블이다(!예를 들어, 이미지가 숫자 7이면 7번째 열만 1이고 나머지는 0). 입력 플레이스홀더와 마찬가지로 입력 개수는 실행 시점에 알아서 확정된다. 준비가 끝났으니 이제 손실함수 파이썬 코드를 작성하자:

```
loss  =  tf.reduce_mean(-tf.reduce_sum(y_  *  tf.log(y),  reduction_in-
dices=[1]))
```

tf.log는 벡터 y의 각 성분에 대한 로그 값을 계산하는 로그함수다. 따라서 y의 로그 값과 y'가 성분별로 곱해진다. 그리고 reduction_indices=[1]에 의해 그 값들의 합이 계산된다(!실제로 y'가 지금처럼 원핫 인코딩인 경우, 한 성분만 1이고 나머지는 0이므로 손실 값은 정답 위치의 $\log(y)$로 결정된다). 마지막으로, tf.reduce_mean을 적용해서 모든 학습 데이터에 대한 손실 평균을 계산한다. 이제 기울기 강하를 적용해서 네트워크를 학습하는 노드를 정의하자:

```
train_step = tf.train.GradientDescentOptimizer(0.1).minimize(loss)
```

TensorFlow는 모델의 예측 값 y를 계산하는 **전방향 패스**와 손실 값을 줄이도록 매개 변수(!W와 b)를 수정하는 **역방향 패스**를 반복한다.

그리고 모든 변수를 초기화하는 노드를 추가하자:

```
init = tf.initialize_all_variables()
```

그래프 정의가 끝났으니 세션을 생성한 후 변수를 초기화하자:

```
sess = tf.Session()

sess.run(init)
```

미니 배치를 사용해 모델을 학습하자. 미니 배치는 매 학습 단계에 전체 데이터 셋 중 무작위로 선택한 일부를 학습에 사용하는 방법이다. 그리고 손실 추세를 그려볼 수 있도록, 학습 과정에, 단계 별 손실 값을 반환받아 `losses` 리스트에 저장한다:

```
losses = list()
for i in range(1000):
    batch_xs, batch_ys = mnist.train.next_batch(100)
    _,l=sess.run([train_step,loss], feed_dict= x: batch_xs, y_: batch_ys)
    losses.append(l)
```

학습 단계 별 손실을 그려보자. 학습이 성공적이라면 단계가 거듭될수록 손실 값이 줄어들어야 한다:

```
plt.figure()
plt.plot(losses)
plt.xlabel('iterations')
plt.ylabel('loss')
plt.show()
```

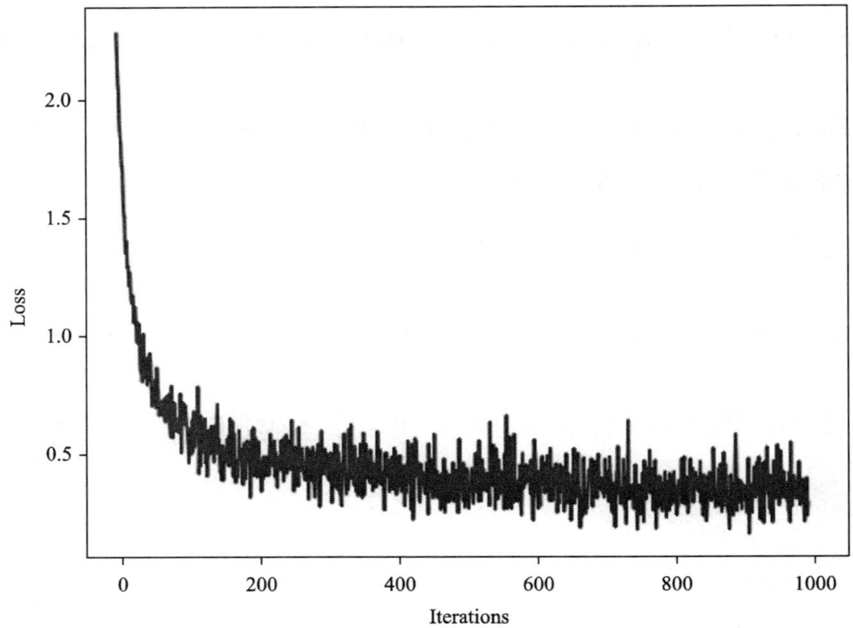

▌그림 1.16▐ 학습 단계별 손실

평가

전체 학습 데이터를 사용해서, 이지지의 레이블을 예측하는 모델을 새로 학습했으니 이제 이 모델을 사용할 차례다. 모델을 어떻게 사용하는지 하나하나 살펴보자:

```
predicted_probabilities=sess.run(y,feed_dict={x:mnist.train.images})
print (predicted_probabilities.shape)
print (predicted_probabilities[0])

(55000, 10)
[ 6.73721917e-03 3.87942465e-03 1.14390932e-01 3.13723902e-03
  1.02858699e-03 2.00961344e-03 3.94266099e-04 8.05700481e-01
  3.27259600e-02 2.99962536e-02]
```

(!위 출력은 학습 데이터 55,000개 중에서 첫 번째 학습 데이터(7)에 대한 모델의 예

측 값이다. 소프트맥스를 적용했기에 확률로 해석이 가능하고, 실제로 7에 해당하는 값이 가장 크다.)

예측 확률을 함수를 사용해서 레이블로 바꿀 수 있다:

```
predicted_labels = predicted_probabilities.argmax(1)
print predicted_labels[0]

7
```

이 레이블을 이용해서 학습 데이터에 대한 모델의 예측 정확도를 계산할 수 있다:

```
gt_labels = mnist.train.labels.argmax(1)
acc = (predicted_labels==gt_labels).mean()
print acc

0.901854545455
```

다른 방법으로 모델의 성능을 측정해보자. 먼저 다음과 같이 예측 벡터를 만든다:

```
correct_prediction = tf.equal(tf.argmax(y,1), tf.argmax(y_,1))
```

이 벡터는 이진 논리형 리스트로 바르게 예측한 경우 `True` 아니면 `False` 값을 갖는다:

```
print (sess.run(correct_prediction,feed_dict={x:mnist.
                                train.images,y_:mnist.train.labels}))

[ True True True True True False True True]
```

이제, 이 벡터의 평균을 계산해서 모델의 정확도를 구해보자(`True` = 1이고, `False` = 0이다):

```
accuracy = tf.reduce_mean(tf.cast(correct_prediction, tf.float32))
```

그러므로 학습 데이터에 대한 모델의 정확도는 다음과 같다:

```
print (sess.run(accuracy,feed_dict= x:mnist.train.images,y_:mnist.train.labels)

0.901855
```

결론

첫 번째 장에서, 인공 신경망을 알아 보았다. 신경망은 인간 지능과 유사한 메커니즘을 이용해서 스스로 학습할 수 있는, 정교하고 한층 진화된 형태의 인공지능 기초 기술이다. 오늘날 많은 범주의 문제 해결에 응용할 수 있는 인공 신경망 기술은 우리 뇌가 가진 효율성에 점점 근접하고 있으며, 심지어 인간이 지성으로 풀 수 없는 문제에 대한 답을 찾기도 한다.

인공 뉴런 개념이 출현한 이래 많은 일이 일어났다. 생의학에서 데이터 마이닝까지 다양한 많은 과학 분야에서, 신경망은 이제 일상 용어가 되었다. 인공 신경망에 신경전달물질 같은 건 없지만 기능면에서 동일하다. 노드 즉 뉴런은 입력을 받아, 처리한 후, 다른 뉴런으로 정보를 보낸다. 다양한 학습 데이터에 대해, 입력-처리-출력의 반복을 통해서, 학습에 직접 사용하지 않은 입력 데이터에 대해서도 옳은 값을 출력하는 일반화 능력을 가졌다.

신경망 학습 알고리즘은 3가지 범주로 나눌 수 있다. (전방향 또는 역방향 같이) 어떤 유형의 신경망을, 어떻게 설계하느냐에 따라 적절하게 선택하면 된다.

- 지도 학습
- 비지도 학습
- 강화학습

1장에서 다룬 지도 학습은 입력과 그 입력에 대응하는 출력 즉 입력-정답 쌍을 사용해 학습한다. 신경망은 그 데이터 쌍을 분석해서 가중치를 학습한다. 이 과정에 일반화가 일어나서 학습 데이터에 없는 연관성을 학습할 수 있다.

학습 과정은 가중치를 수정하는 과정이다. 가중치를 수정해서 더 나은 출력이 나오도록 네트워크를 개선한다. 바른 결과를 산출하는 가중치는 강화되고 틀린 결과를 산출하는 가중치는 약화된다.

우리가 사용한 신경망 학습 알고리즘은 오류 역전파 알고리즘이고, 파이썬 프로그램을 구현해서 그 원리를 상세하게 살펴보았다.

특히, TensorFlow 프레임워크를 소개한 후, 이를 이용해서 이미지 분류를 위한 로지스틱 회귀를 구현했다.

다음 장에서 TensorFlow를 이용한 딥러닝을 다루겠다. 특히, 가장 전형적인 두 가지 딥러닝 모델, **중첩 신경망(CNN)**과 **순환 신경망(RNN)**을 다룬다.

참고 사이트

1장에서 다룬 주제에 대해 더 많이 배울 수 있는 유용한 정보가 있는 사이트:

파이썬

- 파이썬 공식 문서: https://www.python.org/
- 공식 튜토리얼: https://docs.python.org/3/tutorial/
- 코드를 실행해 볼 수 있는 대화식 튜토리얼: http://www.learnpython.org/

신경망

- 구글 랩 – 신경망 개요 동영상 강좌: https://developers.google.com/machine-learning/crash-course/introduction-to-neural-networks/video-lecture
- 마이클 닐슨 – 신경망과 딥러닝: http://neuralnetworksanddeeplearning.com/
- GitHub – 신경망과 파이썬: https://github.com/search?l=Python&q=topic%3Aneural-network&type=Repositories

- Mahdi Vasighi – 인공 신경망 강좌: https://iasbs.ac.ir/~vasighi/courses.html

머신러닝

- 앤드류 응, 머신러닝 열망: https://www.mlyearning.org/
- 스탠퍼드 대학교 – 통계적 학습의 기초: https://web.stanford.edu/~hastie/ElemStatLearn/
- 기계 학습과 파이썬: https://www.python-course.eu/neural_networks_with_python_numpy.php
- 지도 학습과 파이썬: https://towardsdatascience.com/supervised-learning-with-python-cf2c1ae543c1

TensorFlow

- TensorFlow 튜터리얼 – 공식 웹 페이지: https://www.tensorflow.org/tutorials
- GitHub TensorFlow 저장소: https://github.com/search?q=topic%3Atensorflow&type=Repositories
- TensorFlow 쪼개기 코스: https://developers.google.com/machine-learning/crash-course/first-steps-with-tensorflow/toolkit
- TensorFlow 사례: https://github.com/aymericdamien/tensorflow-examples
- TensorFlow 시작하기: https://www.kdnuggets.com/2017/12/getting-started-tensorflow.html

CHAPTER 2

딥러닝

Deep Learning

다루는 세부 내용

- 딥러닝이란?
- Keras 딥러닝 프레임워크
  - Keras 튜터리얼
- 중첩 신경망
  - CNN 구조
  - CNN 구현
- 순환 신경망
  - 장단기 기억 메모리(LSTM)
  - IMDB 영화 후기 감성 분석
- 오토인코더
  - 입력 복사
  - 오토인코더 사용

- 오토인코더 개발

- 강화 학습
  - 응용 분야
  - RL 구성 요소
  - Q-학습
  - CartPole 문제 해결
- 결론
- 참고 사이트

딥러닝이란?

딥러닝은 특별한 형식의 데이터 학습을 사용하는 머신러닝의 한 영역이다. 이 학습 방법은 더 깊은 층이 이전 층의 출력을 입력으로 받아 더 추상화하는, 자동 다중 레벨 학습을 특징으로 한다.

뇌가 정보를 처리하고 학습할 때, 외부 자극에 대한 특정 수준의 학습이, 대뇌 피질의 상이한 영역에서 이루어진다는 점에서 영감을 받았다.

예를 들어, 이미지를 인식하는 시각 피질의 경우, 계층적인 구역으로 구성되어 있고, 이들 각 구역은 그것에 연결된 다른 구역의 신호를 입력으로 받는다. 각층은 그 깊이에 따라 추상화 수준이 달라서, 가장 깊은 곳에 가장 추상화된 특징이 정의된다. 뇌가 이미지를 처리할 때는, 예를 들어, 모서리 검출, 모양 인식 같이 (기본적인 수준에서 점점 더 복잡한 수준으로) 여러 단계를 거친다.

이미지에 대한 계층적 표현이란 추상화 수준에 대응하고, 뇌가 시도를 통해 배우고 경험을 통한 학습으로 뉴런을 활성화하듯이, 딥러닝도 자신이 받은 입력에 따라 각 층에서 다른 수준의 추상화가 가능한 구조로 설계되었다.

딥러닝은, 특히 1980년대 제프리 힌튼과 동료 머신러닝 전문가를 포함한, 지속적인 인공지능 연구의 결과로 개발되었다.

그 당시는 컴퓨터 하드웨어 기술이 현재 사용하는 딥러닝을 끌어낼 만큼 발달하지 못해서, 오늘날의 놀라운 성과를 실현하기까지 시간이 필요했다. 오늘날의 성공은 IT분야에서 이룩한 다양한 성취의 산물인데, 특히 신경망을 쉽고 빠르고 학습할 수 있게 만든 **그래픽 처리 장치**가 큰 역할을 했다. 다른 중요한 요소는 딥 뉴럴 네트워크 즉, 깊은 신경망을 학습하는 데 필수적인 다양한 데이터의 손쉬운 수집이다.

딥러닝은 아주 근본적인 일을 한다: 딥러닝은 입력을 처리해서 상이한 계층적인 수준으로 변환된 데이터를 제공한다. 이러한 놀라운 변환에 의해, 문제를 해결하는 데 중요한 성분은 강조하고 불필요한 성분은 제거한 출력을 산출하는 기계를 만들 수 있다.

그것이 변환한 추상화 수준이 비선형이기 때문에 딥러닝이 혁명적이다. 딥러닝에 의해 기계가, 데이터에 내포된 고도로 복잡한 특징을 완벽하게 학습할 수 있다.

딥러닝은 다음과 같이 충분히 많은 분야의 시스템 개발에 응용된다: 이미지 인식, 자연어 처리, 데이터 압축, 로보틱스, 그리고 자율주행 자동차.

우리가 여기서 사용할 딥러닝 프레임워크는 Keras다.

Keras 딥러닝 프레임워크

여기서는 Keras 프레임워크로 구현된 예제들을 살펴본다. Keras는 신경망 관련 알고리즘들을 구현하는 데 사용할 수 있도록 만든 높은 수준 API다. 파이썬 언어로 작성되어 TensorFlow, Theano, 또는 CNTK 같은 다른 프레임워크 위에서 실행할 수 있다. 딥러닝과 다른 많은 머신러닝 알고리즘을 빠르게 개발하고 실험해 볼 수 있도록 만들었다.

딥러닝 모델 구성에 대한 잘 알려진 예제가 풍부하고, 사용 방법에 대한 문서가 잘 만들어져 있어서 Keras를 배우기가 용이하다. Keras 공식 페이지는 다음 링크를 따라가면 된다: https://keras.io/

다음 사이트에 많은 Keras 예제가 들어 있다: https://github.com/keras-team/keras/tree/master/examples

Keras는 **중첩 신경망**과 **순환 신경망** 그리고 두 가지를 조합해서 사용하는 기술을 지원한다; CPU는 물론이고 행렬을 빠르게 계산할 수 있는 GPU를 지원한다,

1장: 신경망에서 설치한 TensorFlow 프레임워크 (r1.12)와 호환되는 Keras 2.2.4를 설치해 사용한다.

앞에서처럼 pip 패키지 관리자를 사용해서 설치할 수 있다:

```
pip install Keras==2.2.4
```

Keras의 주용 특징은 다음과 같다:

- **단순성**: 다른 API와 비교했을 때, Keras의 강점은 단순함과 빠른 구현이다. 요약하자면, 복잡한 모델을 명료하고 강건하면서, 최소 라인 코드로 작성할 수 있다. 따라서 복잡한 개념과 메커니즘을 바탕으로 한 기술임에도, Keras 개발 팀은 개발자들 주목을 받고 있다. 대부분의 응용이 공통적으로 일관적이며 단순한 API를 요구하므로, Keras가 그런 요구에 부합된다.
- **모듈성**: Keras의 다른 강점 중 하나가 모듈성이다. 모델은 가능한 한 제한이 최소가 되면서 하나로 묶을 수 있는, 작고 완전하게 구성할 수 있는 개별 모듈의 시퀀스 또는 그래프다: 모듈성은 Keras의 진정한 힘이자 Keras를 사용해서 얻을 수 있는 또 다른 부가 가치다.

특히, 신경망, 비용함수, 최적화기, 초기화 체계, 활성함수, 정규화 체계 모두가 독립된 모듈이고 사용자는 이들을 결합해서 새로운 모델을 구성하고, 또 그렇게 만든 모델을 다른 모델의 구성 요소로 사용할 수 있다.

- **확장성**: 제공되는 모듈에 대한 예제가 아주 많고, 클래스와 함수 같은 새 모듈을 추가하기가 아주 쉽다. 모델을 자유롭게 생성할 수 있어 사용자가 구상한 걸 표현하기 쉽다. 따라서 Keras는 딥러닝 분야의 선도적인 연구를 수행하기 위한 완벽한 도구다.

Keras 튜터리얼

1장에서 다뤘던 MLP 구조에 기초한 신경망 모델을 구축하는 튜터리얼을 통해서 Keras 라이브러리가 얼마나 좋은지 빠르게 알아보자.

먼저, 필요한 라이브러리를 임포팅하자:

벡터와 행렬을 계산하는 데 꼭 필요한 numpy를 임포팅한 다음, keras.models 패키지 중에서 신경망 계층을 차례로 쌓는 데 필요한 기초 클래스 Sequential을 임포트한다:

```
import numpy as np
from keras.models import Sequential
```

Keras에서 모델은 알고리즘을 구성하는 조각들의 모임이고, 우리 문제인 신경망의 경우 차례로 늘어선 층으로 구성된다. 신경망을 구성하는 일련의 시퀀스는 세 가지 구성 요소 즉, 하나의 입력층, 다수의 (감추어진) 중간층, 그리고 하나의 출력층으로 구성된다. 우리가 만들 신경망은 단순한 구조이나, Keras를 이용하면 복잡한 시퀀스로 구성된 신경망을 구축할 수 있다. Sequential 클래스를 사용해서 입력부터 출력까지 차례로 층을 추가할 수 있다:

```
from keras.layers import Dense
```

위 코드는 keras.layers 패키지 중에서 Dense 클래스를 임포트한다: 이는 뉴런 n 개로 구성된 보통의 층을 나타낸다. 즉, 바이어스를 포함한 입력에 가중치가 부여되어 있고, 활성함수를 적용해서 다음 층으로 전달될 출력을 계산하는 전통적인 신경망을 생성할 때 사용한다.

이제 두 클래스, Sequential과 Dense를 사용해서 첫 번째 Keras 신경망 프로토 타입을 만들자: 다음 코드 3줄이, 뉴런이 20개인 입력층, 활성함수가 ReLU인 뉴런 64개짜리 중간층 1개, 시그모이드 뉴런 1개짜리 출력층으로 구성된 간단한 MLP 모델을 나타낸다:

1. Sequential 객체 생성한다:

```
model = Sequential()
```

2. 입력 및 중간층 생성: (!입력층이 허깨비임을 기억할 것)

```
model.add(Dense(64, input_dim=20, activation='relu'))
```

3. 출력층 생성:

```
model.add(Dense(1, activation='sigmoid'))
```

4. 다음으로 손실, 즉 비용을 계산하는 데 사용할 메서드를 지정하는 코드와 사용할 최적화 알고리즘 그리고 네트워크가 학습을 잘 하는지 그 과정을 측정할 척도를 지정한다.

5. 이 일은 Sequential 객체가 가지고 있는 compile 함수를 사용하면 된다:

```
model.compile(loss='binary_crossentropy', optimizer='rmsprop',
metrics=['accuracy'])
```

6. 이제, 신경망 구조가 완성되었으니 학습할 입력 데이터를 준비하자. 우선 랜덤 데이터를 사용해서 테스트한다.

7. numpy 라이브러리를 사용해서 랜덤 수를 생성할 수 있다. 학습 데이터는 실수 20개짜리 벡터 1,000개를 생성해 사용한다:

```
x_train = np.random.random ((1000, 20))
```

8. 출력은 정수 0 또는 1로 무작위로 정하자. 따라서 비슷한 방법으로 0 또는 1을 1,000개 무작위로 생성한다:

```
y_train = np.random.randint (2, size = (1000, 1))
```

9. 검증용 입력 데이터로 실수 20개짜리 벡터 100개를 무작위로 생성하고:

```
x_test = np.random.random ((100, 20))
```

10. 마찬가지로 검증용 출력으로 0 또는 1을 100개 무작위로 생성한다:

```
y_test = np.random.randint (2, size = (100, 1))
```

11. 마지막으로, 미니 배치 크기를 128로 지정하고, 10회 학습한다:

```
model.fit(x_train, y_train,epochs=10,batch_size=128,verbose=1)
```

12. 정확도 약 50% 정도로 학습함을 알 수 있다:

```
Epoch 1/10
1000/1000 [========================] - 0s 164us/step - loss:
0.6989 - acc: 0.5190
Epoch 2/10
1000/1000 [=========================] - 0s 16us/step - loss:
0.6943 - acc: 0.5070
Epoch 3/10
1000/1000 [=========================] - 0s 14us/step - loss:
0.6922 - acc: 0.5160
Epoch 4/10
1000/1000 [=========================] - 0s 17us/step - loss:
0.6905 - acc: 0.5190
Epoch 5/10
1000/1000 [=========================] - 0s 14us/step - loss:
0.6906 - acc: 0.5180
Epoch 6/10
1000/1000 [=========================] - 0s 15us/step - loss:
0.6892 - acc: 0.5300
Epoch 7/10
1000/1000 [=========================] - 0s 13us/step - loss:
0.6870 - acc: 0.5310
Epoch 8/10
1000/1000 [=========================] - 0s 14us/step - loss:
```

```
0.6864 - acc: 0.5440
Epoch 9/10
1000/1000 [========================] - 0s 14us/step - loss:
0.6856 - acc: 0.5480
Epoch 10/10
1000/1000 [========================] - 0s 16us/step - loss:
0.6852 - acc: 0.5410
```

13. 진짜 마지막으로, 검증용 데이터에 대한 손실과 정확도를 계산해 보자:

```
score = model.evaluate(x_test, y_test, batch_size=128)
print(score)

100/100 [==========================] - 0s 377us/step
[0.7096503973007202, 0.3799999952316284]
```

중첩 신경망

중첩 신경망 또는 CNN은 이미지 분석과 영상 필터 응용에 주로 사용하는 특별한 형태의 신경망이다. CNN의 구조와 처리에 대한 주요 개념은 중첩, 풀링, 완전 연결층, 그리고 학습층이다. 각각에 대해 알아보자!

- CNN의 특징이라고 할 수 있는 중첩은 생명체의 생물학적 시각 처리를 모방한 개념이다. 중첩을 수행하는 층은 이미지를 겹치는 조각들로 나누어 분석해서 이미지에 내포된 특징을 추출한다. 중첩 결과를 **특징 맵**이라 부른다. 즉, 특징 맵은 (!중첩에 사용한 필터가 걸러낸 이미지의) 특징을 포함한다.
- 풀링은 처리 속도를 개선하기 위해, 정보를 많이 잃지 않는 수준에서 특징 맵의 크기를 줄이는 과정이다. 이미지 데이터의 경우 풀링은 픽셀 해상도를 떨어뜨리는 것과 아주 유사하다: 인접한 몇 개의 픽셀 영역을, 그 영역을 구성하는 픽셀의 평균값으로 대체해 하나의 픽셀로 줄일 수 있다.

- 완전 연결층은 신경망의 마지막 중간층에 위치하는데, 이전 층 모든 뉴런의 출력을 전달받아, 그것으로부터 이미지의 특징을 식별한다.
- CNN 마지막 층은 학습 층 (또는 손실 층)으로, 산출된 최종 출력에 기초해서 뉴런의 가중치를 학습하는 층이다.

학습은 거의 대부분 역전파 알고리즘을 사용한다.

다음 절에서, CNN의 구조를 아주 자세하게 알아보겠다. 이 구조에 의한 결과물의 놀라운 성과 덕에 컴퓨터 시각 처리에 응용하는 대표적인 머신러닝 기술이 됐다.

CNN 구조

CNN은 (!전통적인 이미지 처리에서 꼭 거쳐야 하는) 전처리 과정 없이, 이미지 픽셀을 직접 처리해 패턴을 인식할 수 있게 만들어졌다. CNN으로 손으로 쓴 글씨와 실세계 이미지에 포함된 아주 다양한 패턴을 인식할 수 있다.

일반적으로, CNN은 중첩층과 풀링층이 교대로 반복된 다음 이어서, 분류용 모델인 경우 하나 이상의 완전 연결층, 회귀용 모델인 경우 다수의 업 샘플링 층이 나오는 구조다. 다음은 중첩 신경망 구조의 한 사례다:

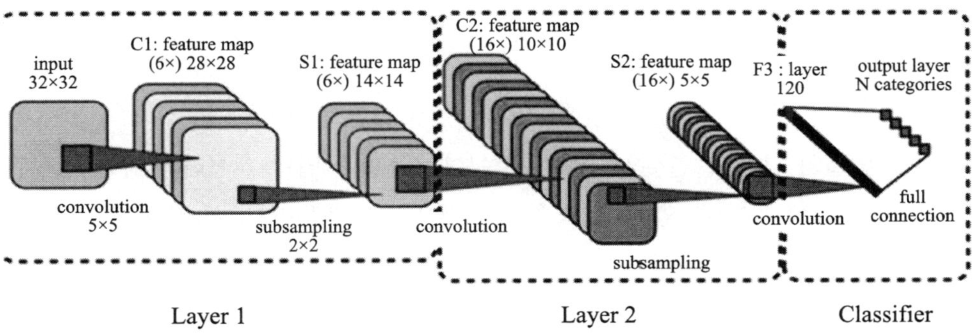

그림 2.1 중첩 신경망 구조

중첩 신경망이 등장하기 이전에도, 전통적인 신경망이 컴퓨터 시각처리 분야에 사용되어 왔다. 인공적인 시각 처리에 그런 모델을 사용해본 결과 확장성 감소라는 문제점이 대두 되었다. 실제로, 해상도가 높은 이미지를 다룰 때, 전통적인 완전 연결 신경망의 경우, 한 층의 뉴런들이 다음 층 뉴런과 전부 연결되어야 하기 때문에 신경망이 지나치게 많은 매개변수를 갖게 된다.

예를 들어, CIFAR-10 데이터 셋처럼 상대적으로 크기가 (32×32×3, 3은 색상을 구분하는 차원) 작은 이미지를 다루는 신경망의 경우, 첫 번째 중간층 뉴런 1개당 가중치가 32×32×3=3,072개가 된다. 그러나 만일 이미지의 폭과 넓이를 8배 늘리는 경우 가중치 개수는 256×256×3=196,608개로 64배 늘어난다. 층이 여러 개이고 각 층의 뉴런의 개수가 상당하므로 전체 가중치 증가량이 폭발적이라 하겠다.

이러한 상황이 데이터의 공간적 구조를 고려하지 않는 채 이미지를 분석하는 전통적 신경망의 구조적 한계를 드러낸다. 실제로, 전형적인 신경망은, 인접한 픽셀과 멀리 떨어진 픽셀을 동일하게 취급하기 때문에 정보가 손실되고, 또한 과도한 매개변수에 의한 과적합이 더 심하게 일어난다.

앞에서 언급했듯이 CNN은, 시각 피질의 기능과 구조를 모방해서, 이미지에 내포된 공간적 상관관계를 확실하게 탐색하려는 의도를 가지고 만들었다.

중첩 신경망의 세 가지 주요 특징은 다음과 같다:

- 3차원 층 구조: 중첩층 뉴런은 폭, 넓이, 그리고 깊이의 3차원 배열 구조다. 여기서 폭과 넓이의 부분 구조는 이전 층의 부분 수용 영역과 연결된다(!다음 절 참조).
- 연결의 지역성: 연결의 지역성 때문에, CNN은 입력 데이터의 공간적 상관관계를 탐색할 수 있다. 입력을 부분적으로 스캔하면서, 특정 패턴의 존재 여부를 찾아내는 중첩 필터를 학습한다. 이러한 중첩층을 여러 개 쌓아 이미지를 탐색함으로써, 신경망의 마지막 중첩층은 더 넓은 수용 영역에 대한 더 높은 수준의 특징을 추출한다. 즉, 입력의 작은 영역에 대한 처리 결과는 중첩층을 차례로 거치면서 모아져 더 넓은 영역에 대한 전역적 특징 맵을 생성한다. 다음 그림을 참조하라:

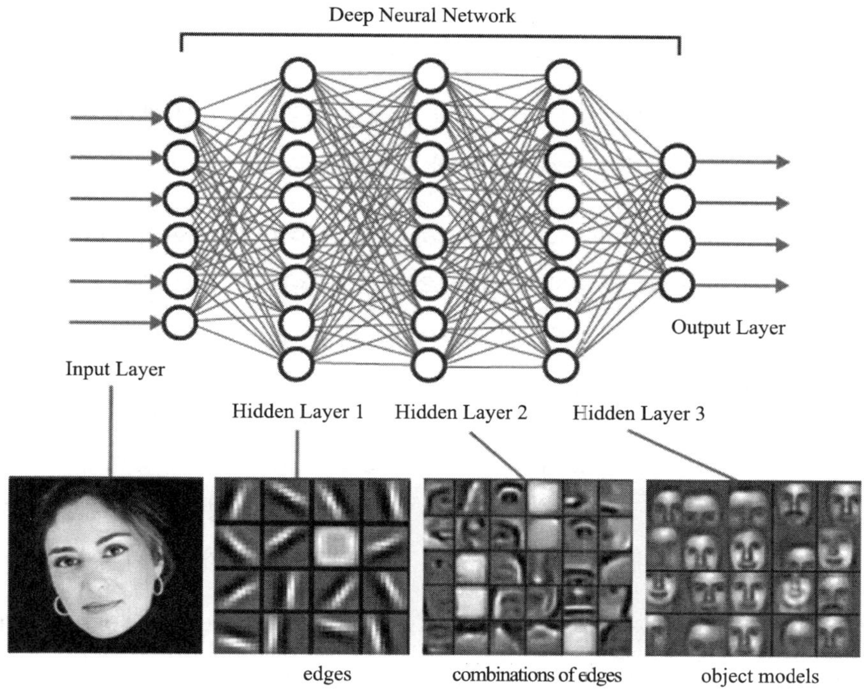

| 그림 2.2 | 얼굴 인식과 딥 뉴럴 네트워크

- **가중치 공유**: 각 층에서 학습한 필터는 전체 시각 영역에 복제된다. 복제된 필터는 동일한 매개변수(가중치와 바이어스)를 갖고 이것들에 의해 특징 맵이 생성된다. 결과적으로 같은 층에 속한 모든 뉴런은 입력에 포함된 해당 특징을 인식할 수 있게 학습된다. 이러한 복제 즉 가중치 공유에 의해 시각 영역의 위치와 무관하게 해당 특징이 추출될 수 있다.

앞에서 언급했듯이 CNN은 보통 상이한 유형의 층으로 구성된다. 그 중 가장 중요한 유형이 중첩층이다.

중첩층

CNN의 핵심이라 할 수 있는 층 중첩층이다. 매개변수는 학습 가능한 필터(또는 커널) 집합이다. 필터는 한정된 (예를 들어 3×3) 크기의 수용 영역이지만 입력 전체를 순회

한다. 중첩 단계에, 각 필터는 입력 데이터의 폭과 넓이 방향으로 중첩해 가면서, 대응하는 입력 영역과 필터의, 곱의 합을 계산해서, 해당 필터와 관련된 2차원 특성 맵을 생성한다. 이러한 특성 맵을 쌓으면 완전한 중첩층 출력 즉 특성 맵이 산출된다. 중첩층 출력의 크기는 초매개변수 3개 즉, 필터 크기, 보폭, 그리고 패딩에 의해 결정된다.

필터 크기는 한 번에 처리하는 혹은 중첩하는 입력 이미지 영역의 크기를 결정한다. 각 필터는 해당 영역에서 특정한 패턴을 추출할 수 있도록 학습한다. 보폭은 필터의 다음 중첩 위치를 결정하는 초매개변수다(!패딩 설명 후 바로 구체적 예가 나오니 여기서 머뭇거리지 말고 계속 읽어 나가야 한다).

마지막으로, 패딩 역시 최종 출력의 크기에 영향을 주는 것으로, 필터가 입력 데이터 영역을 벗어나는 경우에 대비해, 테두리에 일정한 두께로 정해진 값(예를 들어 1)을 추가하는 것을 말한다. 패딩을 통해 입력과 출력의 크기를 일치시킬 수 있다.

이제 크기가 7×7×3 픽셀인 이미지 I에 중첩을 적용하는 사례를 살펴보자: 이미지의 3×3 영역을 (푸른색) 불빛이 비추고 있다고 상상해보자. 이 불빛은 이미지의 왼쪽 상단부터 보폭의 크기에 따라 이미지 전체를 지나간다. 이 불빛이 바로 **필터** 또는 **커널 K**다. 그리고 이 불빛이 비추어진 (붉은색) 이미지 영역이 **수용 영역**이다.

필터는 입력 이미지와 겹쳐질 가중치 행렬이다: 이 경우 필터 크기는 3×3. 필터가 이미지를 스캔해 갈 때, 겹쳐진 부분의 이미지 (**I**) 픽셀 값과 커널 (**K**) 값의 성분 단위

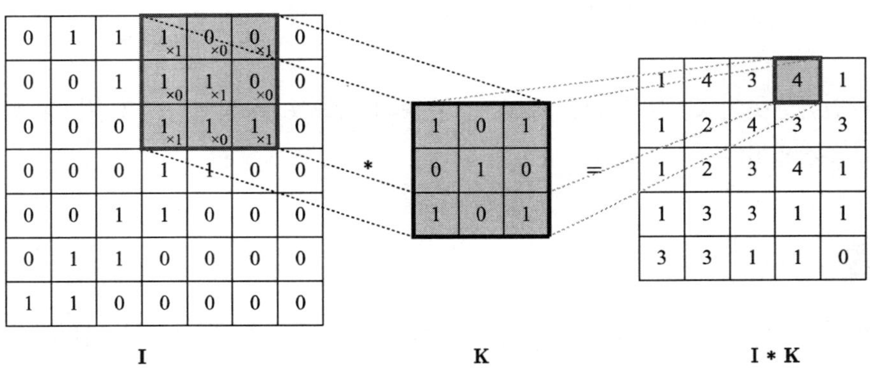

그림 2.3 중첩 적용 사례

곱의 합을 계산한다. 필터를 정해진 보폭으로 이동해 가면서 같은 계산을 반복해서 얻은 배열 (**I** ∗ **K**)가 바로 특징 맵이다. 중첩층에서 산출된 특징 맵은 다음 중간층(!풀링층)의 입력으로 전달된다.

풀링층

마찬가지로 CNN의 특징 중 하나인 풀링층은 중첩의 결과인 특징 맵에 비선형 다운샘플링을 적용한다. 풀링을 할 수 있는 비선형 함수는 다양한데, 그중에서 최대 풀링을 가장 많이 사용한다. 이 방법은 입력(!중첩층의 출력인 특징 맵)을 일정한 크기로 나눈 후, 해당 영역의 최대 픽셀 값을 그 영역의 대푯값으로 출력한다. 즉 특징 맵의 크기를 줄이는 작업이 풀링이고, 결과적으로 신경망 매개변수를 줄여 신경망 계산 복잡도를 감소시키고, 더불어 과적합 문제 역시 줄일 수 있다. 일단 특징이 추출되면, 그 특징의 정확한 위치보다는 다른 특징과의 상대적 위치가 더 중요하다는 생각에 기초한 개념이다. 통상적으로 CNN은 중첩층과 풀링층이 교대로 반복해서 나오는 구조다.

다음은 4×4 크기 데이터 행렬에 최대 풀링을 적용한 사례를 나타낸다: 풀링을 위한 필터의 크기는 (다른 색으로 나타낸) 2×2이고, 각 부분 영역에 대해 해당 영역의 최댓값을 찾아서 출력한다. 그림과 같이 4×4 크기 특징 맵을 필터 영역의 최댓값을 성분으로 하는 2×2 크기 행렬로 줄일 수 있다.

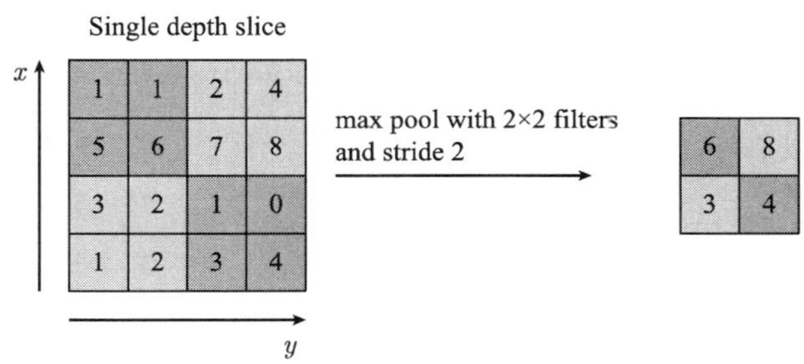

| 그림 2.4 | 최대 풀링 사례

ReLU층

앞 절에서 보았듯이, 이 층은 뉴런의 활성함수 값을 산출하는 층이다. 즉, ReLU층은 함수 $f(x) = max(0,x)$를 계산하는 뉴런들의 층이다. ReLU층에 의해 중첩층 수용영역을 건드리지 않고 신경망의 비선형성을 크게 할 수 있다. 쌍곡선 탄젠트나 시그모이드 함수에 비해, 학습 속도가 빠르면서도 일반화에 크게 영향을 주지 않기 때문에 ReLU 함수가 선호된다.

완전 연결층

특히 분류 문제에 응용하는 경우, CNN 후반 층은 완전 연결층으로 구성된다. 전통적인 신경망처럼 완전 연결층 뉴런은 앞 층의 모든 뉴런과 연결되고, 높은 수준의 추론을 수행한 후, 신경망의 실제 출력 즉, 예측을 산출한다.

업 샘플링 층

이미지 재구성이나, 깊이 추정, 그리고 세그멘테이션 같이 회귀에 응용하는 경우, CNN 후반 층 구조로 업 샘플링 층이 사용된다.

손실층

대부분의 경우 CNN의 마지막 층은 손실층이다. 모델을 설계할 때 정의한 손실함수를 계산해서 신경망의 예측 오류를 산출하는 일을 한다. 어떤 문제에 응용하느냐에 따라 다양한 함수를 사용할 수 있다. 예를 들어, 신경망 출력이 일종의 확률로 해석되는 분류 문제의 경우, 보통 교차 엔트로피 함수를 사용해서 예측 오류를 측정하고, 반면에 출력인 실수 값인 회귀 문제의 경우, 유클리드 거리를 측정해서 예측 오류를 측정한다.

CNN 구현

먼저 필요한 라이브러리를 임포팅한다:

```
import numpy as np
import matplotlib.pyplot as plt
```

```
from sklearn import datasets
from sklearn.model_selection import train_test_split
from keras.utils.np_utils import to_categorical
from keras.models import Sequential
from keras import optimizers
from keras.layers import Dense, Activation, Flatten, Conv2D, MaxPooling2D
```

이 예제에서 사용할 데이터 셋은 sklearn에 있는 DIGITS이다:

```
data = datasets.load_digits()
```

가져온 이미지 중 23번째 숫자를 그림으로 확인해보자:

```
plt.imshow(data.images[23])
plt.show()
```

다음과 같이 8×8 이미지가 출력된다:

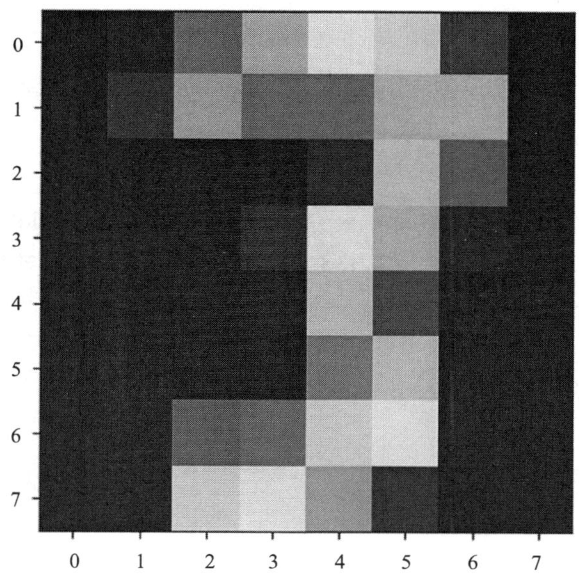

|그림 2.5| DIGITS 데이터 셋 이미지 구조

또한 다음과 같이 해당 이미지의 레이블을 출력할 수 있다:

```
print('label: ', data.target[23])

label: 3
```

먼저 reshape를 사용해서 데이터를 3D 형식으로 바꾼다:

```
X_data = X_data.reshape((X_data.shape[0], X_data.shape[1], X_data.shape[2], 1))
y_data = to_categorical(y_data)
X_train, X_test, y_train, y_test = train_test_split(X_data,y_data,
test_size = 0.3, random_state = 777)
```

Keras에서는 구축하려는 신경망 모델을 지정한 후, 거기에 따라 층을 조직한다. 가장 일반적으로 사용하는 게 순차모델로 단순히 층을 차례로 쌓은 구조다.

먼저 다음과 같이 모델을 정의한다:

```
model = Sequential()
```

모델을 지정했으니 add 함수에, 층을 전달해서 CNN을 쉽게 만들 수 있다. 가장 먼저 중첩층을 추가하자:

```
model.add(Conv2D(input_shape = (X_data.shape[1],X_data.shape[2],\
X_data.shape[3]),filters = 10, kernel_size = (3,3),strides = (1,1),
padding = 'valid'))
```

이어서 활성층을 추가하고:

```
model.add(Activation('relu'))
```

풀링층을 추가한다:

```
model.add(MaxPooling2D(pool_size = (2,2)))
```

그러고 나서, CNN 출력을 위한 완전 연결층을 추가한다. (!1차원으로 뉴런이 늘어선 완전 연결층 뉴런들과) 완전 연결을 위해 이전 층을 1열로 변형한다:

```
model.add(Flatten())
model.add(Dense(50, activation = 'relu'))
model.add(Dense(10, activation = 'softmax'))
```

이제 모델이 모양을 갖추었으니, compile 함수를 사용해서 모델을 컴파일하자. 모델을 컴파일할 때, 사용할 손실함수와 최적화기를 지정한다:

```
adam = optimizers.Adam(lr = 0.001)
model.compile(loss = 'categorical_crossentropy',optimizer = adam,\
metrics = ['accuracy'])
```

컴파일이 끝나면 데이터를 전달해 모델을 적합(fit) 즉, 학습한다:

```
history =model.fit(X_train,y_train,batch_size = 50,validation_split =
0.2,\ epochs = 100,verbose = 0)
```

모델이 어떻게 동작하는지 그려보자:

```
plt.plot(history.history['acc'])
plt.plot(history.history['val_acc'])
plt.legend(['training', 'validation'], loc = 'upper left')
```

화면에 다음과 같은 그림이 그려진다:

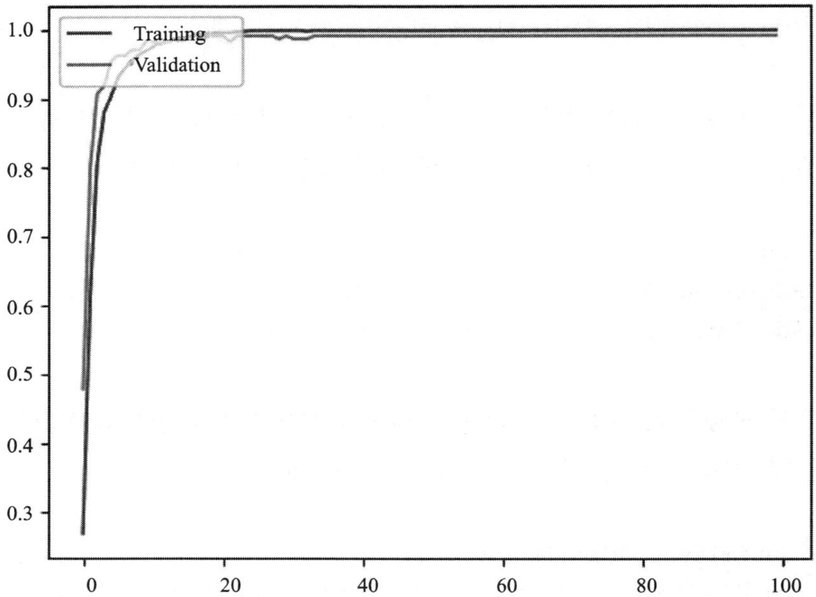

❙그림 2.6❙ 학습 및 검증 정확도 곡선

마지막으로 정확도와 모델의 구조를 요약해서 나타내보자:

```
results = model.evaluate(X_test, y_test)
print('Test accuracy: ', results[1])
plt.show()


Test accuracy: 0.987037037037037
_________________________________________________________________
Layer (type)                 Output Shape              Param #
====================================
conv2d_1 (Conv2D)            (None, 6, 6, 10)          100
_________________________________________________________________
activation_1 (Activation)    (None, 6, 6, 10)          0
_________________________________________________________________
max_pooling2d_1 (MaxPooling2 (None, 3, 3, 10)          0
_________________________________________________________________
```

```
flatten_1 (Flatten)          (None, 90)          0
_________________________________________________________________
dense_1 (Dense)              (None, 50)          4550
_________________________________________________________________
dense_2 (Dense)              (None, 10)          510
=================================================================
Total params: 5,160
Trainable params: 5,160
Non-trainable params: 0
```

순환 신경망

순환 신경망(RNN)은 피드백 혹은 순환 연결을 포함하는 특별한 구조의 신경망이다. 신경망에 사이클이 포함되어 있어 시계열 분석이 가능하다.

가장 간단한 RNN이 바닐라 RNN인데, 이 신경망은 하나의 층으로 구성되었고, x_t와 h_{t-1}을 입력으로 받는다. 여기서 h_{t-1}은 이전 시점 즉, $t-1$ 시점 신경망의 출력이다.

다음 그림은 펼친 구조로 나타낸 RNN이다:

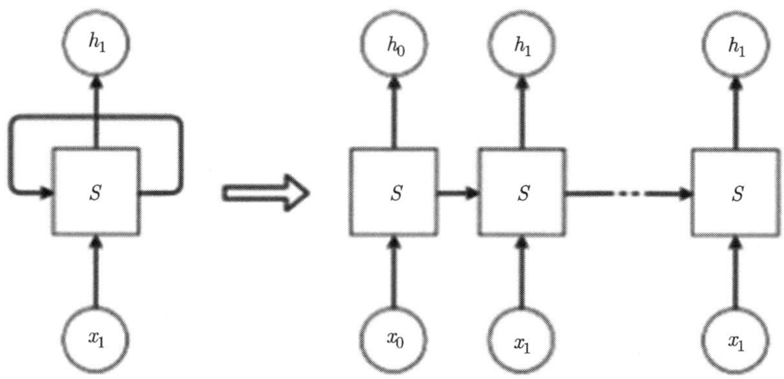

그림 2.7 바닐라 RNN, 펼친 구조

펼친 모양 RNN은 t에 따른 임의의 깊이를 갖는 다층신경망 형태다: 블록 S의 가중치와 바이어스는 공유되고, h_i는 모든 입력 x_i, (!그리고 h_{i-1}), $i \in [0;t]$에 의해 정해진다(!$h_i = \tanh(h_{i-1} W_h + x_i W_x + b)$).

펼친 모양에서 블록 개수는 시퀀스 길이에 해당한다. 그러나 이들은 독립적인 가중치를 갖는 별개의 층이 아니다. 즉, 가중치와 바이어스 같은 신경망의 상태를 공유한다는 점이 RNN을 다층신경망과 구분하는 특징이다: 신경망에 저장된 내용은 RNN이 분석하려는 데이터 시퀀스에 내포된 일시적인 패턴이다.

앞에서 다룬 RNN은 각 입력에 대해 출력이 산출되지만, 실제로 사용할 때, 다음 그림처럼, 입력이나 출력의 일부분을 가린 다양한 조합이 가능하다; 예를 들어, 출력이 한 개인 다대일 구조를 사용해서 데이터 시퀀스를 분류할 수 있고, 일대다 구조를 사용해서 이미지에 캡션을 붙일 수 있다:

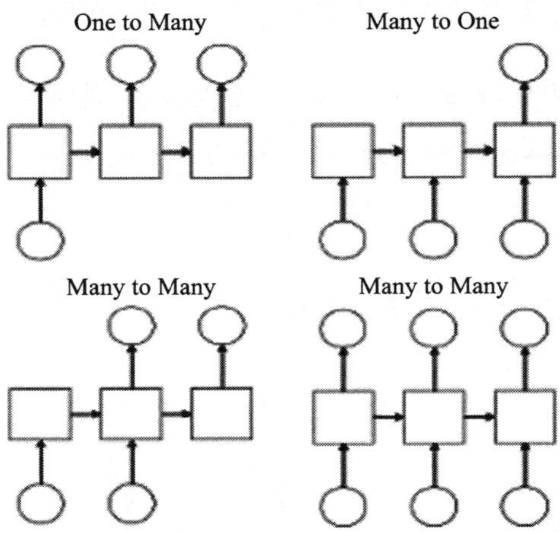

▌그림 2.8▐ RNN의 다양한 조합

RNN 역시 학습에는 역전파 알고리즘을 사용한다; 매 시점, 가중치를 공유하기 때문에, 일단 구조가 정해지면, 특정 시점의 가중치 수정은 전체 출력에 영향을 주고: 실제로 가중치 수정량은 각 시점 변화량의 합이다.

RNN을 펼쳐 보면 그 자체가 DNN 즉 깊이가 깊은 신경망에 해당하므로, 역전파 학습을 사용하는 경우 기울기 소실이나 홍수 문제가 분명히 발생한다. 즉, 아주 긴 시계열 학습이 어렵다.

장단기 기억 메모리

장단기 기억 메모리 Long Short Term Memory, LSTM는 RNN의 탁월함을 손상시키는 기울기 소실과 홍수 문제를 해결하기 위해, **호흐라이터**와 **슈미트후버**가 제안한 특별한 순환 신경망이다. 정상적인 순환 신경망에 없는 c라는 상태를 위한 메모리 셀을 유지하는 점이 LSTM의 핵심 원리다.

사실, 이 상태 c는 자기 자신을 제어하는 것이다(!펼친 구조에서 다음 층으로 출력하지 않는다는 뜻): c_t는 c_{t-1}과 x_t를 결합한 것으로 지금까지의 정보가 저장되고, 출력 h_t는 x_t와 c_{t-1}에 의해 산출된다. 이 과정에 입력 x_t가 변조된다.

상태 갱신에 사용하는 활성함수가 항등함수라서, 도함수가 1이므로 역전파 단계에서 가중치를 수정하기 위해 계산하는 기울기가 소멸하지도 넘치지도 않고 전 시점 동안 상수 값을 유지한다.

데이터 변조를 위해 LSTM은 층에 게이트라는 것이 있다. 게이트는 x_t와 h_{t-1}의 활성 값을 결합해서 $(0;1)$ 사이의 값을 원소로 하는 벡터를 출력한다(!LSTM에는 입력, 망각, 출력이라는 이름의 3가지 게이트가 있고, 이들에 의해 과거 및 현재 정보의 반영 비율이 조절된다).

게이트가 출력한 벡터는 원소 단위로 곱해져 데이터 흐름을 조절하는 데 사용될 수 있다. 활성함수로 단순한 이진 계단 함수를 사용하는 경우 이분법적 출력으로 인해 과거 정보를 기억하거나 말거나 둘 중하나로 정해지는 것에 비해, 미분 가능한 시그모이드 함수를 사용해서 기억의 정도를 조절할 수 있다.

게이트의 종류는 3가지다:

- **망각 게이트(f)**: t 시점에 반영될 c_{t-1} 즉, 과거 정보의 양을 조절한다.

- **입력 게이트**(i): c_t에 저장될 현재 정보를 조절한다. 입력 게이트 산출 값은 보통 쌍곡선 탄젠트 함수를 사용해서, 상태 수정량이 음수가 될 수도 있다. 따라서 저장될 정보량의 증감이 가능하다.
- **출력 게이트**(o): 신경망 출력을 조절한다.

다음은 지금까지 설명한 LSTM의 구조를 나타낸다. 여기서 ×와 +는 벡터의 성분 단위 곱과 합, 사각형 블록은 층, tanh는 쌍곡선 탄젠트, x는 입력, h는 출력, 그리고 c는 상태를 나타낸다:

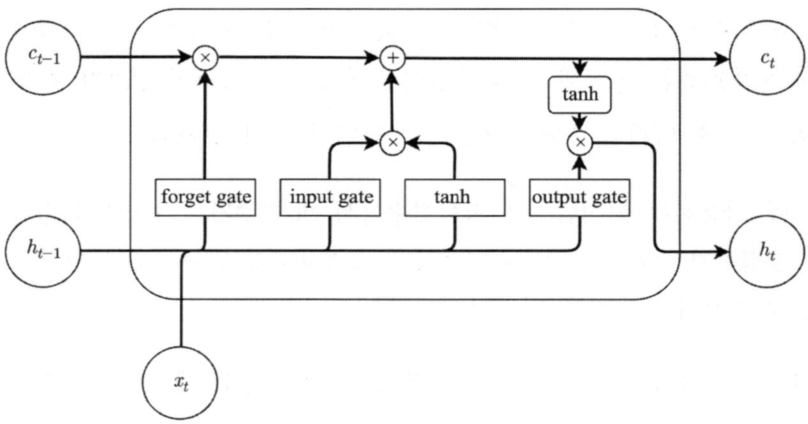

| 그림 2.9 | LSTM 구조

IMDB 영화 후기 감성 분석

감성 분석은 데이터에 내포된 주관적 정보를 알아내는 기술로 자연어 처리, 텍스트 분석, 그리고 계산 언어처리 같은 정교한 수단으로 특히, 사용자 후기에 담긴 의견을 추출한다. 감성 분석은 상품 후기, 소셜미디어, 그리고 고객센터 등 광범위하게 응용된다.

영화 후기에 대한 감성을 분류하는 LSTM 모델을 만들어 보자: 영화 후기는 길이가 제각각이고, 긍정 혹은 부정의 감성을 담고 있으며, 그 감성이 분류의 대상이다.

IMDB 데이터 셋은 후기 글 50,000개로, 학습용 25,000개 그리고 시험용 25,000개로 구분되어 있다. 또한 각각 절반이 긍정 후기 나머지 절반이 부정 후기다.

모델의 학습용 데이터에 대한 정확도는 90.25퍼센트(바른 분류 22,563개, 틀린 분류 2,437개), 시험용 데이터에 대한 정확도는 80.06퍼센트다. 학습이 끝난 모델은, 아직 보지 않은 영화에 대한, 물론 학습과도 무관한 후기를 분류하는 데 사용해서 관객의 소중한 시간을 허비할 영화를 걸러낼 수 있다. 예를 들어, 긍정 후기일 예측 확률이 0.1368이고, 기준 확률이 0.5면, 해당 후기는 부정 감성으로 분류하는 식으로 응용한다.

Keras 내장 라이브러리를 사용해서 IMDB 학습 및 시험 데이터 셋을 임포팅하자:

```
max_words = 20000
print("Loading data, max unique words = %d words\n" % max_words)
(train_x, train_y), (test_x, test_y) = \ K.datasets.imdb.load_data
(seed=1, num_words=max_words)
```

학습에 사용하기 전에 후기 데이터 셋 전처리가 필요하다. 우선 후기 글의 모든 단어를 소문자로 변환한다. 홑 따옴표를 제외한 모든 구두점도 제거한다. 그리고 후기 글을 단어 인덱스 시퀀스로 인코딩한다. 편의를 위해, 데이터 셋 단어들은 전체 빈도 순서로 인덱스되어 있다. 예를 들어, 인덱스 3은 그 단어가 전체 데이터 셋에서 3번째로 자주 나오는 단어라는 뜻이다. 다만 인덱스 1은 시퀀스 혹은 문장의 시작을 나타내는 데 사용한다. 그리고 인덱스 2는 빈도 순위가 20,000을 초과하는 단어, 즉 범위 밖 어휘 out-of-vocabulary, OOV를 나타낸다(!소스 코드에 관련 내용이 포함되어 있다).

후기를 인코딩한 후 메모리로 로딩해서 다음과 같이 처리한다:

1. 후기 시작부터 80 단어만 남기고 초과 부분은 모두 제거한다.
2. 후기의 길이가 80보다 작으면 부족한 부분을 0으로 채워 길이가 80이 되도록 맞춘다. 이런 작업을 패딩이라 하는데, 여기서는 `padding='post'`로 지정하여 뒷부분을 0으로 채운다:

   ```
   max_review_len = 80
   ```

```
train_x = K.preprocessing.sequence.pad_sequences(train_x,\
truncating='pre', padding='pre', maxlen=max_review_len)
test_x = K.preprocessing.sequence.pad_sequences(test_x,\
truncating='pre', padding='pre', maxlen=max_review_len)
```

3. 다음으로, LSTM 모델을 정의하자. 먼저, **e_init**과 **init**을 사용해 LSTM 가중치와 바이어스를 초기화한다:

```
print("Creating LSTM model")
e_init = K.initializers.RandomUniform(-0.01, 0.01, seed=1)
init = K.initializers.glorot_uniform(seed=1)
```

4. 다음으로, 최적화 도구로 Adam을 지정한다. Adam은 여러 유형의 딥 뉴럴 네트워크 학습에 사용되는 범용 최적화기다:

```
simple_adam = K.optimizers.Adam()
```

5. 다음과 같이 LSTM 네트워크 구조를 지정한다:

```
model = K.models.Sequential()
```

6. 이제, **워드 임베딩** 층을 생성한다. 이 층은 정수 ID를 원소로 하는 후기 데이터 벡터를 실수를 원소로 하는 벡터로 변환한다. 워드 임베딩은 예를 들어, 여자와 여성 같이 비슷한 단어를 포함하는 벡터들이 수치적으로 가깝게 위치하도록 만드는 기법이다. (!즉, 문장을 벡터공간의 점으로 매핑 하는데, 이때 유사 단어를 많이 가진 문장 즉, 점들이 더 이웃하도록 한다.)

7. 다음과 같이 임베딩 층을 설정한다:

```
embed_vec_len = 32

model.add(K.layers.embeddings.Embedding(input_dim=max_words,
output_dim=embed_vec_len, embeddings_initializer=e_init,
mask_zero=True))
```

8. 마지막으로, 모델에 LSTM 층을 추가한다:

```
model.add(K.layers.LSTM(units=100, kernel_initializer=init,
\ dropout=0.2, recurrent_dropout=0.2))

model.add(K.layers.Dense(units=1, kernel_initializer=init,
activation='sigmoid'))
```

9. LSTM 층을 추가했으면, 컴파일하자:

```
model.compile(loss='binary_crossentropy',optimizer=simple_adam,\
metrics=['acc'])
```

10. **summary()** 메서드를 사용해서 가중치와 바이어스 개수를 출력해 볼 수 있다:

```
print(model.summary())
```

11. 이제 다음과 같은 명령을 내려 LSTM 감성 분석 모델을 학습한다:

```
bat_size = 32
max_epochs = 3
print("\nStarting training ")
model.fit(train_x, train_y, epochs=max_epochs, \ batch_size=
bat_size, shuffle=True, verbose=1)
print("Training complete \n")
```

12. 다음은 학습 과정에 대한 출력이다:

```
IMDB sentiment analysis using Keras/TensorFlow
Loading data, max unique words = 20000 words
Creating LSTM model

____________________________________________________________
Layer (type) Output Shape Param #
========================================
```

```
embedding_1 (Embedding)        (None, None, 32)    640000
_________________________________________________________________
lstm_1 (LSTM)                  (None, 100)         53200
_________________________________________________________________
dense_1 (Dense)                (None, 1)           101
=====================================
Total params: 693,301
Trainable params: 693,301
Non-trainable params: 0
_________________________________________________________________
None
Starting training
Epoch 1/3
25000/25000 [==============================] - 81s 3ms/step -
loss: 0.4623 - acc: 0.7770
Epoch 2/3
25000/25000 [==============================] - 87s 3ms/step -
loss: 0.3153 - acc: 0.8735
Epoch 3/3
25000/25000 [==============================] - 88s 4ms/step -
loss: 0.2463 - acc: 0.9043
Training complete
```

13. 학습이 완료되었으니, 모델을 검증하자. **evaluate()** 메서드를 호출하면 리스트를 반환하는데, 여기서 인덱스 **[0]**에 위치한 첫 번째 값이 기대 **손실** 값이다. 이 예제의 경우, 이진 교차 엔트로피다:

```
loss_acc = model.evaluate(test_x, test_y, verbose=0)
print("Test data: loss = %0.6f accuracy = %0.2f%% "\ %
(loss_acc[0], loss_acc[1]*100))
```

14. 다음 명령을 사용해서 학습이 끝난 모델을 저장한다. 이렇게 저장한 모델은 keras.models.load() 메서드를 사용해서 다른 프로그램에서 로딩해 사용할 수 있다:

```
print("Saving model to disk \n")
mp = ".\\Models\\imdb_model.h5"
model.save(mp)
```

15. 이제, 모델을 테스트하기 위해, 보지 않은 영화 후기를 가져온다:

```
print("New review: \' worst film ever!\'")
d = K.datasets.imdb.get_word_index()
review = " worst film ever!"
```

16. 다음으로, 가져온 새 후기의 단어를 정수 ID 값으로 변환한다:

```
words = review.split()
review = []
for word in words:
   if word not in d:
      review.append(2)
   else:
      review.append(d[word]+3)
```

17. 흔히 사용하는 공용 단어 20,000개에 속하지 않거나 학습 데이터에 포함되지 않은 단어는 특별한 ID 값 2를 할당한 걸 기억하자. 또한, 특수 목적으로 사용한 특별한 값 0, 1, 2 때문에 실제 단어 ID의 오프셋이 3이다.

18. 새 후기에 대한 나머지 전처리로 후기를 길이 80으로 절단 혹은 패딩한 후 감성을 예측하는 계산을 한다.

```
review = K.preprocessing.sequence.pad_sequences([review],
truncating='pre', padding='pre', maxlen=max_review_len)
prediction = model.predict(review)
print("Prediction (0 = negative, 1 = positive) = ", end="")
print("%0.4f" % prediction[0][0])
```

19. `predict()` 메서드는 2차원 배열에 하나의 값을 반환하므로, 예측 확률은 인덱스 `[0][0]`에 위치한다.

20. 다음처럼 예측 결과가 나타난다. 이 예측에 사용한 영화는: worst film ever!

```
Test data: loss = 0.410546 accuracy = 82.84%
Saving model to disk

New review: 'worst film ever!'
Prediction (0 = negative, 1 = positive) = 0.0501
```

오토인코더

오토인코더는 간단하지만 쓸모 있는 일을 한다: 입력과 동일한 출력을 생성한다(!어리둥절할 필요 없다. 네트워크의 입력과 출력이 같다는 말이다). 오토인코더의 목적은, 더 적은 수의 노드를 갖는 중간층(h, 잠재변수 층)을 통해서 그것으로부터 동일한 출력을 얻음으로써, 입력을 더 작은 형태로 압축하는 거다. 결과적으로 입력을 더 작은 형태로 인코딩한다.

오토인코더 신경망은 다음과 같이 기본적으로 2가지 성분으로 구성된다: 인코더와 디코더

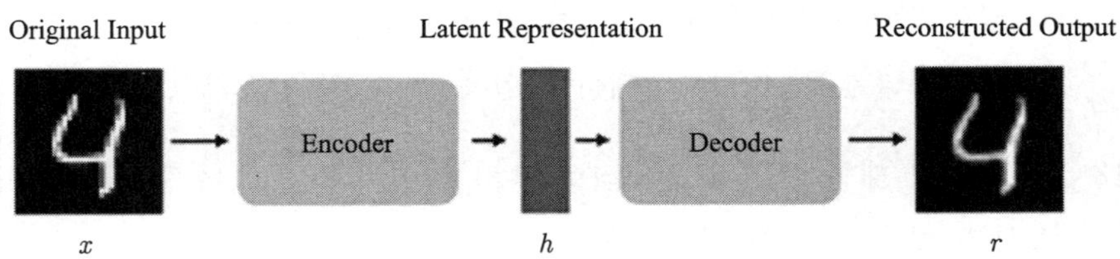

❙그림 2.10❙ 오토인코더 신경망 구조

- 인코더는 입력을 잠재변수 공간으로 압축한다. 인코더는 함수 $h=f(x)$로 나타낼 수 있다.
- 디코더는 이전에 수집된 정보를 이용해서 입력을 재구성한다. 디코더는 함수 $r=g(h)$로 나타낼 수 있다.

즉, 인코더는 입력을 압축한 코드를 생성하고 디코더는 오직 이 코드만 이용해서 입력을 재구성해낸다.

오토인코더 효율성은 입력과 재구성한 출력의 유사성을 측정해서 평가한다. 두 개가 더 유사할수록 신경망이 전달받은 정보를 압축하고 또 해제하는 방법을 더 잘 학습했다고 할 수 있다.

다음은 오토인코더 신경망의 주요한 특징이다:

- **비지도 학습**: 입력에 대한 별도의 정답이 필요치 않은 비지도 학습 방법을 사용한다. 즉, 입력에 대한 레이블이 필요 없다;
- **데이터 특수화**: 압축은 학습 동안 신경망이 데이터를 높은 수준으로 특수화함을 의미한다. 압축된 데이터는 완전히 다른 형식으로 사용할 수 있고, 그럼에도 그럭저럭 합리적인 결과를 도출할 수 있다;
- **손실 압축**: 학습 과정에 입력 정보가 손실될 수 있음을 자연스레 예상할 수 있다. 압축 탓으로 입력을 정확하게 재생성할 수 없을 수 있으나, 문제에 따라 좋은 근삿값으로 활용할 수 있다.

복사하는 신경망은 왜?

오토인코더가 입력을 복사하도록 학습하는 이유는 잠재변수 공간 h가 입력에 대한 유용한 특징을 제공할 수 있기 때문이다. 이런 효과는 인코딩을 할 때 공간 h의 크기가 입력 공간 x보다 작도록 제한함으로써 얻을 수 있다.

이렇게 크기가 제한된 오토인코더를 미완전이라 부른다. 의도적으로 데이터를 미완전 공간으로 변환해서, 오토인코더가 학습 데이터에 포함된 가장 연관성이 큰 특징을 잡아내게 한다.

신경망을 구성하는 네트워크 크기를 적절하게 제한하지 않으면, 데이터에 내포된 유용한 정보를 외삽하지 못하고, 신경망은 그냥 단순하게 입력을 출력으로 복사한다. 이런 상황은 잠재변수 공간의 크기가 입력 공간의 크기와 같은 때도 발생할 수 있다. 반대로 오토인코더가 과완전인 경우 즉, 잠재변수 공간이 입력 공간보다 큰 경우, 인코더와 디코더는 입력 데이터로부터 아무 것도 배우지 못한 채 그냥 입력을 출력으로 복사한다.

이상적으로, 학습하려는 데이터의 복잡도에 따라 적절하게 매개변수를 선택해서 필요한 인코딩/디코딩을 수행하는 오토인코더 구조를 성공적으로 학습할 수 있다.

오토인코더 활용

데이터 시각화를 위한 잡음과 차원 축소가 오토인코더의 가장 흥미로운 응용 사례로 간주된다. 데이터 분산에 대한 제한과 차원을 적절하게 설정한 오토인코더를 학습해서, 흔히 사용하는 선형 방법론인 주성분 분석(PCA)보다 훨씬 흥미로운 부분 공간을 얻을 수 있다.

오토인코더는 데이터만 주어지면 스스로 알아서 학습한다(!새삼스러운 얘기지만 신경망이 다 그런 거다). 즉, 일반화를 하지 않고도 유사한 입력을 잘 압축하는 신경망을 쉽게 학습할 수 있다. 무슨 말이냐 하면, 유사한 많은 데이터를 학습하지 않고도 학습에 사용한 것과 유사한 데이터를 잘 압축할 수 있다는 말이다. 그러나 다른 데이터는 잘 압축하지 못한다.

압축이라는 측면에서 JPEG 같은 압축 기법들이 이런 점에선 더 훌륭하다(!우리가 잘 아는 압축 알고리즘들은 어떤 데이터든 비슷한 수준으로 압축하는 범용 압축기다. 반면에 오토인코더는 학습한 데이터와 유사한 입력만 잘 압축한다. 즉, 일종의 전용 압축기이고 이것이 오토인코더와 일반 압축 기법의 큰 차이다). 반면에 오토인코더 신경망은 데이터에 내포된 정보를 최대한 유지하면서 동시에 상이한 특징을 획득하도록 학습한다.

Keras 프레임워크에서 MNIST 데이터 셋을 사용한 예제를 통해서 오토인코더를 자세히 알아보자.

오토인코더 개발

이제 중간층이 하나인 3층 구조를 갖는 간단한 형태의 오토인코더를 구현해보자. 이 오토인코더는 MNIST 이미지 데이터를 재구성하는 신경망으로, 학습은 앞에서 사용한 **Adam 최적화기**, 손실함수는 평균제곱 오차 함수를 사용한다(!Adam 최적화기는 모멘텀과 학습계수 적응을 통해 학습 속도를 개선한 일종의 기울기 강하 기법이다).

중간층 크기는 6으로, 입력층 크기 64(=8×8) 보다 훨씬 작게 설정한다(!MNIST 이미지 크기는 28×28=784지만, 이 예제에서는 편의상 입력을 8×8=64로 축소해 사용한다. 소스 코드를 보면 쉽게 알 수 있다).

이렇게 중간층의 크기를 제한해서 오토인코더가 입력에 대한 압축된 표현을 학습하도록 한다:

```
import numpy as np
import matplotlib.pyplot as plt

from sklearn.model_selection import train_test_split
from sklearn.preprocessing import normalize
from sklearn import datasets
from IPython.display import SVG
from keras.utils.vis_utils import model_to_dot
from keras.layers import Input, Dense
from keras.models import Model

data = datasets.load_digits()
X_data = data.images
y_data = data.target

X_data = X_data.reshape(X_data.shape[0], 64)
# 입력을 [0,1] 구간 값으로 바꾼다.
X_data = X_data / 16.
```

```
X_data[0]
X_train, X_test, y_train, y_test =\ train_test_split(X_data, y_data, \
test_size = 0.3,random_state = 777)

print(X_train.shape)
print(X_test.shape)
print(y_train.shape)
print(y_test.shape)
```

중간층 크기를 정의한다:

```
code_dim = 6
```

입력층과 출력층을 다음과 같이 정의한다:

```
inputs = Input(shape = (X_train.shape[1],), name = 'input')
code = Dense(code_dim, activation = 'relu', name = 'code')(inputs)
outputs = Dense(X_train.shape[1], \ activation = 'softmax',\ name = 'output')(code)
auto_encoder = Model(inputs = inputs, outputs = outputs)
```

모델 구조를 출력해 확인해 볼 수 있다:

```
auto_encoder.summary()
```

모델 구조가 다음과 같이 출력된다(!64×6+6=390, 6×64+64=448):

```
Layer (type)                 Output Shape          Param #
=================================
input (InputLayer)            (None, 64)            0
_________________________________________________________________
code (Dense)                  (None, 6)             390
_________________________________________________________________
output (Dense)                (None, 64)            448
=================================
```

```
Total params: 838

Trainable params: 838
Non-trainable params: 0
```

다음으로 인코더와 디코더 모델을 지정한다:

```
encoder = Model(inputs = inputs, outputs = code)
decoder_input = Input(shape = (code_dim,))
decoder_output = auto_encoder.layers[-1]
decoder = Model(inputs = decoder_input,\ outputs = decoder_output(decoder_input))
```

모델을 생성한 다음 컴파일한다. 이때, 최적화기와 손실함수를 지정해 준다. 앞에서 설명했듯이 최적화기는 Adam, 손실함수는 이진 교차 엔트로피를 사용한다:

```
auto_encoder.compile(optimizer='adam', loss='binary_crossentropy')
```

이제 Keras 적합 함수를 호출해서 모델을 학습할 수 있다. 한 단계 학습에 사용하는 학습 데이터의 개수 (배치 크기)는 50, 반복 횟수는 1,000으로 한다. 적합 함수가 반환하는 히스토리 객체를 사용해서 학습 및 검증 데이터에 대한 손실함수를 그려볼 수 있으며 이를 통해서 모델의 성능을 분석해 볼 수 있다:

```
auto_encoder.fit(X_train,X_train,epochs = 1000,batch_size = 50,\
validation_data = (X_test, X_test),verbose = 0)
encoded = encoder.predict(X_test)
decoded = decoder.predict(encoded)
```

먼저 보여줄 입력과 재구성한 출력을 만든다:

```
plt.figure(figsize = (10,4))
n = 5
for i in range(n):
```

다음 코드는 시험 이미지를 생성하고:

```
ax = plt.subplot(2, n, i+1)
plt.imshow(X_test[i].reshape(8,8))
plt.gray()
ax.get_xaxis().set_visible(False)
ax.get_yaxis().set_visible(False)
```

다음 코드는 재구성한 출력 이미지를 생성한다:

```
ax = plt.subplot(2, n, i+n+1)
plt.imshow(decoded[i].reshape(8,8))
plt.gray()
ax.get_xaxis().set_visible(False)
ax.get_yaxis().set_visible(False)
plt.show()
```

결과는 다음과 같다:

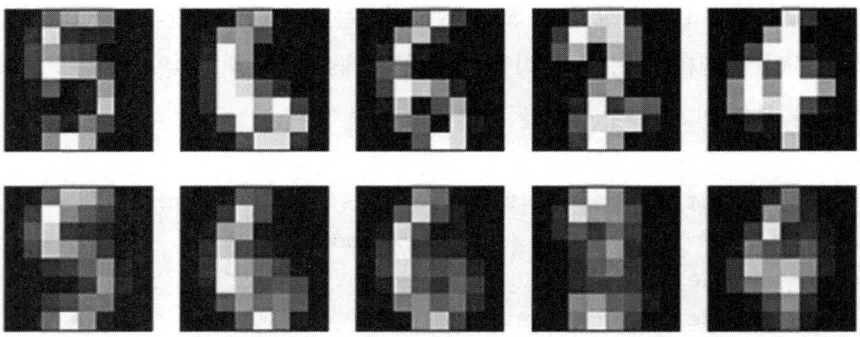

| 그림 2.11 | 오토인코더, 입력과 출력

강화학습

강화학습(RL)은 성능 평가에 의해 정해지는 강화라고 하는 보상의 분배를 통해, 그것이 속한 환경의 변화에 대해 배우고 적응할 수 있는 시스템을 만드는 자동학습 기술이다.

학습 주체인 에이전트가 환경과 상호작용하여 실제 문제의 가장 중요한 측면을 추출한다는 게 기본 생각이고, 여기서 환경은 해결하려는 실세계 문제의 다른 표현이다.

그러기 위해서는 에이전트가 언제든지 환경과 상호작용하고 또 상태를 관찰할 수 있어야 한다. 그리고 에이전트는 어떤 동작을 취해서 환경의 상태를 변경하여 그것에 영향을 줄 수 있어야 한다.

또한, 에이전트는 환경의 상태와 관련된 즉, 상태에 의해 정해지는 하나 이상의 목적을 갖는다. 일반적으로 학습과 관련된 문제는 3가지 구성요소로 형식화할 수 있다: 관측, 동작, 그리고 목적.

다른 유형의 학습과 다르게 강화학습의 경우, 새로운 상황에 대한 탐색과 이미 (탐색과 탐구를 통해) 학습한 정보의 탐구 사이의 균형을 맞추는 게 중요하면서도 어려운 과제다(!탐색 exploration은 넓게 찾아 가기, 탐구 exploitation는 깊게 파들어 가기다).

큰 보상을 받기위해서, 에이전트는 이전에 단 맛을 본 과거 동작 취하기를 선호할 수 있다. 그러나 그런 달콤한 보상을 주는 동작을 찾아내기 위해서, 에이전트는 전에 결코 경험하지 못했던 동작 취하기를 포기해서는 안 된다.

궁극적으로 보상을 극대화하기 위해 에이전트는 지금 알아낸 것을 파고들어야 하지만, 동시에 더 큰 보상을 줄지도 모를 더 나은 동작을 선택하기 위해 넓은 범위를 둘러 보아야한다. 따라서 에이전트는 다양한 동작을 시도해야 하면서 동시에 더 좋아 보이는 동작을 지속적으로 선택해야 한다.

확률 환경에서, 개별 동작을 여러 번 시도하여 보상의 기댓값을 산출한다.

다음 그림은 강화학습의 여러 상호작용을 나타낸다:

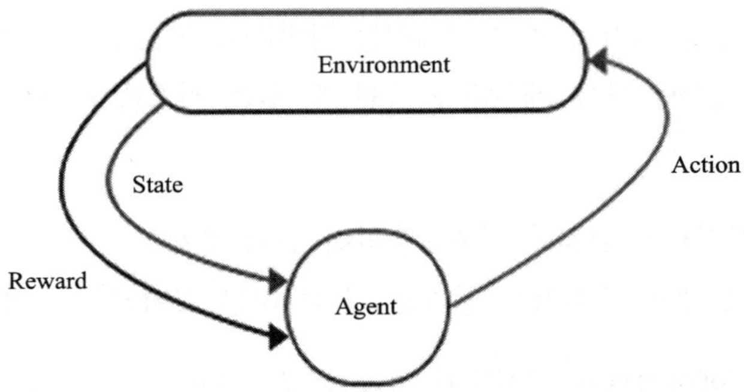

| 그림 2.12 | 강화학습, 에이전트와 환경의 상호작용

응용 분야

기계가 환경의 변화에 반응하는 모든 분야에 강화학습을 사용할 수 있다. 소위 무인자동차로 부르는 자율주행 같이, 자동장치의 움직임을 제어하는 로보틱스 분야에 흔히 적용된다. 생산과 품질 관리 등과 관련하여 산업 분야에서도 응용 사례를 확인할 수 있다.

RL 구성요소

에이전트와 환경 외에 강화학습을 구성하는 4가지 다른 요소들이 있다: 정책, 보상함수, 가치함수, 그리고 환경에 대한 모델이 포함될 수 있다. 각각에 대해 알아보자:

- **정책**은 학습 단계의 주어진 시점에 에이전트가 취할 수 있는 동작을 정의한다. 일반적으로 정책이란, 환경에 대한 관측 상태와, 에이전트가 그 상태에 있을 때 취할 수 있는 동작의 매핑을 의미한다. 어떤 경우에, 그것만으로 에이전트의 동작을 결정하기에 충분하다는 점에서, 정책이 에이전트의 핵심으로 간주된다.

- **보상함수**는 강화학습으로 해결하려는 문제의 목적을 정의한다. 이 함수는 각각의 상태-동작 쌍(또는 주어진 상태에서 취할 수 있는 모든 동작)에 **보상** reward이라 부르는 값 하나를 매핑한다. 보상은 본질적으로 그 상태에서 그 동작을 취하는 게 얼마나 바람직한지를 나타낸다. 에이전트의 목적은 전체 과정에 받은 총 보상이 최대가 되도록 하는 것이다. 생명체의 경우 결과가 즐거운지 아니면 고통스러운지 구분하는 게 보상에 대한 적절한 비유다.

- **가치함수**는 장기적으로 좋은 게 무엇인지를 명시한다. 상태의 가치란, 에이전트가 시작 상태부터 장차 그 상태에 도달할 때까지 축적할 것으로 예상되는 총 보상을 나타낸다. 보상이 동작을 취하여 그 상태에 도달할 즉각적인 욕구를 나타낸다면, 가치는 즉각적으로 달성될 상태뿐 아니라 가능한 모든 다음 상태와 거기에 도달해서 얻을 수 있는 보상을 고려한, 장기적 욕구를 나타낸다.

- 일부 강화학습이 포함하는, 마지막 4번째 요소는 환경에 대한 **모델**이다. 여기서 말하는 모델은 환경의 거동을 모의 실행할 수 있는 객체다. 예를 들어, 상태와 동작이 주어지면, 모델은 다음 상태와 보상 결과를 예측할 수 있다. 모델은 뭔가를 해보지 않고 가능한 미래 상황에 기초해서 의사를 결정하는 계획을 수립한다.

Q-학습

Q-학습은 가장 잘 알려진 강화학습 알고리즘 중 하나다. Q-학습을 사용하여 실행할 동작의 선택을 개선해서, 자신을 둘러싼 환경에 적응하는 자동 학습 시스템을 만들 수 있다.

우선 문제를 에이전트, 상태 집합 S, 상태에 대한 동작 집합 A로 모델링하자. 여기서 에이전트는 어떤 동작 $a \in A$를 수행해서 한 상태에서 다른 상태로 전이한다. 그리고 에이전트는 어떤 상태에 도달하면 (실수 혹은 자연수) 보상을 받는다.

에이전트의 목적은 총 보상을 최대화하는 것이고, 에이전트는 각 상태에서 취할 수 있는 최적의 동작을 학습해서 그 어려운 걸 해낸다. 따라서 Q-학습 알고리즘은 임의의 상태-동작 쌍의 질 즉, 우수함을 계산할 수 있는 함수를 가지고 있어야 한다:

$$Q: S\times A \to R$$

학습 시작 시점에, Q는 프로그래머가 지정한 특정한 값을 반환한다. 그러나 에이전트가 (상태가 변하면서) 보상을 받을 때마다, 각각의 상태-동작 조합에 대한 새 보상이 계산된다. 이제 알고리즘은 새 정보를 근거로 고치고 바로잡는 과정을 반복한다.

벨만[bellman] 방정식을 이용해서 Q-함수를 반복적으로 최적화하는게 Q-학습의 핵심 아이디어다. 아주 간단한 문제의 경우, Q-함수는 상태를 행 그리고 동작을 열로 하는 표로 구현할 수 있다.

Q-학습 알고리즘은 다음처럼 아주 간단하다:

$Q(S;A)$, 무작위로 초기화
  초기 상태 s:
  Repeat
    Q에서 유도된 정책을 사용해서, 상태 $s\in S$ 의 동작 $a\in A$ 선택
    a를 실행하고, r, s'를 검사
    $Q(s;a) \leftarrow Q(s;a) + \alpha\cdot(r + \gamma\cdot\max Q(s';a) - Q(s;a))$
    $s : s \leftarrow s'$
  Until s가 종료조건

매개변수 α는 이전 Q 값과 새로 얻은 Q 값의 차이를 어느 정도 학습에 반영할지 제어하는 학습계수다. (!γ는 할인 매개변수로 미래 추정치를 일정량 삭감하는 역할을 한다. 보통 0.8~0.99 사이 값을 무작위로 선택한다.)

Q함수 수정을 위해 계산한 $\max Q(s';a)$는 근삿값이고, 특히 학습 초기에는 완전히 엉터리 값이다. 하지만 학습을 거듭하면서 점점 더 정확해져, 마침내 Q-함수가 수렴하게

되면 정확한 Q 값을 산출한다.

다음절에서, Q-학습 알고리즘을 CartPole 문제 해결에 어떻게 적용하는지 알아본다. **역진자** 문제로 잘 알려진 CartPole은 이동 물체 중심축에 세워진 불안정한 막대가 쓰러지지 않도록, 물체를 좌우로 이동해서 무게 중심이 유지되도록 하는 문제다.

OpenAI Gym을 이용해서 알고리즘을 구현한다: 이 툴킷은 강화학습 알고리즘을 개발하고 비교해볼 수 있도록 만들어졌다. Gym은 강화학습을 위한 오픈소스 인터페이스로 개발자가 어떤 강화학습 알고리즘이든 구현할 수 있는 환경을 제공한다. 이 툴킷을 이용해서, 간단한 걷기부터 퐁이나 핀볼 같은 게임을 하는 에이전트까지 가르칠 수 있다.

Keras 같은 라이브러리를 사용해서 학습을 위한 에이전트를 설계할 수 있다.

CartPole 문제 해결

필요한 라이브러리를 임포팅하자:

```
import numpy as np
import gym
from keras.models import Sequential
from keras.layers import Dense, Activation, Flatten
from keras.optimizers import Adam
from rl.agents.dqn import DQNAgent
from rl.policy import BoltzmannQPolicy
from rl.memory import SequentialMemory
```

다음으로, `CartPole-v0` 환경을 설정한다. 다음 두 문장을 실행하면 매개변수로 넘겨준 환경이 생성된다:

```
ENV_NAME = 'CartPole-v0'
env = gym.make(ENV_NAME)
```

링크 https://gym.openai.com/envs/#classic_control에 들어가면 이런 저런 커뮤니티에서 올린 온갖 재미있는 환경을 볼 수 있다. 또 다른 여러 가지 환경은 이 링크에 들어가 보라: https://github.com/openai/gym/wiki/Table-of-environments

이제 실행 가능한 동작 공간을 생성하자:

```
np.random.seed(123)
env.seed(123)
nb_actions = env.action_space.n
```

바로 알 수 있겠지만, 우리가 구현한 신경망은 아주 단순한 연속구조다.

```
model = Sequential()
model.add(Flatten(input_shape=(1,) + env.observation_space.shape))
model.add(Dense(16))
model.add(Activation('relu'))
model.add(Dense(16))
model.add(Activation('relu'))
model.add(Dense(16))
model.add(Activation('relu'))
model.add(Dense(nb_actions))
model.add(Activation('linear'))
print(model.summary())
```

다음으로, 에이전트를 구성하고 컴파일할 필요가 있다. 에이전트를 위한 메모리와 정책은 미리 만들어진 Keras 라이브러리를 사용한다:

```
memory = SequentialMemory(limit=50000, window_length=1)
policy = BoltzmannQPolicy()
```

DQN Deep Q-Learning은 (관측한) 주어진 상황에서 최상의 동작을 선택할 목적으로 만든 강화학습 기술 중 하나다; 가능한 관측에 대한 가능한 동작은 고유한 Q 값을 가지고 있다. DQN 에이전트를 구현하고 컴파일한 후 학습하는 과정은 다음과 같다:

```
dqn = DQNAgent(model=model,nb_actions=nb_actions,\ memory=memory,
nb_steps_warmup=10,\ target_model_update=1e-2, policy=policy)
dqn.compile(Adam(lr=1e-3), metrics=['mae'])
dqn.fit(env, nb_steps=50000, visualize=True, verbose=2)
```

학습이 끝나면 최종 가중치를 저장한다:

```
dqn.save_weights('dqn_{}_weights.h5f'.format(ENV_NAME), overwrite=True)
```

마지막으로 학습한 알고리즘을 5회 시험해 본다:

```
dqn.test(env, nb_episodes=5, visualize=True)

Testing for 5 episodes
Episode 1: reward: 200.000, steps: 200
Episode 2: reward: 200.000, steps: 200
Episode 3: reward: 200.000, steps: 200
Episode 4: reward: 200.000, steps: 200
Episode 5: reward: 200.000, steps: 200
```

최종 결과는 다음과 같이 CartPole이 평형 상태를 유지하도록 구성된다:

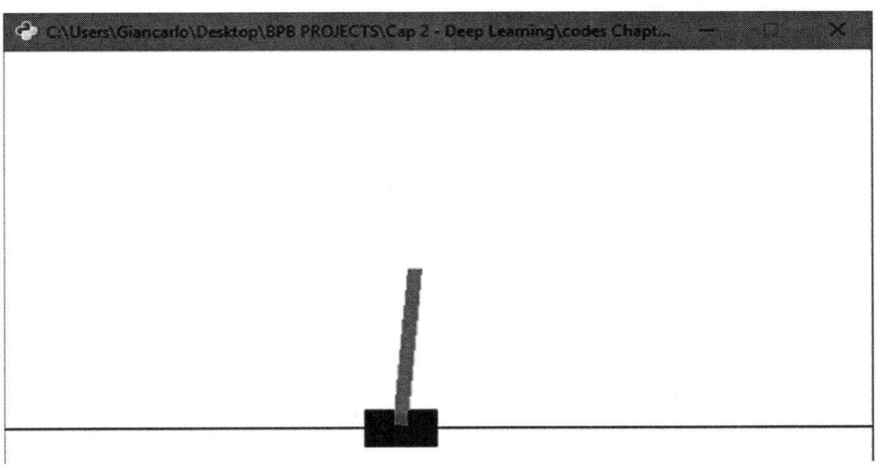

| 그림 2.13 | CartPole, 균형 유지

결론

딥러닝이라는 이름 뒤에는 인공지능과 머신러닝에 속하는—우리의 경우 확률적 연산 알고리즘—일련의 기법과 정보처리 기술이 포함되어 있다. 이러한 알고리즘들은, 추상화 정도는 서로 다르지만, 예를 들어 언어나 망막에 맺힌 이미지 같은, 정보를 인간의 뇌가 분석하고 해석하는 방식으로 동작하는 컴퓨터 시스템을 만들 수 있게 한다. 이러한 시스템은 사람의 뇌를 구성하는 뉴런처럼 기능하는 인공 뉴런의 네트워크 즉, 인공 신경망을 기반으로 딥러닝을 수행한다.

2장에서, 가장 중요한 딥러닝 기술과 구조를 살펴보았다.

중첩신경망은 자율주행 자동차에서 드론까지, 의학 진단에서 시각 장애인의 지원과 치료까지, 컴퓨터 비전의 다양한 분야에 가장 광범위하게 사용하는 딥러닝 기술이다.

순환신경망은 연속한 데이터를 다루는 데 주로 사용하는 재귀적 네트워크를 특징으로 한다. 이 신경망은 현재 입력은 물론이고 이전 입력을 처리에 반영한다. 그리고 RNN은 내부 메모리에 이전 입력을 저장하는 기억 능력을 가지고 있고, 자연어 처리나 기계 번역 분야에 다양하게 응용된다.

오토인코더는 머신러닝을 이용해 압축하는 비지도 학습 신경망이다. 이 신경망은 주어진 데이터를 압축함으로써 정보를 분산하여 표현하는 방법을 학습하도록 만든 것이다. 오토인코더는 출력이 최대한 입력과 같아지도록 변환하는 학습 네트워크다.

마지막 섹션은 강화학습에 초점을 맞추었다: 유사한 일을 할 때, 이전에 얻은 경험과 결과에 따라, 스스로 배워서 특정한 일을 수행하도록 시스템을 학습하는 머신러닝 기술이다.

모든 주제에 대해 Keras 딥러닝 프레임워크를 사용해서 예제 프로그램을 구현했다.

3장에서, 유전 알고리즘(GA)을 소개하려 한다: 유전 알고리즘은 자연의 진화를 흉내 낸 휴리스틱 최적화 기술이다.

이 알고리즘으로 아주 복잡하고 다양한 실세계 문제를 성공적으로 해결할 수 있다.

참고 사이트

2장에서 다룬 주제에 대해 더 많이 배울 수 있는 유용한 정보가 있는 사이트:

딥러닝

- MIT 딥러닝 Book: http://www.deeplearningbook.org/
- Kaggle – 초보자를 위한 딥러닝 튜터리얼: https://www.kaggle.com/kanncaa1/deep-learning-tutorial-for-beginners
- Coursera – 딥러닝 코스 모음: https://www.coursera.org/courses?query=deep%20learning
- 딥러닝에 빠져라: https://d2l.ai/

중첩 신경망

- 중첩 신경망 이해를 위한 초보자 가이드: https://adeshpande3.github.io/A-Beginner%27s-Guide-To-Understanding-Convolutional-Neural-Networks/
- CNN 튜터리얼: https://www.kaggle.com/pouryaayria/convolutional-neural-networks-tutorial-tensorflow
- CNN 가이드: https://www.analyticsvidhya.com/blog/2018/12/guide-convolutional-neural-network-cnn/

순환 신경망

- RNN 튜터리얼: http://www.wildml.com/2015/09/recurrent-neural-networks-tutorial-part-1-introduction-to-rnns/
- LSTM 튜터리얼: https://adventuresinmachinelearning.com/keras-lstm-tutorial/

오토인코더

- Keras로 오토인코더 구현 튜터리얼: https://www.datacamp.com/community/tutorials/autoencoder-keras-tutorial
- 내부 깊숙이, 오토인코더 : https://towardsdatascience.com/deep-inside-sautoencoders-7e41f319999f

강화학습

- KOpenAI Gym과 강화학습 개요: https://towardsdatascience.com/reinforcement-learning-with-openai-d445c2c687d2
- 강화학습과 구현에 대한 초보자를 위한 쉬운 가이드: https://www.analyticsvidhya.com/blog/2017/01/introduction-to-reinforcement-learning-implementation/

Keras

- Keras 튜터리얼: 파이썬으로 구현한 딥러닝을 위한 초보자용 궁극의 가이드: https://elitedatascience.com/keras-tutorial-deep-learning-in-python
- Keras 튜터리얼: 파이썬으로 구현한 딥러닝: https://www.datacamp.com/community/tutorials/deep-learning-python
- Keras 예제 모음: https://github.com/keras-team/keras/tree/master/examples

CHAPTER 3

유전 알고리즘 및 프로그래밍

Genetic Algorithms and Programming

다루는 세부 내용

- 진화와 알고리즘
- 최적화 문제
- 기본 용어 정리
- 유전 알고리즘
  - 모집단
  - 적합도
  - 유전 연산
  - 파이썬 구현
  - 순회 외판원 문제
- 유전 프로그래밍
  - 터미널 집합과 함수 집합
  - 유전 연산

- gplearn을 사용한 수식 회귀 문제
- 결론
- 참고 사이트

진화와 알고리즘

1950년대 후반에서 1960년대 초반에, 자연에 존재하는 시스템이나 자연의 원리를 흉내내서 새로운 최적화 알고리즘을 만들 수 있다는 믿음을 가진, 컴퓨팅 분야 연구자들이 자연에 흥미를 갖기 시작했다. 자연의 진화 메커니즘은, 경우의 수가 아주 많은 가운데서 원하는 솔루션을 찾는 최적화 문제를 해결하는 데 적합해 보인다. 최적화는 일반적으로 많은 계산을 필요로 하는 다루기 까다로운 문제다. 생물학적 진화는 유전 물질로 구성된 아주 많은 생명체 중에서, 변하는 환경에 더 적합한 개체가 더 많이 살아남아 더 많은 자식을 생산해서 결국 다음 세대에 자신의 유전 물질을 더 많이 전달하는 자연현상이다. 여기서 환경을 문제로 생명체를 솔루션으로 바꾸면 생물학적 진화를 탐색에 의한 문제해결 방법으로 생각할 수 있다.

자연의 진화를 흉내내 최적의 전역 솔루션을 찾는 알고리즘들을 뭉뚱그려서 진화 알고리즘evolutionary algorithm, EA이라 부른다. 이 알고리즘들은 앞에서 언급했듯이 다윈의 원리에 따라, 문제에 더 적합한 솔루션이 더 많이 살아남아 자신의 특징을 후계 솔루션에 전달한다; 실제로, 이 유형의 알고리즘은 공통적으로 후보 솔루션의 모집단을 구성한 후, 양성 생식에 의한 교차 및/또는 유전자 돌연변이 메커니즘을 사용해서 모집단을 세대를 거듭하며 진화시킨다. 그러나, (!자연에서 적합한 자만 살아남는 것이 아니 듯) 이 알고리즘들은 항상 더 좋은 솔루션만 고려 대상으로 하지 않고, 낮은 확률로 좋지 않은 솔루션도 탐색 대상으로 하는 일종의 휴리스틱 탐색을 수행한다.

유전 알고리즘(GA)와 유전 프로그래밍(GP)가 대표적인 진화 알고리즘이다. 홀랜드가 개발한 GA는 유한한 개체들의 모집단, 개체가 환경에 적응하는 정도를 측정하는 적합도 함수, 그리고 현재 모집단을 변환해서 다음 세대 모집단을 구성하는 데 사용할 일련의 유전 연산(교차와 돌연변이)를 구성요소로 한다. 물론 진화를 멈출 종료 조건도 필요하다(!이쯤 되면 모집단을 구성하는 개체가 문제에 대한 후보 솔루션임을 눈치챌 수 있겠다).

코자가 개발한 GP는 컴퓨터 프로그램에 결합, 교차 및/또는 돌연변이를 적용해서, 주어진 문제를 더 잘 푸는 다른 프로그램으로 진화시키는 문제 해결 기법의 일종이다(! 문제의 답을 찾는 게 아니라 문제의 답을 찾는 프로그램을 찾는 알고리즘이다. 즉, GP를 실행하면 프로그램이 만들어진다). 모집단 개체가 컴퓨터 프로그램인 유전 알고리즘 확장판으로 이해해도 좋겠다. GP 모집단 개체 즉, 프로그램은 내부 노드가 함수고 잎이 종단 기호인 트리로 보통 표현된다. 이러한 프로그램들의 모집단은 적합도 함수와 유전 연산에 의해 진화하는데, 여기서 적합도 함수는 그 프로그램이 주어진 문제를 얼마나 잘 푸는지를 측정하는 함수고, 트리로 표현된 프로그램을 변환하는 유전 연산으로 교차와 돌연변이가 사용된다.

앞에서 언급했듯이 GA와 GP는 같은 우산을 쓴 자연 진화 모방 계산 모델이다. 비록 두 알고리즘의 개체 표현 방식이 상당히 다르지만, 기본 원리는 동일하다: 둘 다 (예를 들어, DNA, 계획 수립, 데이터 배치, 등등 같은) 개체 집단을 구성하고, 교차와 돌연변이를 적용해서 개체를 변환한 다음, 그것이 환경에 어울리는 정도를 나타내는 적합도를 측정한다.

진화 알고리즘 구조는 다음 그림처럼 요약할 수 있다:

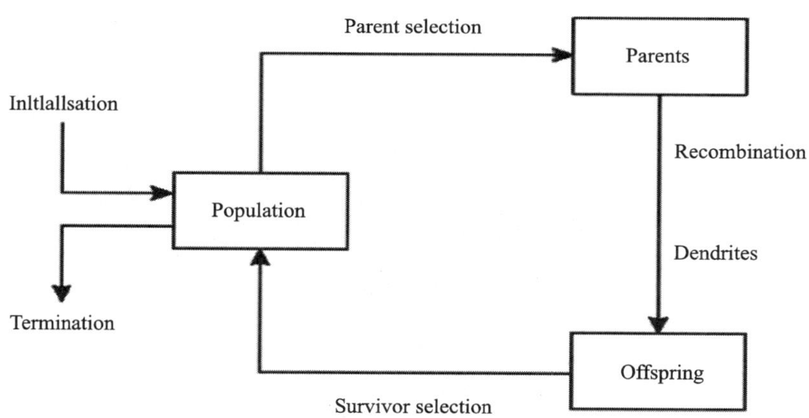

| 그림 3.1 | **진화 알고리즘 구조**

개념이 단순하고 실제 구현하기도 아주 쉬워 보이지만, 진화 알고리즘으로 훨씬 더 복잡한 다른 최적화 알고리즘들이 해결하지 못한 문제의 솔루션을 찾을 수 있다. 특히 유전 알고리즘이라는 고급 알고리즘을 자세하게 분석하기 전에 최적화 함수에 대한 개념을 조금 다루고 가는 것이 좋겠다.

최적화 문제

최적화는 가능한 후보가 아주 많은 (가끔은 무한한) 가운데, 주어진 엄밀한 평가 기준에 의해 최적인 솔루션을 찾아내는 문제다. 문제에 작용하는 변수가 X, Y 딱 2개인 아주 단순한 경우에 대해, 가능한 솔루션 공간을 3차원 표면으로 나타낼 수 있다. 이때 Z축이 솔루션 값을 나타낸다.

문제를 이렇게 솔루션 공간으로 나타내 보면, 최적화가 얼마나 어려운 문제인지 쉽게 이해할 수 있다. 솔루션 공간 표면의 지형도는 (다음 그림처럼) 봉우리, 계곡, 그리고 평원들로 구성되어 있다:

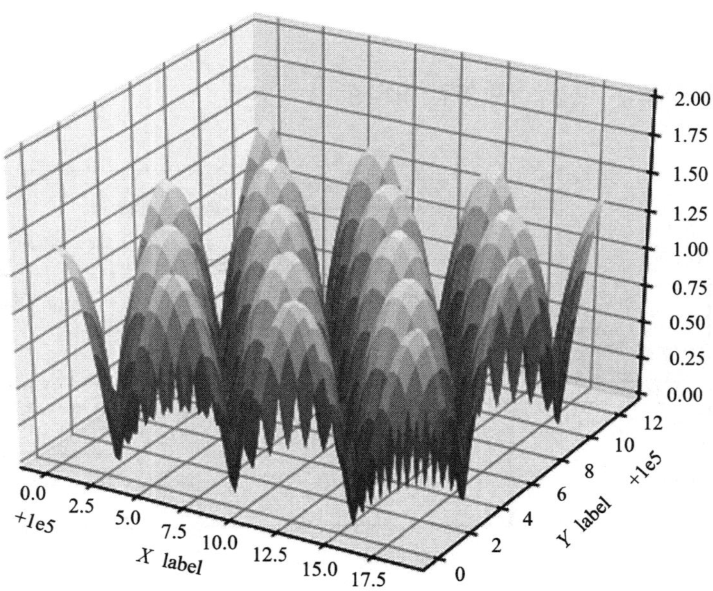

| 그림 3.2 | 3차원 탐색 공간 사례

가장 높은 봉우리는 전역 최댓값이고; 그 보다 낮은 봉우리들은 그 봉우리 근처에서만 최적인 지역 최댓값이다. 함수 최적화란 이런 굴곡진 풍경에서 가장 높은 봉우리(! 혹은 반대로 가장 깊은 골짜기) 즉 전역 봉우리 찾기다. 실제 문제의 경우 작용하는 변수가 너무 많아서 3차원 그림으로 솔루션 공간을 그릴 수 없다.

그렇지만 봉우리와 골짜기 개념은 전혀 달라지지 않는다. 실제로, 문제에 대한 가능한 솔루션들 사이의 거리를 측정할 수 있고, 그 거리가 솔루션의 좋고 나쁨을 측정하는 수단이면, 탐색 공간의 봉우리는 좋은 솔루션, 골짜기는 나쁜 솔루션을 나타낸다.

기본 용어

자연 진화는 다윈이 제시한 진화 이론이다. 그는 종의 진화가 개체의 물리적 특성 즉, 표현형이 아니라 유전 물질 즉, 유전형의 작용으로 일어난다고 주장한다. 한 개체의 적응력에 영향을 주는 변이는 부모가 살아가면서 우연히 얻은 그 무엇이 아니라 유전 물질의 상속으로 나타나는 현상이다.

특히, 자연 진화는 변하는 환경에 더 적응한 개체들은 더 많이 재생산 즉, 더 많이 자손을 낳아 번성하게 하고, 적응력이 떨어지는 개체의 재생산을 막아 결국 없어지게 만든다. 이러한 선택적 재생산을 통한 유전이야말로 진화 과정의 가장 핵심이다; 번식을 통해 부모의 유전물질이 재조합된다.

자연 진화는 고도의 병렬성을 지닌 과정이다: 진화는 하나의 개체 단위가 아니라 개체 집단에 속하는 수백만 개체들에 동시에 작용한다.

염색체라는 DNA 가닥은 생명체의 설계도다: 염색체는 유전자 집합인데, 특정 단백질 합성 정보가 저장된 유전자gene에 의해 예를 들어, 눈동자의 색깔 같은 개체의 특징이 결정된다.

같은 유전자 좌가 다른 단백질을 구성해서 상이한 형질을 나타내는 한쌍의 유전자가 대립 유전자다. 대부분의 생명체는 여러 개의 염색체를 가지며, 이를 통틀어 지놈이라 부른다.

다음은 염색체, 유전자, 그리고 대립 유전자를 나타낸다:

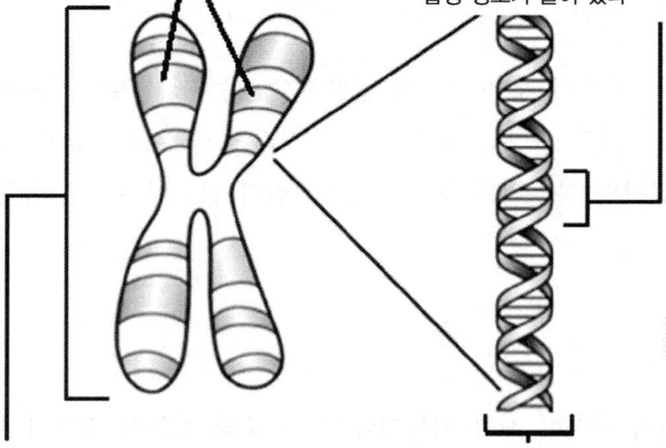

| 그림 3.3 | DNA 염색체, 유전자, 그리고 대립 유전자

유전 알고리즘

다윈이 1859년 **종의 기원**에서, 자연선택을 수단으로 설명한 진화론에 기초해 만든 유전 알고리즘은 1975년 존 홀란드에 의해 처음으로 알려졌다. 이 유형의 알고리즘들은 공통적으로 환경에 더 적합한 개체가 더 많이 살아남아 자신의 특성을 후손에게 물려준다는 진화 원리를 따른다. 실제로, 이들은 생식을 통한 재생산과 유전자 돌연변이와 유사한 메커니즘에 의해 세대를 거듭하며 진화하는 개체들의 모집단을 포함한다.

앞에서 언급했듯이 유전 알고리즘은 해결하려는 문제에 대한 후보 솔루션을 나타내는 개체들의 유한한 모집단, 적합도를 계산하는 적응 함수, 개체에 변이를 일으키는 일련의 유전 연산, 종료 조건, 그리고 약간의 매개변수로 구성된다.

유전 알고리즘이 어떻게 동작하는지 다음 그림으로 간단하게 알아보자. 먼저, 완전 무작위로 개체들의 모집단을 생성한다. 여기서 개체는 예를 들어, 길이 10인 이진 스트링 같이 고정된 길이의 스트링으로 표현한다. 다음으로, 각 개체의 적응 함수 값 즉, 적합도를 평가한다. 적합도가 종료 조건을 만족하면 끝내고 아니면 다음 세대를 구성한다:

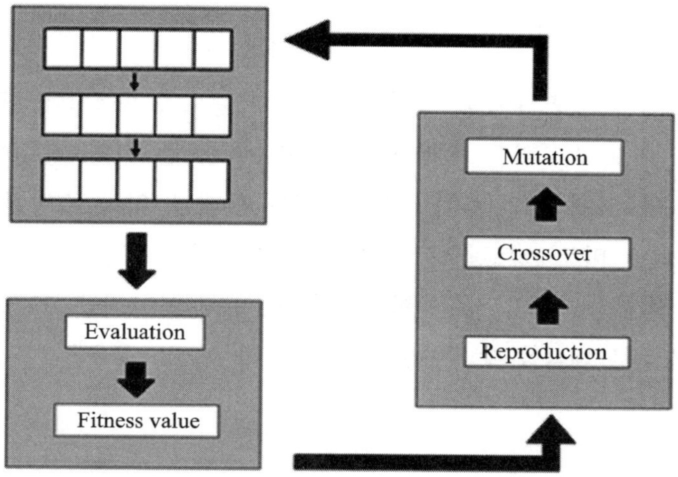

| 그림 3.4 | 유전 알고리즘 흐름도

다음 세대 즉, 새 모집단은 현재 모집단에 교차와 돌연변이라는 유전 연산을 적용해서 만든다: 교차는 모집단 내에서 개체 2개 (부모)를 **선택**해서 자식 즉, 부모의 특징을 물려받은 개체 2개를 생성하는 연산이고; 돌연변이는 개체의 하나 이상의 유전자를 무작위로 바꾸는 연산이다(!이때 선택은 더 나은 개체가 더 자주 뽑히도록 작동한다).

이러한 연산을 원래 모집단의 개체수와 동일하게 될 때까지 적용해서 다음 세대 모집단을 구성하며, 이 과정을 종료 조건이나 정해진 세대수에 도달할 때가지 반복한다.

모집단

유전 알고리즘의 가장 기본 구성요소가 모집단인데, 모집단은 알고리즘 수행 시점에 정해진 개수 즉, 모집단 크기만큼 개체를 무작위로 생성한다. 새 모집단을 생성할 때, 이전 모집단의 개체를 그대로 유지해 가면서 유전 연산을 적용한 뒤 같은 크기의 새 모집단이 완성된 시점에 모집단을 교체하는 게 일반적인 방법이다. 다른 변형으로, 개체에 교차 또는 돌연변이를 적용해서 새 개체가 만들어지면 바로 현재 모집단에 추가하는 방법이 가능하다. 이런 유형을 **상태 지속** 유전 알고리즘이라 부른다. 모집단이 진화하는 동안 매 세대의 최적 개체를 모집단에 유지시키는 모델을 **우월주의**를 사용하는 유전 알고리즘이라 부른다.

모집단 내 개체들은 보통 고정된 길이의 비트 스트링으로 표현된다. 생물학적 염색체와 마찬가지로 비트 스트링은 개체의 유전형을 나타내는 반면, 표현형은 개체의 거동을 나타내는데 그게 무엇인지는 해결하려는 문제에 의해 결정된다(!예를 들어, 0011001100이라는 비트 스트링으로 표현된 개체가 있다고 할 때, 물건 10개 중에서 몇 개를 골라 정해진 크기의 바구니를 꽉 채우는 문제라면 해당 개체는 3, 4, 7, 8번 물건을 고른 경우로 해석할 수 있다).

적합도

적합도 함수는 어떤 (후보) 솔루션이 문제에 얼마나 적합한지를 측정하는 일종의 목적 함수다. 유전 알고리즘에서 후보 솔루션이 얼마나 적절한지를 정량적으로 평가하는 적합도 함수는 전적으로 프로그래머가 정의해야 한다(!대신 복잡한 최적화 문제를 해결하는 데 사람이 해야 할 딱 두 가지 중 하나다. 다른 하나는 후보해를 표현하는 염색체를 정의하는 일이다. 이 두 가지만 사람이 하면 문제는 유전 알고리즘이 알아서 푼다. 그래서 이게 좋은 거다).

적합도 함수 값을 계산 할 때는 유전형을 표현형으로 매핑하는 절차가 필요한데, 유전 알고리즘이 반복되는 동안 적합도를 지속적으로 측정해야 하므로 아무래도 이 절차가 효율적일수록 좋다. 그리고 적합도 함수는 알고리즘 수행동안 동적으로 변할 수도 있고 아닐 수도 있다. 예를 들어, 주식 시장 흐름을 예측하는 데 유전 알고리즘을 적용하는 경우 시장의 상황에 따라 다른 적합도 함수를 사용할 수 있고, 다변수 함수 최적화 문제 같은 경우는 동일한 평가함수를 사용하는 게 맞다.

유전 연산

유전 알고리즘에는 중요한 3가지 연산이 있다: 선택, 교차, 그리고 돌연변이. 진화의 원동력인 자연선택에 해당하는 연산으로, 더 적합한 것이 더 자주 선택되도록 작동한다. 가장 흔히 사용하는 방법으로 적합도 비례 선택과 *K*-토너먼트 선택이 있다.

적합도 비례 선택은 적합도 값에 비례해서 더 나은 개체를 더 자주 선택하고, *K*-토너먼트 선택은 모집단에서 무작위로 선택한 개체 *K*중 가장 적합도가 높은 개체를 선택하는 전략을 사용한다.

두 방법 모두, 자연선택이라는 진화 메커니즘에 따라, 더 적합한 개체가 더 자주 선택되어 결과적으로 자신의 유전자를 다음 세대에 전달한다. 한편, 일부 개체는 교차 또는 돌연변이를 거치지 않고 온전하게 자신의 유전자를 보존한 상태로 다음 세대에 포함된다.

돌연변이는 (다음 그림처럼) 개체의 일부 유전자 비트 값을 바꿔서 모집단의 다양성을 확보하는 연산이다. 돌연변이 대상은 균등 분포에 따라 무작위로 선택한다. 모집단의 개체가 가지고 있지 않은 유전자나 손실된 유전자를 회복하는 방법으로 솔루션 공간의 이곳저곳을 탐색하는 역할을 한다.

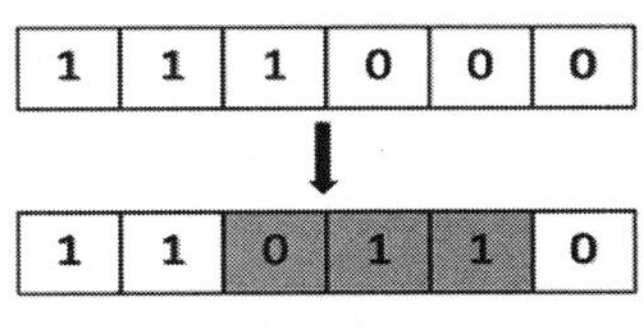

❙ 그림 3.5 ❙ 돌연변이

교차는 두 부모의 유전 물질을 결합해서 두 자식을 생성한다. 따라서 자식은 각각 부와 모의 일부 유전자를 넘겨받게 된다.

교차 연산은 몇 가지 다른 방식으로 구현할 수 있다. 1점 교차 연산은 무작위로 교차점을 선택한 후 다음과 같이 자식 개체를 만든다: 스트링 길이가 *L*일 때, 1과 *L*사이 값 *K*를 무작위로 정한 다음, 첫 번째 자식 개체는 첫 번째 부모의 1부터 *K*까지 두 번째 부모의 $K+1$부터 L까지 유전자로 구성하고, 두 번째 자식 개체는 반대로 구성한다.

다음 그림은 1점 교차를 나타낸다:

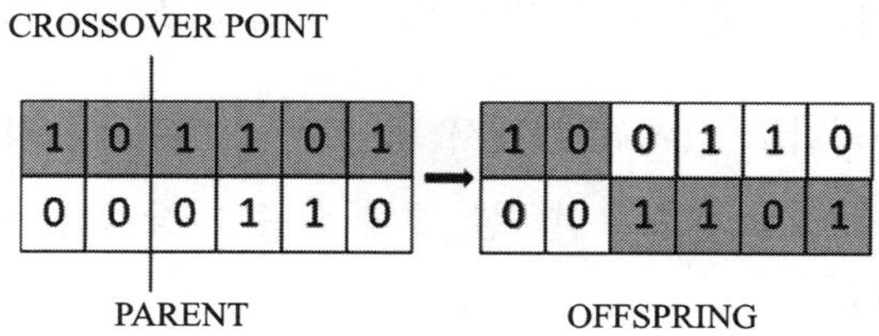

▌그림 3.6▐ 1점 교차

2점 교차 역시 자주 사용하는 교차 연산으로, 무작위로 정한 두 지점 사이 유전자를 앞에서처럼 교환해서 두 자식 개체를 만든다.

다음은 2점 교차 사례를 나타낸다:

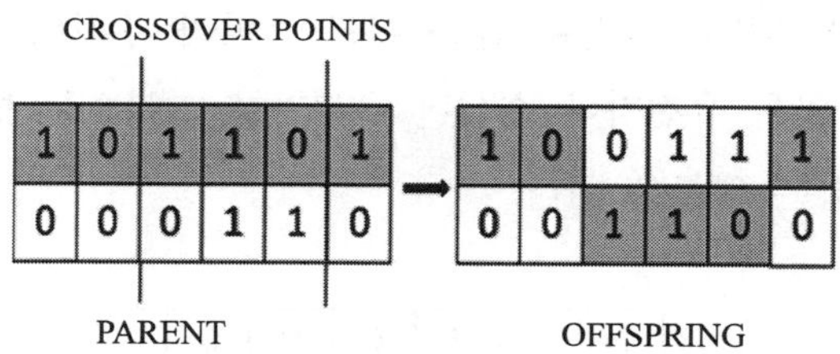

▌그림 3.7▐ 2점 교차

다음 그림처럼 무작위로 정한 지점의 유전자를 서로 교환하는 균등 교차 연산도 자주 사용한다:

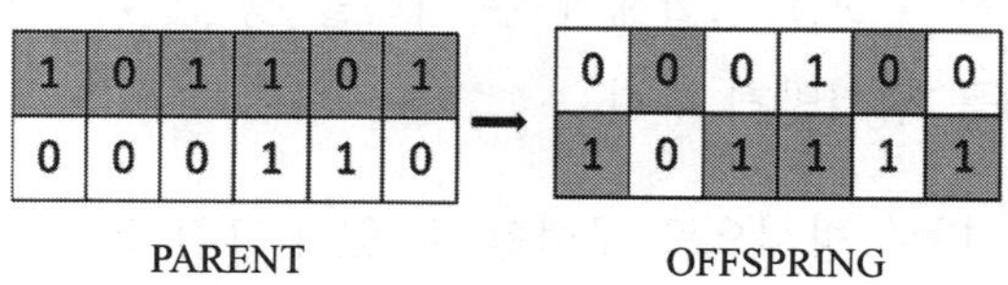

▌그림 3.8▐ 균등 교차

교차는 유전 알고리즘에서 진화의 원동력이라 할 수 있다. 지나친 교차는 현재 우수한 개체의 (!지금은 좋지만 진화가 거듭되고 나면 나쁠 수 있는) 유전자를 과도하게 확산하기 때문에 조기 수렴으로 인해 지역 최적값에 빠질 위험이 있으나, 그럼에도 가장 영향이 큰 유전 연산이다.

파이썬 구현

이제부터 파이썬으로 유전 알고리즘을 어떻게 구현할 수 있는지 알아보자. 프로그램 입력은 해결할 문제를 나타내는 정수 배열이다. 모집단 개체 역시 무작위로 생성한 **정수** 배열이다; 개체 배열이 문제 배열과 더 비슷할수록 더 높은 적합도를 갖는다. 알고리즘을 실행하면 더 비슷한 배열이 더 자주 진화에 참여하게 된다.

우리는 문제 배열과 가장 유사한 개체를 찾아야 한다. 초기 모집단 생성, 교차 등등 무작위로 할 일이 많으니 먼저 `random` 라이브러리부터 가져온다:

```
import random
```

문제 배열을 모델이라 부르기로 한다. 인공 선택의 원리에 의해 모델과 비슷해야 살아남을 수 있다:

```
model = [1,1,1,1,1,9,9,9,9,9]
```

변수 `length`로 개체의 길이를 정의한다:

```
length = 10
```

변수 num은 모집단의 크기를 정의한다:

```
num = 10
```

먼저, 살아남아서 교차나 돌연변이를 거쳐 진화에 참여할 개체 수를 정한다. 변수

pressure가 이 값을 정의하는데 여기서는 3으로 설정한다(!실제로 교차에 참여하는 개체 수는 모집단 크기에서 이 값을 뺀 만큼이다. 즉, 이 경우 7개다. 뒤에 나오는 코드를 참조하라. 그리고 흔히 사용하는 유전 알고리즘에서는 교차율이라는 매개변수를 사용한다. 예를 들어 교차율 0.7이면, 현재 모집단 개체 70% 정도가 교차에 참여한다):

```
pressure = 3
```

변수 mutation_chance는 교차하지 않고 새 모집단에 포함될 개체에 돌연변이를 적용할 확률을 정의한다. 앞에서 언급했듯이 돌연변이에 의해 부모 세대 모집단에 없는 유전자가 새 모집단에 나타날 수 있다(!돌연변이는 개체 단위가 아니라 유전자 단위로 일어나는 일이므로 0.2는 그렇게 작은 값은 아니다. 그리고 일반적으로 돌연변이는 어감이 그렇듯이 개체의 적합도를 떨어뜨리기 쉽다. 결국 애써 얻은 유전자를 훼손하기 쉬우므로 많이 사용할 일은 아니나, 모집단이 전에 없던 전혀 새로운 유전자를 가질 수 있는 유일한 방법이기도하다).

```
mutation_chance = 0.2
```

모델을 화면에 출력해서 해결할 문제가 무엇인지 보여준다:

```
print("\n\nModel: %s\n"%(model))
```

가장 기본적인 함수 3가지를 차례로 구현해보자: individual() 함수는 개체 1개를 생성하는 함수다:

```
def individual(min, max):
    return[random.randint(min, max) for i in range(length)]
```

다음은 모집단 구성 함수 population()이다. 이 함수는 모집단의 크기 num 만큼 개체를 생성해 리스트로 만들어 반환한다:

```
def population():
    return [individual(1,9) for i in range(num)]
```

이번에는 적합도 함수다. 이 함수는 주어진 개체가 모델과 얼마나 일치하는지를 확인해서 그 개수를 적합도 값으로 반환한다:

```
def fitness (individual):
    fitness = 0
    for i in range(len(individual)):
        if individual[i] == model[i]:
            fitness += 1
    return fitness
```

이제 selection_and_reproduction() 함수를 구현하자. 이 함수는 각 개체를 **평가**한 후, 개체를 **선택**한 다음, **교차**를 적용해 유전자를 섞어 새 모집단을 구성한다:

```
def selection_and_reproduction(population):
    value = [ (fitness (i), i) for i in population]
    value = [[i] for i in sorted(value)]
    population = value
    selected = value[(len(value)-pressure):]
    for i in range(len(population)-pressure):
        point = random.randint(1,length-1)
        father = random.sample(selected, 2)
        population[i][:point] = father[0][:point]
        population[i][point:] = father[1][point:]
    return population
```

이 함수는 먼저 모집단 개체를 오름차순 즉, 적합도가 낮은 순으로 정렬한다. 그리고 적합도가 높은 개체를 선택(앞에서부터 pressure 개수만큼 제외)한 다음, 마지막으로 앞에서 설명한데로 무작위로 한 지점을 정한 후, 이 지점을 기준으로 부모 유전자를 섞어 새 개체를 생성한다(!다만 앞에서 설명한 것과 다르게 여기서는 교차를 통해서 자식 1개만 만든다).

교차를 통해 생성한 새 모집단의 개체를 대상으로 작은 **무작위** 변이를 가하는 돌연변이를 수행한다:

```
def mutation(population):
    for i in range(len(population)-pressure):
        if random.random() <= mutation_chance:
            point = random.randint(0,length-1)
            new_value = random.randint(1,9)
            while new_value == population[i][point]:
                new_value = random.randint(1,9)
            population[i][point] = new_value
    return population
```

필요한 함수를 모두 만들었으니, 마지막으로 초기 모집단을 생성하고 반복해서 실행하는 코드를 추가하자. 이제 알고리즘이 위에서 정의한 함수들을 호출해가면서 **모집단**을 진화시킨다:

```
population = population()
print("Initial Population:\n%s"%(population))
for i in range(1000):
    population = selection_and_reproduction(population)
    population = mutation(population)
    print("\nFinal Population:\n%s"%(population))
    print("\n\n") population = mutation(population)
```

다음은 1,000 세대 반복 후 결과를 나타낸다:

```
model: [1, 1, 1, 1, 1, 9, 9, 9, 9, 9]
Initial Population:
[[3, 6, 3, 7, 5, 9, 8, 4, 4, 6], [1, 6, 4, 1, 5, 1, 1, 9, 2, 6], [6, 7, 1,
8, 5, 1, 4, 5, 1, 5], [8, 2, 8, 1, 2, 2, 8, 6, 9, 2], [2, 2, 6, 6, 2, 9, 9,
8, 7, 2], [7, 4, 7, 9, 6, 8, 3, 3, 4, 6], [5, 7, 1, 5, 8, 1, 2, 3, 7, 4],
[1, 4, 9, 4, 5, 1, 2, 7, 9, 7], [5, 3, 1, 5, 1, 3, 5, 5, 3, 6], [7, 3, 8,
7, 5, 9, 2, 7, 1, 4]]
```

```
Final Population:
[[1, 1, 1, 1, 1, 9, 9, 9, 9, 9], [1, 1, 1, 1, 1, 9, 9, 9, 9, 9], [1, 1,
1, 1, 1, 6, 9, 9, 9, 9], [1, 1, 1, 1, 1, 9, 9, 9, 9, 9], [1, 1, 1, 1, 1,
9, 9, 9, 9, 9], [1, 1, 1, 1, 1, 9, 9, 9, 9, 9], [1, 1, 1, 1, 1, 6, 9, 9,
9, 9], [1, 1, 1, 1, 1, 9, 9, 9, 9, 9], [1, 1, 1, 1, 1, 9, 9, 9, 9, 9],
[1, 1, 1,
```

순회 외판원 문제

순회 외판원 문제(TSP)는 전형적인 최적화 문제로 유전 알고리즘을 이용해서 잘 해결할 수 있다. 이 문제는 도시를 돌아다니며 물건을 판매하는 사람이, 자기가 담당한 도시들의 망 즉, 도시 네트워크 또는 그래프의 각 지역을 빠짐없이 (!그리고 중복 없이) 방문한 후 출발 위치로 되돌아오는 경로와 관련된 문제다. 목표는 경제적인 경로 즉, 전체 비용 즉, 이동거리가 최소인, 그래프상의 각 노드(도시)를 모두 포함하는 닫힌 경로를 찾는 거다.

통신망, 디지털 회로, 또는 산업용 로봇 이동 프로그래밍 등이 모두 이 문제에 속한다. 이런 유형의 문제는 그래프상의 경제적인 경로를 찾는 일이 절대적으로 중요하다. 그런데 TSP 문제는 복잡도(!그래프의 크기)가 커지는 경우 표준 선형 알고리즘으로 해결할 수 없는 **NPC** NP Complete 문제에 속한다. TSP 문제의 예를 들어, 도시의 수가 50개 정도인 경우 아주 빠른 컴퓨터를 사용해서 경제적인 경로를 찾을 수도 있겠지만, 도시의 수가 그거보다 조금만 더 커져도 (!수행 시간이 지수적으로 증가해서 현실적으로 경로를 찾을 수 없어) 비선형 알고리즘을 사용할 수밖에 없다.

유전 알고리즘이 이 문제를 해결하는 하나의 훌륭한 대안이다. 이제부터 노드 즉 도시 50개인 그래프의 최소 비용 경로를 찾는 프로그램을 구현해 보겠다.

먼저 도시 클래스 `City`를 정의하는 거로 시작해보자:

```
class City:
    def __init__(self, x, y):
```

```
        self.x = x
        self.y = y

    def distance(self, city):
        xDis = abs(self.x - city.x)
        yDis = abs(self.y - city.y)
        distance = np.sqrt((xDis ** 2) + (yDis ** 2))
        return distance

    def __repr__(self):
        return "(" + str(self.x) + "," + str(self.y) + ")"
```

도시 객체는 (!도시의 위치를 나타내는) x 및 y 좌표를 갖는다. 또한, 다른 도시와 거리를 계산할 수 있는 메서드도 가지고 있다. 여기서 도시 사이의 거리는 유클리드 거리다.

그리고 적합도를 계산하는 클래스 Fitness를 구현한다:

```
class Fitness :
    def __init__(self, route):
        self.route = route
        self.distance = 0
        self.fitness = 0.0

    def routeDistance(self):
        if self.distance ==0:
            pathDistance = 0
            for i in range(0, len(self.route)):
                fromCity = self.route[i]
                toCity = None
                if i + 1 < len(self.route):
                    toCity = self.route[i + 1]
                else:
                    toCity = self.route[0]
                pathDistance += fromCity.distance(toCity)
            self.distance = pathDistance
```

```
        return self.distance

    def routeFitness (self):
        if self.fitness == 0:
            self.fitness = 1 / float(self.routeDistance())
        return self.fitness
```

길이가 짧은 경로를 찾는 것이 목적이므로, 적합도는 경로 길이에 역수를 취해 길이가 짧은 경로가 높은 적합도 값을 갖도록 정의한다.

createRoute() 함수는 cityList를 입력으로 받아, 모든 도시를 한번 방문하는 경로 (개체되시겠다)를 무작위로 생성한다:

```
def createRoute(cityList):
    route = random.sample(cityList, len(cityList))
    return route
```

모집단 개수만큼 createRoute() 함수를 호출해서 초기 모집단을 생성한다:

```
def initialPopulation(popSize, cityList):
    population = []
    for i in range(0, popSize):
        population.append(createRoute(cityList))
    return population
```

모집단 내 모든 개체의 적합도를 계산한 후, 개체 즉 경로 ID와 적합도 값 쌍으로 된 순서 리스트를 만든다:

```
def rankRoutes(population):
    fitness Results = {}
    for i in range(0,len(population)):
        fitness Results[i] = Fitness (population[i]).routeFitness()
    return sorted(fitness Results.items(), key = operator.itemgetter(1), reverse
```

nextGeneration() 함수는 현재 모집단 currentGen에 진화 연산을 적용해서 다음 세대를 생성한다:

```
def nextGeneration(currentGen, eliteSize, mutationRate):
    popRanked = rankRoutes(currentGen)
    selectionResults = selection(popRanked, eliteSize)
    matingpool = matingPool(currentGen, selectionResults)
    children = crossoverPopulation(matingpool, eliteSize)
    nextGen = []
    for ind in range(0, len(children)):
        mutatedInd = mutate(children[ind], mutationRate)
        nextGen.append(mutatedInd)
    return nextGen
```

먼저, rankRoutes() 함수를 사용해서 모집단에 속한 경로를 분류한 다음, selection() 함수를 실행해서 부모로 사용할 개체를 선별한다. 이 함수는 선택된 개체의 목록을 담은 리스트를 반환한다. 그리고 나중에 이 목록과 matingPool() 함수를 사용해서 짝지어진 그룹 matingPool을 만든다.

함수에서 사용할 두 가지 중요한 매개변수로 eliteSize와 mutationRate가 있다. 매개변수 eliteSize는 우월주의의 크기를 정하는 거다. 유전 알고리즘에서 우월주의는 모집단 내 최적 개체들을 다음 세대에 무조건 포함시켜 좋은 개체들이 유지되는 걸 보장하는 전략이다:

```
def selection(popRanked, eliteSize):
    selectionResults = []
    df = pd.DataFrame(np.array(popRanked), columns=["Index","Fitness"])
    df['cum_sum'] = df.Fitness .cumsum()
    df['cum_perc'] = 100*df.cum_sum/df.Fitness .sum()
    for i in range(0, eliteSize):
        selectionResults.append(popRanked[i][0])
    for i in range(0, len(popRanked) - eliteSize):
        pick = 100*random.random()
```

```
        for i in range(0, len(popRanked)):
            if pick <= df.iat[i,3]:
                selectionResults.append(popRanked[i][0])
                break
    return selectionResults
```

mutationRate는 돌연변이 비율을 결정하는 매개변수다. 돌연변이는 부모로부터 물려받아 만들 수 없는 경로를 생성해서 솔루션 공간을 넓게 탐색할 수 있게 하여 유전 알고리즘이 지역 최솟값에 수렴하는 걸 막을 수 있는 중요한 역할을 한다. TSP 문제의 경우 돌연변이를 적용할 때 주의할 점이 있다. 예를 들어, 앞에서처럼 개체에 대응하는 염색체의 유전자가 0 또는 1 값을 갖는 경우, 돌연변이 비율에 따라 무작위로 정한 위치의 유전자 값을 0은 1 그리고 1은 0으로 바꾸면 되지만, 우리 문제의 경우 유전자가 도시이기 때문에 그렇게 할 수 없다. 한 도시를 그냥 다른 도시로 바꾸면 같은 도시를 두 번 방문한다거나 어떤 도시가 아예 경로에서 빠질 수 있다. 그래서 TSP 문제에는 다른 방식의 돌연변이 연산을 사용해야 하며 보통 교환 돌연변이[exchange mutation]을 많이 사용한다(!교환 돌연변이는 바로 뒤에서 자세하게 다시 설명한다).

유전 연산을 적용하기 전에 먼저 matingPool을 사용해서 모집단을 짝지어진 그룹으로 다시 편성하자. 선택에 의해 적합도가 높은 개체는 더 자주, 반대로 적합도가 낮은 개체는 덜 자주 누군가의 짝으로 선정된다. 당연히, 적합도가 높은 건 여러 번 포함될 수 있다.

통상적으로 이 짝지어진 그룹의 크기는 모집단의 크기와 동일하다. 모집단이 바닥날 때까지 개체를 뽑아내면 된다:

```
def matingPool(population, selectionResults):
    matingpool = []
    for i in range(0, len(selectionResults)):
        index = selectionResults[i]
        matingpool.append(population[index])
    return matingpool
```

부모가 될 개체들을 뽑아 짝지어진 matingpool을 구성했다면 다음으로 종의 진화를 위해 유전 연산을 실행해야 한다. 지금부터 교차와 돌연변이 연산을 구현하자.

앞에서 언급했듯이 이 예에서는 교환 돌연변이를 사용한다:

```
def mutate(individual, mutationRate):
    for swapped in range(len(individual)):
    if(random.random() < mutationRate):
        swapWith = int(random.random() * len(individual))
        city1 = individual[swapped]
        city2 = individual[swapWith]
        individual[swapped] = city2
        individual[swapWith] = city1
    return individual
```

교환 돌연변이는 염색체에서 무작위로 두 위치를 정한 다음 두 위치의 유전자를 교환하는 방식을 사용한다. 개체를 나타내는 염색체가 순열 인코딩인 경우 흔히 사용하는 돌연변이 방법이다. 다음 그림은 비트 스트링으로 표현된 염색체에 교환 돌연변이를 적용하는 사례를 나타낸다(!공교롭게 두 위치의 유전자 값이 같다면 하나마나한 일을 한 셈이다. 그러나 유전 알고리즘 세계에서는 그런 거에 대해 신경 안 쓴다. 진화는 철저하게 무작위 적인 결과의 산물이다):

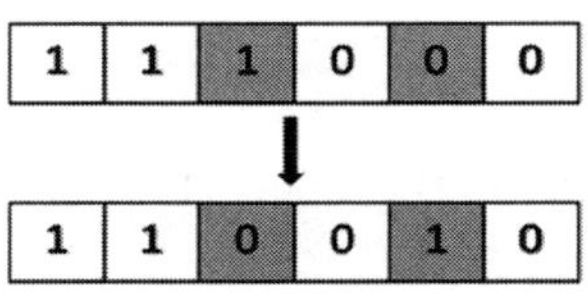

❙그림 3.9❙ 교환 돌연변이

유전 알고리즘 수행에서 가장 중요한 연산을 구현할 차례다: 교차 연산을 구현하자.

교차 연산은 다음 두 함수를 사용해서 수행된다. 여기서 crossoverPopulation() 함수는 일련의 작업을 수행한 후, crossover() 함수를 호출해서 새 모집단 개체를 만든다(!코드를 보기 전에 다음에 나오는 순서 교차에 대한 설명을 먼저 보는 것이 좋다):

```
def crossoverPopulation(matingpool, eliteSize):
    children = []
    length = len(matingpool) - eliteSize
    pool = random.sample(matingpool, len(matingpool))
    for i in range(0,eliteSize):
        children.append(matingpool[i])
    for i in range(0, length):
        child = crossover(pool[i], pool[len(matingpool)-i-1])
    children.append(child)
    return children

def crossover(parent1, parent2):
    child = []
    childP1 = []
    childP2 = []
    geneA = int(random.random() * len(parent1))
    geneB = int(random.random() * len(parent1))
    startGene = min(geneA, geneB)
    endGene = max(geneA, geneB)
    for i in range(startGene, endGene):
        childP1.append(parent1[i])
    childP2 = [item for item in parent2 if item not in childP1]
    child = childP1 + childP2
    return child
```

이 예제의 경우 다음과 같은 순서 교차ordered crossover를 사용한다:

1. 무작위로 교차점 2개를 정한 후, 첫 번째 부모로부터 교차점 사이의 유전자를 가져와 첫 번째 자식의 해당 위치에 복사한다:

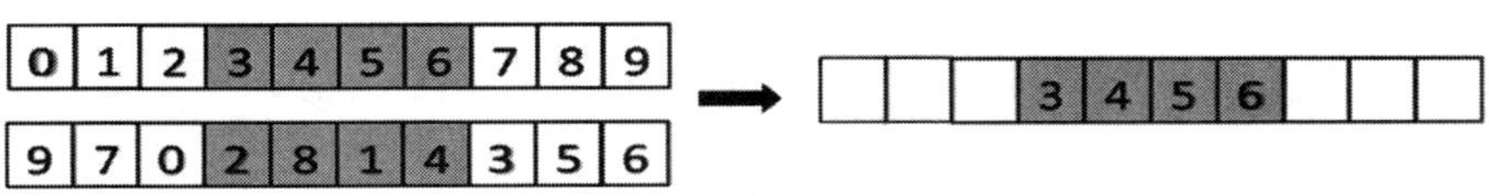

▌그림 3.10▐ 순서 교차, 단계1

2. 첫 번째 자식의 두 번째 교차점 이후 위치에, 두 번째 부모의 첫 번째 유전자부터 차례로 복사해 채워 넣는다. 단, 이미 나온 유전자 값은 건너뛰고, 자식 염색체 끝에 도달하면 앞으로 돌아가서 채워 넣는다.

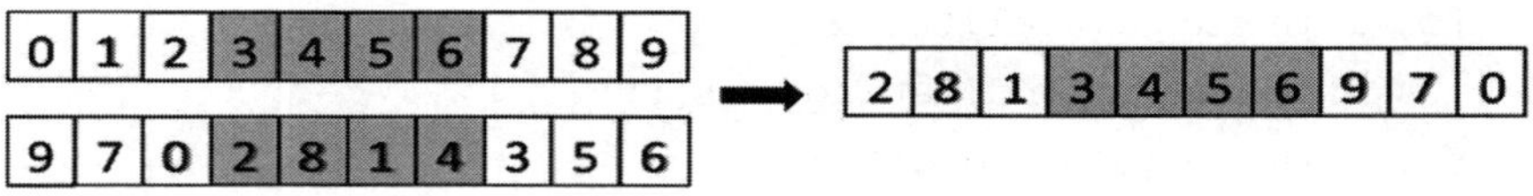

▌그림 3.11▐ 순서 교차, 단계2

3. 부모의 역할을 반대로 바꿔서, 같은 방식으로, 두 번째 자식을 만든다.

마침내, TSP 문제를 해결할 모든 조각이 만들어졌다: 마지막으로 메인 프로그램을 만들면서 유전 알고리즘에 필요한 매개변수와 방문할 도시 그래프를 정의하자:

```
if __name__ == "__main__":
    #GA Parameters
    popSize=100
    eliteSize=20
    mutationRate=0.01
    generations=50
```

도시 그래프를 나타내는 cityList는 무작위로 좌표 25개를 생성해서 만든다:

```
    cityList = []
    num_city = 25
    for i in range(0,num_city):
        newCity = City(x=int(random.random() * 200), y=int(random.random() * 200))
        cityList.append(newCity)
```

설명을 계속하기 위해 도시 그래프 좌표가 다음과 같다고 하자:

```
city list: [(170,196), (34,107), (22,78), (157,182), (123,59), (174,3),
(42,158), (8,69), (63,87), (191,161), (8,101), (120,99), (20,26),
```

```
(61,152), (125,21), (73,157), (61,54), (127,168), (174,13),
(128,29), (109,52), (5,124), (182,154), (101,168), (163,153)]
```

라이브러리 matplotlib를 사용해서 도시의 분포를 시각화할 수 있다. 여기서 각 점이 도시를 나타낸다:

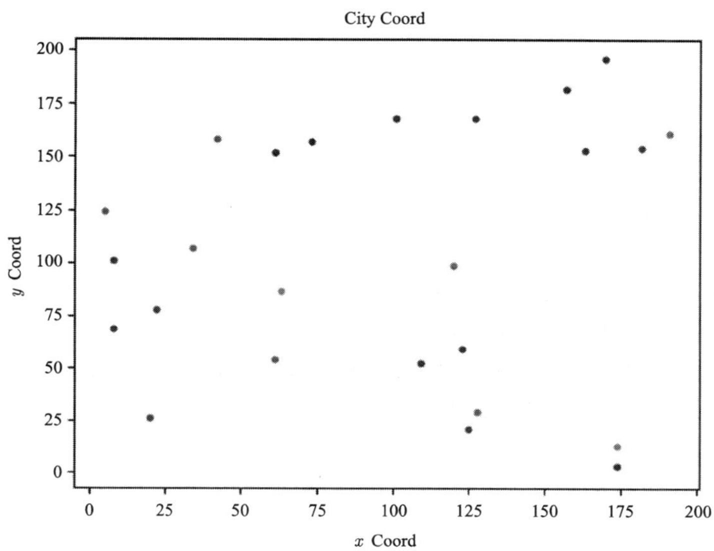

▌그림 3.12▐ 도시 그래프

초기화를 마쳤으니 매개변수를 넘겨주며 유전 알고리즘을 수행하는 GA 객체를 생성하자:

```
GA(population=cityList,
    popSize=popSize,
    eliteSize=eliteSize,
    mutationRate=mutationRate,
    generations=generations)
```

GA 함수(!생성자)는 다음과 같다:

```
def GA(population, popSize, eliteSize, mutationRate, generations):
    pop = initialPopulation(popSize, population)
```

```
    print("Initial distance: " + str(1 / rankRoutes(pop)[0][1]))
    for i in range(0, generations):
        pop = nextGeneration(pop, eliteSize, mutationRate)
    print("Final distance: " + str(1 / rankRoutes(pop)[0][1]))
    bestRouteIndex = rankRoutes(pop)[0][0]
    bestRoute = pop[bestRouteIndex]
    print(bestRoute)
    draw_line(bestRoute)
    return bestRoute
```

이 함수는 초기 경로 이동거리, 최적화를 통해 찾아낸 최종 경로 이동거리, 그리고 그 경로의 방문 순서를 출력한다:

```
Initial distance: 2124.8557474359063
Final distance: 1155.6495640604303
[(63,87), (20,26), (8,69), (22,78), (61,54), (109,52), (123,59),
(128,29), (125,21), (174,13), (174,3), (34,107), (8,101), (5,124),
(73,157), (42,158), (61,152), (157,182), (101,168), (127,168),
(170,196), (163,153), (191,161), (182,154), (120,99)]
```

최적 경로를 matplotlib로 그려보면 다음과 같다:

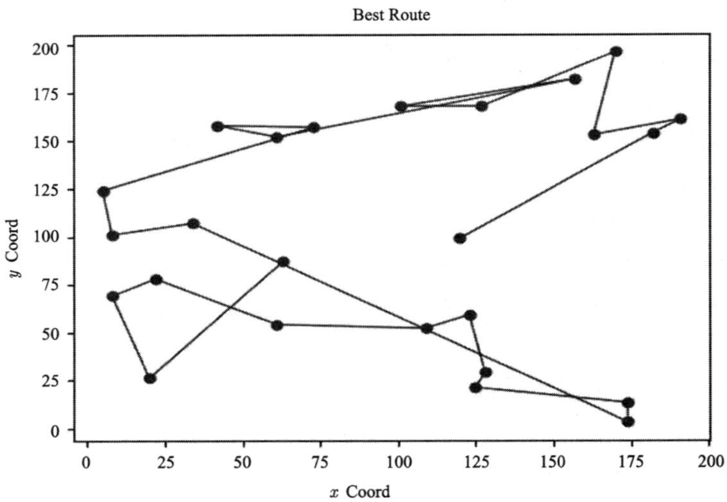

❙ 그림 3.13 ❙ 최적 경로

유전 알고리즘의 진화 과정을 geneticAlgorithmPlot() 함수를 사용해서 그려볼 수 있다:

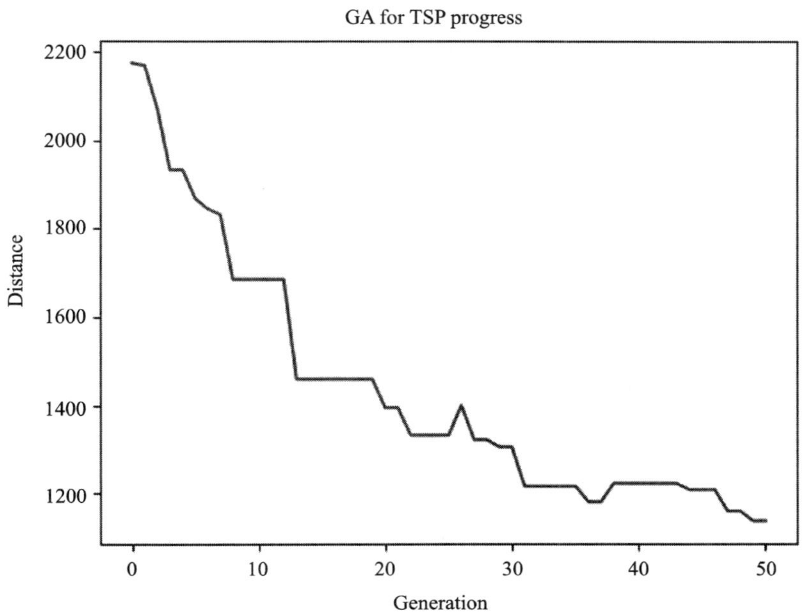

| 그림 3.14 | 진화 과정

유전 프로그래밍

유전 프로그래밍과 유전 알고리즘의 원리는 아주 유사하다; 다만 모집단 염색체가 아주 다르다. 유전 알고리즘에서 흔히 사용하는 비트, 정수, 실수, 혹은 문자 스트링이 아니고 개체가 프로그램이다. 이 프로그램은 결합, 돌연변이 등 유전 연산에 의해 주어진 문제에 대한 더 나은 솔루션으로 진화한다.

유전 프로그래밍의 모집단을 구성하는 개체 즉, 솔루션 후보인 이 프로그램들은 보통 구문 트리 구조로 인코딩된다. 여기서 내부 노드는 함수, 잎 노드는 터미널 기호를 나타낸다(!구문 트리는 문장을 분석할 때 흔히 사용하는 구조인데, 내부 노드, 잎 등의 용어를 모르더라도 너무 상심할 필요는 없다. 그냥 그러려니 하고 계속 읽어나가도 유전 프로그래밍을 이해하는 데 아무 문제없다).

예를 들어, 다음 그림은 $max(x+x,\ x+3*y)$를 계산하는 프로그램에 대한 구문 트리를 나타낸다:

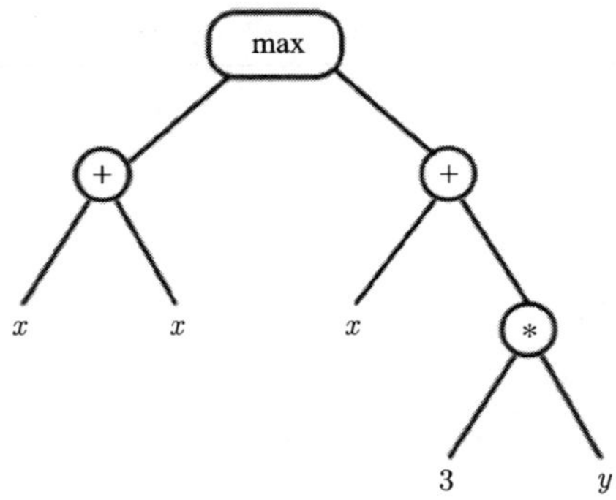

| 그림 3.15 | **프로그램** $max(x+x,\ x+3*y)$**에 대한 구문 트리**

유전 프로그래밍의 솔루션 탐색 공간은 특정 문제를 해결하기 위해 정의된 터미널 기호와 함수로 구성된 모든 프로그램이다. 즉 정해진 기호와 연산으로 만들 수 있는 가능한 모든 프로그램 가운데 가장 좋은 프로그램을 찾는다.

유전 알고리즘과 마찬가지로 유전 프로그래밍도, 초기 모집단 생성 방법, (다음 절에서 설명할) 터미널 집합과 함수 정의, 모집단의 크기, 최대 세대수, 종료 조건 등 매개변수가 필요하다. 다만, 염색체가 구문트리라 유전 연산 등이 상대적으로 복잡하게 느껴질 수 있다.

터미널 집합과 함수 집합

염색체를 나타내는 프로그램의 기본 요소는 터미널과 함수다. 터미널 집합은 특정 문제를 위한 프로그램을 생성하는 데 사용할 상수, 변수, 그리고 입력이 필요 없는 함수의 모임이다. 프로그램을 구문 트리로 나타내는 경우 터미널들은 트리의 마지막에 매달린 노드들이다. 그래서 터미널 노드 또는 잎 노드, 아니면 줄여서 터미널 또는 잎이라고 부른다.

사용 가능한 함수를 모아놓은 것이 함수 집합이다. 어떤 문제에 유전 프로그래밍을 응용하느냐에 따라 사용 가능한 함수가 정해진다.

해결하려는 문제에 따라 사용 가능한 함수의 범위가 매우 넓다. 예를 들어, 부울 함수, 산술 연산, 반복 제어 구조, 함수 모듈 등등을 사용할 수 있다. 구문트리 상에서 함수를 나타내는 노드는 트리 내부에 위치하므로 함수들은 내부 노드가 된다. 터미널 집합과 함수 집합을 합쳐서 원시 집합이라 부르기도 한다.

원시 집합을 정의할 때는 문제를 해결하는 데 필요한 터미널과 함수가 빠짐없이 포함되도록 해야 한다. 그리고 모든 함수들은 자신의 정의역에 속하는 데이터는 물론이고 터미널 집합에 속하는 모든 데이터 역시 입력으로 받아 처리할 수 있어야 한다. 이러한 성질을 닫힘이라고 한다.

유전 연산

유전 알고리즘과 마찬가지로, 유전 프로그래밍에서도 적합도에 의해 선택된 모집단 개체를 대상으로 유전 연산을 적용한다. 유전 프로그래밍에서는 대부분 토너먼트 선택을 사용한다.

진화의 원동력은 교차 연산이다. 적합도에 기초해 (!더 좋은 게 더 자주 뽑히도록) 선택된 두 트리의 부분 트리를 무작위로 선정해서 교환하는 방식으로 새로운 트리 2개를 만들 수 있다. 이렇게 모집단에서 선택된 개체의 부분 트리를 교환하는 연산을 **부분 트리 교차**라 부른다. 구체적으로, 두 부모 트리에 대해 각각 무작위로 교차점을 설정한 다음, 교차점에서 잘라낸 부분 트리를 교환해서 자식 트리 즉, 새 프로그램을 만든다:

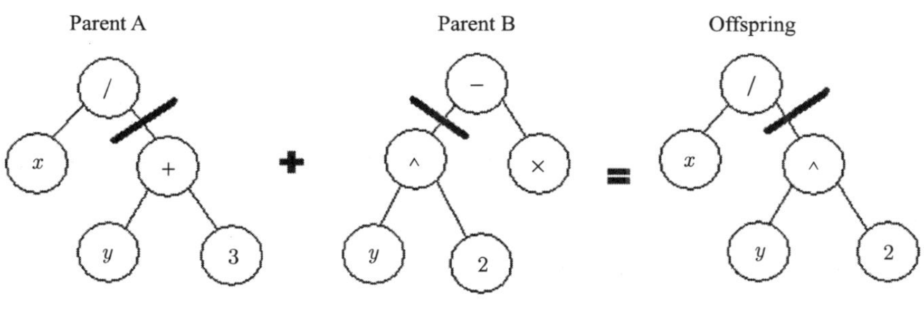

그림 3.16 부분 트리 교차

유전 프로그래밍에서 가장 일반적으로 사용하는 돌연변이 연산은 **부분 트리 돌연변이**라는 건데, 트리의 돌연변이 위치를 무작위로 선정한 다음, 그 부분을 역시 무작위로 생성한 부분 트리로 바꿔 끼운다:

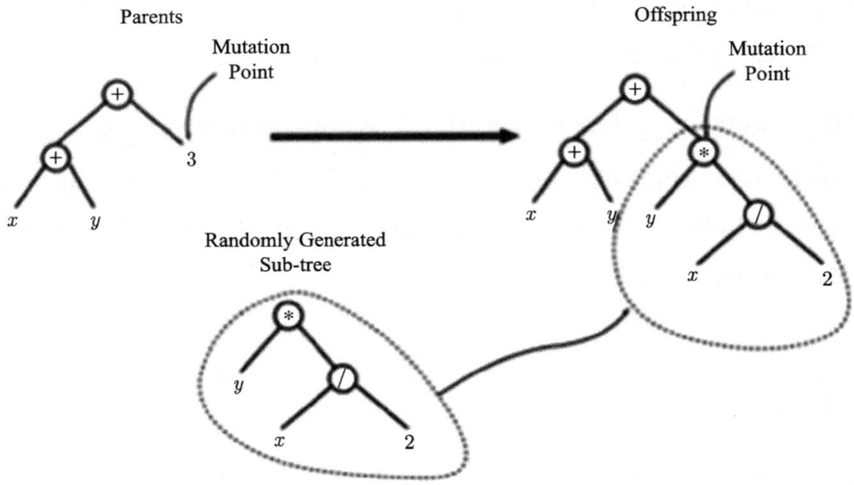

▌그림 3.17▌ 부분 트리 돌연변이

순열, 편집, 캡슐화, 그리고 소거 같은 다른 연산자도 있다. 일반적으로, 이런 연산을 적용하는 경우, 생성된 트리가 구문적으로 바르지만 의미적으로도 바르지는 않을 수 있다(!문법은 맞지만 의미가 없는 트리. 위 그림에서 2가 0으로 바뀌는 경우): 바르지 않은 트리에 벌점을 주어 적합도를 작게 하는 방식으로 바른 트리들이 모집단을 지배하도록 제어할 수 있다.

gplearn 라이브러리를 사용한 수식 회귀

유전 프로그래밍의 가장 잘 알려진 응용 사례가 수식 회귀다. 수식 회귀는 주어진 데이터 셋을 가장 잘 적합하는 수학식 형태의 모델을 찾는 일종의 회귀 분석이다; 이 일은 그동안 주로 사람이 손수 해왔다; 그러나 지난 수십 년 동안 유전 혹은 진화 프로그래밍 기술을 통해서 컴퓨터의 영역으로 들어왔다.

사이킷 런 API에 기초한 gplearn이라는 파이썬 유전 프로그래밍 프레임워크를 사용해서 이 문제를 다루어보자(https://gplearn.readthedocs.io/en/stable/intro.html).

특정한 관계를 만족하는 수식을 찾아보자: $y = X_0^2 - X_1^2 + X_1 - 1$. 먼저, 이 관계식이 어떤 모양인지 파이썬 코드를 만들어 그려보자:

```
x0 = np.arange(-1, 1, 1/10.)
x1 = np.arange(-1, 1, 1/10.)
x0, x1 = np.meshgrid(x0, x1)
y_truth = x0**2 - x1**2 + x1 - 1
ax = plt.figure().gca(projection='3d')
ax.set_xlim(-1, 1)
ax.set_ylim(-1, 1)
surf = ax.plot_surface(x0, x1, y_truth, rstride=1, cstride=1,
                       color='green', alpha=0.5)
plt.show()
```

다음과 같은 그림을 볼 수 있다:

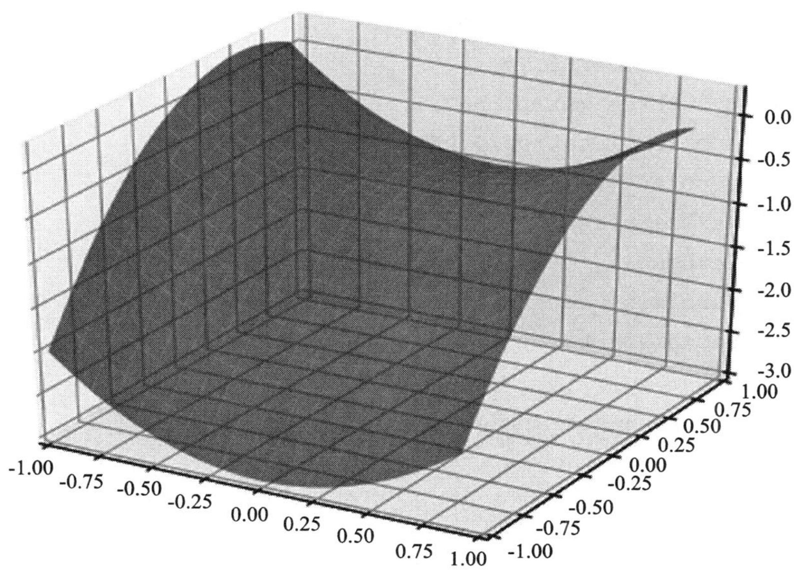

| 그림 3.18 | $y = X_0^2 - X_1^2 + X_1 - 1$

먼저 이 관계를 만족하는 학습 및 시험용 데이터를 만든다:

```
ng = check_random_state(0)
```

학습 데이터를 생성하고:

```
X_train = rng.uniform(-1, 1, 100).reshape(50, 2)
y_train = X_train[:, 0]**2 - X_train[:, 1]**2 + X_train[:, 1] - 1
```

시험 데이터를 생성한 후:

```
X_test = rng.uniform(-1, 1, 100).reshape(50, 2)
y_test = X_test[:, 0]**2 - X_test[:, 1]**2 + X_test[:, 1] - 1
```

마지막으로, gplearn 함수를 호출해서 수식 회귀를 수행한다.

```
SymbolicRegressor:
gp = SymbolicRegressor(population_size=5000,
          generations=20,
          stopping_criteria=0.01,
          p_crossover=0.7,
          p_subtree_mutation=0.1,
          p_hoist_mutation=0.05,
          p_point_mutation=0.1,
          max_samples=0.9,
          verbose=1,
          parsimony_coefficient=0.01,
          random_state=0)
```

SymbolicRegressor에 전달한 매개변수를 하나씩 살펴보자:

- population_size=5000: 모집단의 크기 즉, 한 세대에 포함된 프로그램 개수

- generations=20: 진화를 위한 반복 세대 수
- stopping_criteria=0.01: 알고리즘 종료 조건(!이 조건을 만족하면 정해진 반복 세대 수에 도달하기 전에 종료한다)
- p_crossover=0.7: 토너먼트 승자를 대상으로 교차 연산을 적용할 확률. 먼저 토너먼트 승자를 정한 후, 대체할 부분 트리를 무작위로 선정한다. 토너먼트를 다시 해서 (!유전자 뭉치) 기증자를 찾는다. 기증자의 기증할 부분 트리를 역시 무작위로 선정한 다음 이 부분을 먼저 정한 승자의 교차 위치에 끼워 넣어 다음 세대 자식 1개를 만든다(!이 사례는 사람이 보통 그렇듯 둘이 짝을 지어 하나를 낳는다. 그러나 쌍둥이를 낳도록 구현할 수도 있고 어떻게 하느냐는 순전히 구현하는 사람 마음이다).
- p_subtree_mutation=0.1: 토너먼트 승자를 대상으로 부분 트리 돌연변이 연산을 적용할 확률. 먼저 토너먼트 승자를 정한 후, 대체할 부분 트리를 무작위로 선정한다. 무작위로 부분 트리를 만든 후 이 부분을 승자의 대체 위치에 끼워 넣어 다음 세대 자식 1개를 만든다.
- p_hoist_mutation=0.05: 토너먼트 승자를 대상으로 들어올리기 돌연변이 연산을 적용할 확률. 먼저 토너먼트 승자를 정한 후, 대체할 부분 트리를 무작위로 선정한다. 무작위로 선정한 부분 트리의 부분 트리를 무작위로 선정한 후, 먼저 선정한 부분 트리 위치로 '들어 올려' 다음 세대 자식 1개를 만든다. 이 방법으로 트리가 지나치게 부풀어 오르는 걸 제어할 수 있다.
- p_point_mutation=0.1: 토너먼트 승자를 대상으로 점 돌연변이 연산을 적용할 확률. 먼저 토너먼트 승자를 정한 후, 대체할 노드를 무작위로 선정한다. 무작위로, 터미널 노드는 다른 터미널 값으로, 함수 노드는 인수 개수가 같은 다른 함수로 바꾸어 다음 세대 자식 1개를 만든다.
- max_samples=0.9: 적합도 평가에 사용할 데이터의 비율
- verbose=1: 진화 과정에 화면에 출력할 내용을 제어

- parsimony_coefficient=0.01: 큰 프로그램 즉, 개체가 큰 트리인 경우 벌점으로 적합도를 조절해서 덜 선택되도록 하는 상수. 이 값이 클수록 큰 프로그램에 더 큰 불이익을 주어 앞에서 언급한 부풀어 오르기를 막을 수 있다. 프로그램이 크면 실행 시간 비용도 크고 최종 결과가 복잡한 수식이니 이해하기도 어렵다. 이 매개변수는 진화 후반에 더 큰 값을 갖게 하는 방식으로 사용할 필요도 있다.

- random_state=0: random_state 자리에 지금처럼 정수값을 할당하면 난수 생성기 시드값으로 사용하고, RandomState 객체를 넘겨주면 그걸 난수 생성기로 사용하며, None으로 지정하면 np.random을 난수 생성기로 사용한다.

이제 데이터를 넘겨줘 유전 프로그래밍을 이용한 수식 회귀를 실행하자:

```
gp.fit(X_train, y_train)
```

다음과 같은 결과가 출력된다:

```
| Population Average | Best Individual |
---------------------------- ------------------------------------------
Gen Length Fitness            Length Fitness               OOB Fitness            Time
Left
0   38.13  458.5776815199198  5      0.32066597282800713   0.5567635392738037     1.26m
1   9.97   1.7023272312922468 5      0.32020176152302043   0.6247871480420513     1.01m
2   7.72   1.9445634467449862 11     0.239536660153891     0.5331481804892064     53.52s
3   5.41   0.9901568154685098 7      0.23567634944637403   0.7199062580514382     48.79s
4   4.66   0.8944433636161079 11     0.10394641358876243   0.10394641358876248    44.41s
5   5.41   0.94024238040472   11     0.06080204042764769   0.06080204042764772    39.84s
6   6.78   1.0953592564049093 11     0.0007814740353455652 0.0007814740353455751  36.27s
```

6세대 만에 종료 조건인 0.01보다 작은 값에 도달해서 진화가 중단된다.

마지막으로 솔루션이 어떤 건지 들여다보자:

```
print (gp._program)
```

다음과 같은 수식이 찾아졌다:

```
sub(add(-0.999, X1), mul(sub(X1, X0), add(X0, X1)))
```

이 수식을 트리로 나타내 보자:

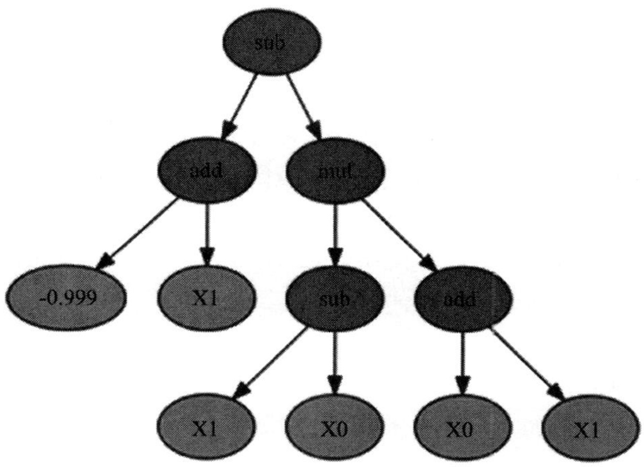

| 그림 3.19 |　솔루션을 트리로 표현

이 트리를 그리는 파이썬 코드는 다음과 같다:

```
graph = pydotplus.graphviz.graph_from_dot_data(est_gp._program.export_graphviz())

Image(graph.create_png())
print (est_gp._program.parents)
```

필요하면, 이 트리의 부모도 그려볼 수 있다. 우선 부모를 찾자:

```
print (est_gp._program.parents)

{'method': 'Crossover',
```

```
'parent_idx': 1555,
'parent_nodes': [1, 2, 3],
'donor_idx': 78,
'donor_nodes': []}
```

출력된 딕셔너리에 이 개체가 만들어질 때 어떤 유전 연산이 적용된 건지, 부모가 누군지, 그리고 교차 연산을 위해 어떤 노드를 가져왔는지 다 들어 있다.

부모의 어떤 유전 물질 즉, 부분 트리가 이 개체를 생성하는 데 사용되었는지 그려볼 수 있다:

```
idx = est_gp._program.parents['donor_idx']
fade_nodes = est_gp._program.parents['donor_nodes']
graph = est_gp._programs[-2][idx].export_graphviz(fade_nodes=fade_nodes)
graph = pydotplus.graphviz.graph_from_dot_data(graph)
Image(graph.create_png())
```

다음과 같이 출력된다:

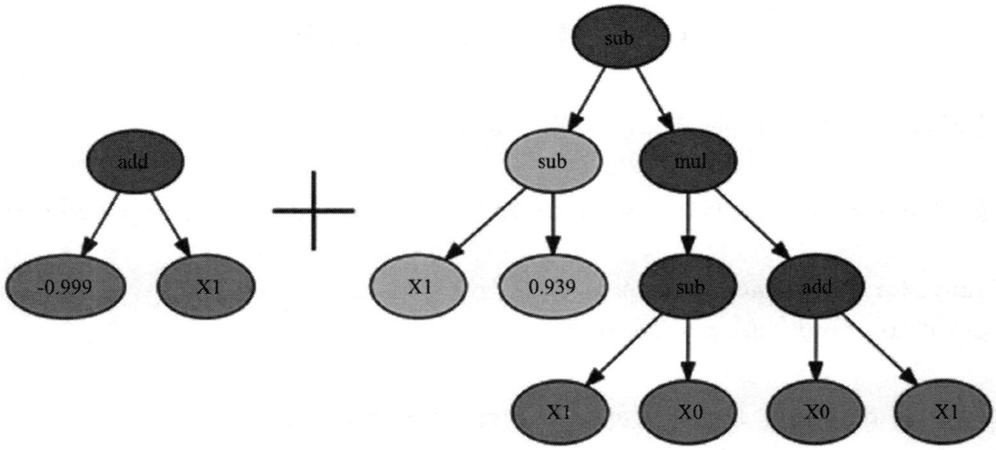

| 그림 3.20 | **교차 과정 시각화**

결론

물리적 세계 그리고 자연 현상 등에 영감을 받아 새로운 컴퓨팅 기술을 개발하는 경우가 종종 있다. 신경망의 경우 생물학적 뉴런을 극단적으로 단순화한 형태의 모델을 계산의 기본 구성요소로 사용한다.

3장에서 다룬 유전 알고리즘과 유전 프로그래밍은 생명체의 특성이 표현형이 아니라 유전형에 의해 정해진다는 자연 진화 원리에 기초를 두고 있다. 유전자 형태로 DNA에 들어 있는 이 코드는 염색체를 구성하는데, 이것이 개체를 코딩하는 즉, 개체의 특성을 결정하는 기본 단위다.

무작위적인 돌연변이와 생식 단계에서 일어나는 역시 무작위적인 교차에 의해 그들이 살아가는 환경에 더 적응적인 (적합한) 개체를 생성하는 방식으로 진화가 진행된다.

그렇게 생성된 개체들은 더 오래 살아남아, 더 많은 자식을 생산하도록 선택되는데, 이 자식들은 교차라는 매커니즘을 통해 부모의 우수한 특징을 물려받아 환경에 적합할 가능성이 아주 높다. 이런 방식으로 세대를 거듭하는 동안 그런 특징을 가진 개체의 출현 가능성이 커지면서 결국 하나의 특징적인 종에 도달한다. 모집단 수준에서 적합도가 높은 개체가 모집단을 지배하게 되면서 결국 종의 진화가 일어난다.

3장에서 설명한 유전 알고리즘은 개체를 고정 길이 스트링으로 나타냈다. 많은 경우, 이 스트링은 최소(대)화하려는 함수 또는 문제의 솔루션을 숫자로 인코딩한 함수의 숫자 매개변수를 이진수로 변환해 이어붙인 이진 수열이다. 그러나 이런 이진 수열 형태로 염색체를 나타내도, 이진 수열의 일반성으로 인해, 어떤 형태의 정보(신호, 이미지, 모양, 구조 또는 위상적 관계 등등)도 표현할 수 있다(!이진 수열의 일반성이란 어떤 정보든 이진 수로 인코딩할 수 있다는 의미다. 당장 우리가 사용하는 컴퓨터만 봐도 그 의미를 알 수 있다).

유전 프로그래밍은 개체를 트리 구조로 나타낸다. 이런 유형의 개체 표현을 대상으로, 잘 정의된 유전 연산을 적용하면 함수들의 모집단 즉 프로그램을 진화시킬 수 있다. 구문 트리 형태의 염색체는 단순한 값이 아니라 함수 즉 프로그램을 나타낸다. 이러한 특성으로 유전 프로그래밍이라는 이름이 붙었다.

구체적으로 유전 알고리즘과 유전 프로그래밍은 최적화 수준에서 차이가 난다. 유전 알고리즘은 사용자가 정한 매개변수에 의해 값이 정해지는 함수를 최적화 대상으로 한다. 따라서 최적화할 함수가 미리 정해진다(!그러므로 알고리즘은 그 함수를 최소/최대로하는 매개변수만 찾으면 된다). 반면에 유전 프로그래밍에서 사용자는 진화의 대상인 함수를 생성하는 문법 요소(터미널과 연산자를 이용해)를 정의한다. 즉, 최적화 대상이 매개변수가 아니라 함수다.

다음 장에서 떼 지능을 다뤄보겠다. 이 기술은 곤충 집단이나 새 떼처럼 자연에서 흔히 볼 수 있는 집단 지성의 복잡한 거동 같은 자기 조직 시스템 연구에 기초를 둔다.

참고 사이트

3장에서 다룬 주제에 대해 더 많이 배울 수 있는 유용한 정보가 있는 사이트:

유전 알고리즘

- 유전 알고리즘 개요 – 코드 포함: https://towardsdatascience.com/introduction-to-genetic-algorithms-including-example-code-e396e98d8bf3
- 유전 알고리즘: https://www.doc.ic.ac.uk/~nd/surprise_96/journal/vol1/hmw/article1.html
- 유전 알고리즘: https://www.geeksforgeeks.org/genetic-algorithms/
- Chapter 9. The Evolution of Code in THE NATURE OF CODE: https://natureofcode.com/book/chapter-9-the-evolution-of-code/
- 파이썬으로 구현한 유전 알고리즘: https://towardsdatascience.com/genetic-algorithm-implementation-in-python-5ab67bb124a6

유전 프로그래밍

- 유전 프로그래밍 실무 가이드: http://www.gp-field-guide.org.uk/
- 유전 프로그래밍 개요: http://geneticprogramming.com/
- www.genetic-programming.org: http://www.genetic-programming.org/
- Python GP 시작하기: https://blog.sicara.com/getting-started-genetic-algorithms-python-tutorial-81ffa1dd72f9
- John Koza 웹 페이지: http://www.genetic-programming.com/johnkoza.html

파이썬 프레임워크

- Gplearn: https://github.com/trevorstephens/gplearn
- monkeys: https://github.com/hchasestevens/monkeys
- DEAP tool: https://github.com/DEAP/deap
- Pyvolution: https://pypi.org/project/Pyvolution/1.0/
- Pyevolve: http://pyevolve.sourceforge.net/
- Inspyred: https://pythonhosted.org/inspyred/

CHAPTER 4

떼 지능

Swarm Intelligence

개요

떼 지능은 사회적인 곤충이 그들의 일상적인 문제를 해결하는 놀라운 능력에 대한 생물학적 통찰에 뿌리를 둔다. 소수의 동물 무리부터 수백만 개체로 구성된 군집이 보이는 거동은 탄력적이고 강건하면서 효율적이기도 하다. 사회를 구성한 곤충이 보이는 복잡한 거동으로 효율적인 구조물 구축에서부터 역동적인 작업 배분까지 다양한 사례가 있다; 신열대지역(!북회귀선 아래쪽 신대륙)의 군대 개미, 에사이튼 버어첼리는 200,000마리 이상의 거대한 군단을 조직해서, 하루만에 1,500 m^2가 넘는 영역을 휩쓸어 절지동물 수천 마리를 사냥한다. 개미 한 마리의 역량으로는 전체 시스템을 제어할 수 없어, 대부분의 경우, 자신이 속한 집단 전체의 문제를 해결하는 효율적인 솔루션을 찾을 수 없지만, (!떼 놓고 보면 무능력한 개미들의) 집단 전체는 매우 단순한 해결책을 찾아낸다. 조직을 통제하는 리더가 없음에도 불구하고 이들 조직 내면에 숨은 메커니즘이 불확실한 상황에 맞서 아주 복잡한 문제에 대한 솔루션을 찾는다. 실제로 떼 지능 응용 범위는 로봇이나 통신망 관련 이산 최적화 같은 응용수학에서부터 무인

자동차 제어나 나노로봇 같은 최신 의학 분야에 이르기까지 매우 넓다.

사회적 곤충 외에, 새 떼의 이동 같이, 유사한 집단 행동을 보이는 다른 중요한 생물학적 시스템이 있다. 이런 시스템으로부터 입자 군집 최적화(PSO) 알고리즘이 등장하게 된다. 이 장에서, 집단이 보이는 복잡한 거동에 깔린 메커니즘을 설명하고 집단 지능의 개념을 파악해보겠다. 여러 절에 거쳐 개미 집단의 거동을 관찰해보고, 이를 토대로 개미 집단 최적화(ACO)를 파이썬 프로그램으로 구현해 본다. 그렇다고 떼 지능이 곤충 집단이나 새 떼만 흉내 낸 건 아니다; 4장 마지막 절에서 `SwarmPackagePy` 프레임워크를 통해, 생물학적 시스템과 그들의 집단적 거동을 관찰해서 만든 주요한 알고리즘을 살펴보겠다.

다루는 세부 내용

- 집단적 거동의 메커니즘
  - 페로몬
  - 스티그머지
  - 스티그머지와 집단적 거동
- 개미 집단 최적화
  - TSP를 위한 ACO 구현
- 입자 군집 최적화
  - 함수 최적화를 위한 PSO 구현
- SwarmPackagePy 프레임워크
  - 인공 벌 알고리즘
- 결론
- 참고 사이트

집단적 거동의 메커니즘

사회적 곤충 집단은 자극에 단순하게 반응해서 동작하는 자율적인 개체들이 환경에 흩어져 있는 탈 중심 시스템이다. 전체 모델에 대한 지식은 없고, 개체들은 지역 정보에 의존한 규칙을 사용해서 서로 작용한다. 곤충이 사용하는 동작 규칙의 수는 매우 적어서 예를 들어, 개미 한 마리는 평균 20개 정도의 동작을 취할 수 있다. 개별 개체의 단순한 동작들이 모여 조직의 거동이 나타난다.

개체들의 상호작용에 의해 정보가 조직으로 전파되고, 반대로 그로부터 각 개체의 활동이 조직된다. 결국 상호작용하는 망에 의해, 사회적 곤충은 매우 탄력적이면서 동시에 강건한 시스템이 될 수 있다.

다음 절에서 떼 지능의 두 가지 기본 개념을 소개한다: 첫째는 페로몬이라는 화학 물질의 역할이고; 둘째는 **스티그머지**라는 탈 중심 시스템에서 개체들의 소통 메커니즘이 어떻게 일어나는지 설명한다.

페로몬

(그리스어 가져오다의 *Phero*와 흥분의 *Orme*에서 유래된) 페로몬이라는 이름의, 외분비선에서 생성된, 생화학 물질은 생명체가 분비하는 낮은 농도의 물질로 신호 기능을 한다. 이 물질은 같은 종의 다른 개체들에게 생리학적 행동 반응을 일으킨다.

일반적으로 페로몬은 그것이 일으키는 효과에 따라 4종류로 구분된다:

- **흔적 페로몬**: 한 개체가 이 페로몬을 방출하면 다른 개체가 이 흔적을 따라간다. 음식을 발견한 개미는 그 길을 따라 흔적 페로몬을 분비해 경로를 표시한다. 흔적 페로몬이 많이 뿌려진 경로에 더 많은 개미가 지나갈게 뻔하다(대게 그 길이 먹이나 집으로 가는 최단 경로다).

- **경계 페로몬**: 위험 상황에서 분비하면 이 냄새를 맡은 개체는 큰 각성 상태가 된다.

- **프라이머 페로몬:** 상대방의 장기적인 행동 방식을 바꾼다(!예를 들어 침입자가 들어오면 청소 개미가 전투 개미로 돌변해서 적과 싸운다).
- **릴리서 페로몬:** 이 냄새를 맡은 개체를 흥분시켜 즉각적으로 특정한 행동을 하게 만든다.

스티그머지

스티그머지는, 두 종의 개미에서 관찰된, 환경의 수정에 의해 매개되는 형태의 의사소통을 설명하기 위해 프랑스 생물학자 피에르 폴 그라세가 1959년에 제안한 용어다. 그라세의 원래 정의에 의하면 스티그머지는 환경으로부터 얻은 자극에 대한 반응이다(!중앙에서 통제하는 지도자 없이 그저 자기 주변 환경에 대한 반응으로 거대한 협동을 낳는 현상을 말한다). 그라세가 자신의 용어를 설명하기 위해 제시한 흰개미 탑 건설이 스티그머지에 대한 대표적인 사례다. 일꾼 개미들은 자신의 페로몬으로 뭉친 작은 흙덩이로 탑을 건설한다. 집을 짓기 시작한 초기 단계에 흙덩이들은 무작위로 여기저기 쌓이다가 어느 순간 그중 하나의 크기가 임계점에 도달한다. 상대적으로 뾰족한 탑이 만들어지고 일꾼이 충분히 많다면 이때부터 협동 단계가 시작된다(!이전까지 제각각 개미들 마음대로 흙덩이를 쌓다가 이때부터 한쪽으로 몰려든다). 초기 첨탑이 생성된 순간 개체들을 점점 더 자극해서 흙이 쌓일 테고, 흙 속의 페로몬 때문에 양의 피드백(!시스템의 작은 변화가 점점 커지는 현상) 매커니즘이 점화된다.

실제로, 물질이 축적되면서 흙덩이 속 페로몬이 더 많이 방출되어 해당 첨탑으로 개미들을 더 강하게 유인한다. 반대로 일꾼의 수가 적은 곳은 결국 페로몬이 다 날아가 버린다. 즉, 이 경우는 적은 양의 페로몬으로 인해 그 곳으로 다른 개미를 유인하는 데 부정적인 영향을 주는 악순환이 반복되는 부의 피드백이 시작된다. 이 상황에서 협조는 더 이상 일어나지 않는다. 따라서 시스템은 분기점에 도달한다: 한 곳에는 많은 일꾼이 모이고 다른 곳에는 일꾼이 줄어들어 첨탑 따위가 생길 수 없다.

다음 그림은 일꾼들 사이의 간접적 상호작용에 의한 협업(스티그머지)에 의해 첨탑이 생겨나는 과정을 나타낸다.

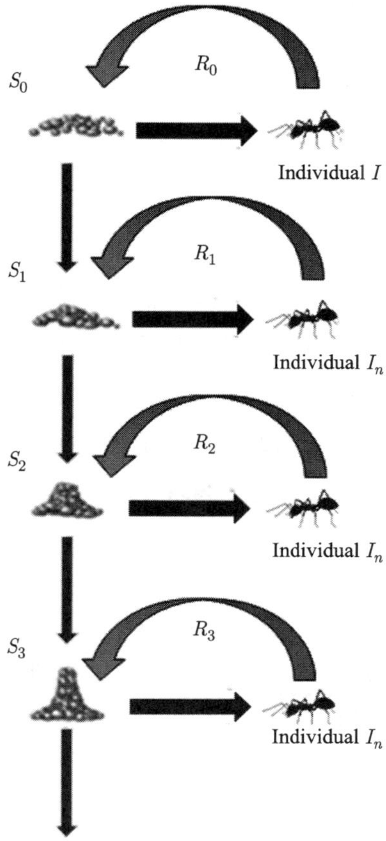

| 그림 4.1 | **스티그머지 절차**

스티그머지와 집단적 거동

스티그머지의 다른 사례로 페로몬을 사용해서 의사소통하는 개미들의 먹이 활동이 있다. 앞에서 설명했듯이 페로몬은 다른 개미를 유인하는 화학물질이다; 개미 중 한 마리가 먹이를 발견하면, 흔적 페로몬을 뿌리면서 집으로 돌아온다; 다른 개미를 집에서 먹이가 있는 곳까지 안내하는 경로가 형성된다.

다른 개미들 역시 집으로 돌아오면서 일정량의 페로몬을 뿌려 흔적을 더 확실하게 만든다. 결국 이러한 양의 피드백에 의해 경로가 형성된다; 더 많은 개미가 지나간 길일

수록, 더 많은 개미를 끌어들인다.

일정 시간이 지나면 두 가지 이유에 의해 경로가 사라진다:

1. 안 다닌 길
2. 먹이 고갈

이 메커니즘이 흥미로운 점은 먹이 주위로 개미를 많이 끌어들일 수 있다는 것은 물론이고 개미들이 먹이에 도달하는 짧은 경로를 선택하는 의사결정을 효율적으로 할 수 있다는 점이다. 이를 차분 경로 길이 효과라 부르며, 개미들이 주위 환경에 대해 인지하지 못하면서도 결국 최단 거리를 어떻게 찾을 수 있는지를 설명한다. 앞선 설명으로부터, 집단 수준에서 일어나는 의사결정 절차에 (다음 그림과 같이) 기하학적 거리 제한이 중요한 역할을 한다는 사실을 추론할 수 있다:

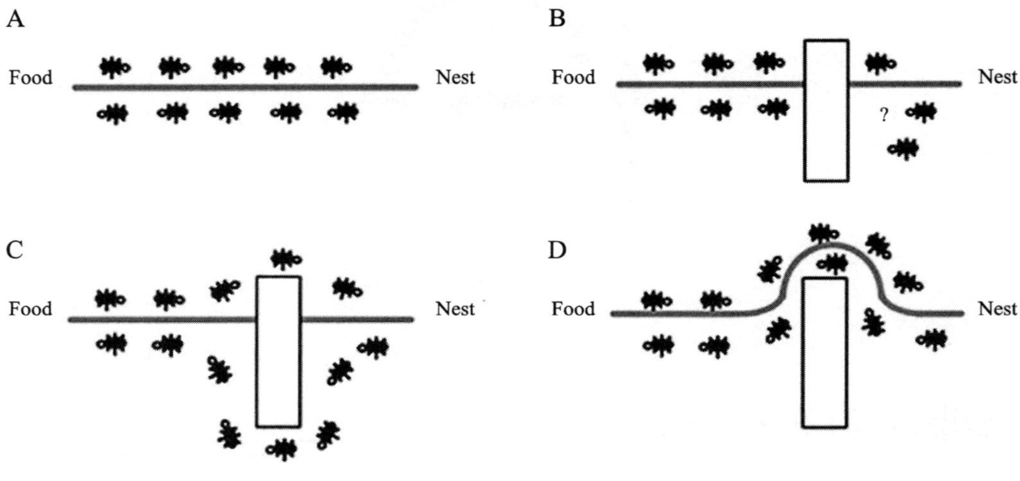

❙그림 4.2❙ 먹이와 집 사이의 페로몬 흔적을 지나는 개미

흥미롭게도 어떤 종류의 개미들은 발견한 먹이의 품질에 비례해서 페로몬을 뿌린다: 질 좋은 음식으로 가는 길에 더 많은 페로몬이 뿌려진다. 비슷한 방식으로, 개미 알고리즘에서 인공 개미가 찾아낸 솔루션의 만족도에 비례해서 (!인공) 페로몬을 축적한다.

페로몬, 스티그머지, 그리고 자기 조직이라는 개념을 사용해서 개미 집단의 거동을 수학적으로 형식화한 게 ACO 알고리즘이다.

개미 집단 최적화

집단의 지능적인 행동에 대한 연구에 의해, 개미 집단 최적화(ACO) 알고리즘이 만들어 진다. 이 알고리즘은 1992년 마르코 도리고에 의해 처음으로 소개되었다. ACO는 앞에서 설명한 개미의 먹이 탐색 활동을 그대로 반영했다.

실제로, 개미의 인지 능력은 제한적이지만, 집단행동으로 인해 집에서 음식까지 가는 최단 거리를 찾을 수 있다.

개미의 집단행동에 대한 모델은 다음과 같다:

- 개미는 집 주위를 무작위로 돌아다닌다.
- 개미가 먹이를 발견하면 페로몬으로 흔적을 남기면서 곧바로 집으로 달려온다.
- 페로몬에 이끌려 근처를 배회하던 개미들이 이 길을 따라간다.
- 집으로 돌아온 개미에 의해 그 길은 더 강화된다.
- 길이가 짧은 경로는 긴 경로에 비해 페로몬 발산이 덜하다.
- 짧은 경로는 더욱더 강화되어 더 많은 개미를 유인한다.
- 긴 경로는 페로몬이 다 날라가서 결국 사라진다.
- 마침내 모든 개미가 최단 거리 경로를 따라 먹이를 나른다.

다음 그림을 사용해서 ACO 동작 원리를 요약해보자: (1) 경로 a를 따라 이동한 개미 한 마리가 먹이 F를 찾아, 경로 b에 페로몬을 뿌리면서, 집 N으로 돌아온다. (2) 다른 개미들이 제각각 아무렇게나 가능한 4가지 경로를 따라가며 먹이를 나른다. (3) 페로몬이 덜 날아간 경로가 강화되어 마침내 최단 경로가 형성된다:

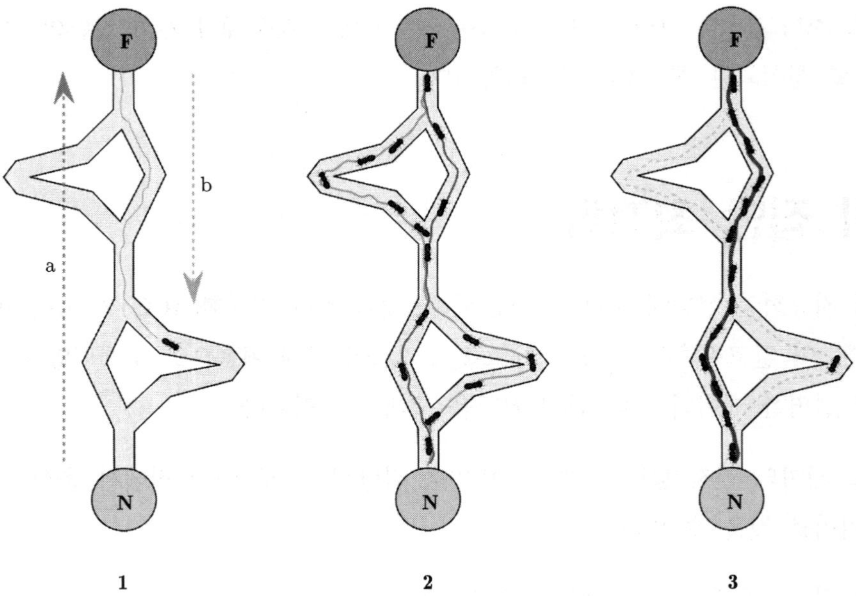

┃그림 4.3┃ 개미 집단 알고리즘 원리

개미는 환경 자체를 소통수단으로 활용한다: 그들의 작업 상태를 나타내기 위해 페로몬을 뿌려 간접적으로 정보를 교환한다. 게다가 앞에서 설명했듯이 이러한 정보 교환은 국소적으로 일어난다. 페로몬은 그렇게 강력한 게 아니어서 가까이 다가가야 한다. 이러한 지역적이고 간접적인 스티그머지는 다양한 사회적 동물에서 관찰되는 자기조직의 좋은 사례다.

다음 2가지가 이 메커니즘에 중요한 역할을 한다.

- **양의 피드백**: 페로몬에 이끌린 개미가 페로몬을 더해 경로를 더 매력적인 것으로 만든다.
- **부의 피드백**: 페로몬의 증발로 경로가 폐쇄되어 시스템이 마비되는 걸 예방한다.

피드백에 의해 경로상의 작은 변화가 증폭되어 결과적으로 경로를 선택하게 한다; 알고리즘이 최상의 경로로 들어서는 길을 알려준다.

ACO 구현

최초로 제안된 개미 집단 알고리즘의 이름은 개미 시스템이다. 최소 비용으로 도시를 순회하는 경로를 찾는 TSP 문제를 해결할 목적으로 개발되었다.

개미 시스템은 가능한 경로를 따라 이동하는 다수의 개미 집합으로 구성된 상대적으로 간단한 알고리즘이다. 매 단계마다 개미들은 일정한 규칙에 따라 한 도시(혹은 먹이가 놓인 지점)에서 이동할 다른 도시를 선택한다:

- 먹이 위치가 멀수록 덜 선택한다.
- 페로몬 강도가 더 높은 쪽을 더 선택한다.
- 두 먹이 위치 사이 거리가 짧을수록 페로몬 축적량은 크다.
- 매 단계마다 일정량 페로몬이 증발한다.

이제부터 ACO 알고리즘을 이해하기 위해 `colony` 클래스, 매개변수, 그리고 주요한 메서드들을 살펴보자.

메인 프로그램부터 시작하자:

```
if __name__ == '__main__':
```

두 먹이 위치 사이의 거리를 계산하는 `distance_callback()` 함수를 다음과 같이 정의한다(!이런 거리 척도를 맨해튼 거리라 부른다):

```
def distance_callback(source_location, destination_location):
    return abs(source_location[0] - destination_location[0]) + \
        abs(source_location[1] - destination_location[1])
```

모든 개미의 출발 위치를 원점(0,0)으로 설정한다:

```
start = (0,0)
```

완전 무작위로 먹이 위치 30개를 생성한다. 물론 food_locations에 개미 집단의 본거지에 해당하는 원점이 포함된다:

```
food_locations = {start}
for i in range(0,30):
    food_locations.add((randint(0,200),randint(0,200)))
```

다음 메서드를 이용해서 먹이 위치 즉, 방문할 도시 위치를 평면에 그려볼 수 있다:

```
draw_multiple_points(list(food_locations))
```

colony 객체를 생성할 때, 다음과 같은 매개변수를 설정해야 한다:

- food_locations: 개미들이 최단 경로로 방문해야 할 먹이 위치 리스트
- start: 개미 집단의 본거지(0,0)
- distance_callback: 두 지점의 거리를 계산하는 척도 또는 함수
- ant_count=50: 개미 집단의 규모 즉 개미 숫자
- iterations=80: 반복 횟수
- alpha=.5: 최적화 과정에서 페로몬이 주는 효과를 제어하는 상수
- beta=1.2: 최적화 과정에 거리가 주는 효과를 제어하는 상수
- pheromone_evaporation_coefficient= .40: 페로몬 증발량을 정하는 상수
- pheromone_constant=1.0: 페로몬 방출량을 정하는 상수

매개변수를 알았으니 이제 colony 클래스 객체를 생성할 수 있다:

```
colony = colony(food_locations, distance_callback, start, ant_count,\
                iterations, alpha, beta,\ pheromone_evaporation_
                coefficient,\ pheromone_evaporation_coefficient)
```

colony 클래스의 run() 메서드를 호출하면 실행이 개시된다:

```
colony.run()
```

실행이 끝나면 최단 경로의 길이를 출력할 수 있다:

```
print("shortest path distance = " , colony.shortest_path_distance)
```

최단 경로의 좌표를 출력한 후:

```
print("colony shortest distance = " ,colony.shortest_path)
```

마지막으로, 그림으로 그려보자:

```
draw_line(list(colony.shortest_path))
```

이제 colony 클래스 내부를 들여다보자:

```
class colony:
```

클래스 내부에, 서브클래스 ant가 들어 있다:

```
class ant:
```

이 클래스 초기화 메서드는 다음과 같다:

```
def __init__(self, colony):
    self.visited_food_locations = [colony.start]
    self.traveled_distance = 0
    self.unvisited_food_locations = \ colony.food_locations.difference \
                                      (self.visited_food_locations)
    self.colony = colony
    self.current_location = colony.start
```

collect_food() 메서드에 의해 개미들이 아직 방문하지 않은 먹이 위치로 이동한다:

```
def collect_food(self):
    while(self.unvisited_food_locations):
        self.visit_location()
```

reset() 메서드는 매 반복 단계마다 __init__() 메서드를 호출해서 탐색을 다시 초기화한다(!물론 도시들 사이에는 페로몬이 뿌려져 있다):

```
def reset(self, colony):
    self.__init__(colony)
```

visit_location() 메서드를 들여다보고, 지금까지 방문하지 않은 장소에 개미가 처음 도달했을 때 어떤 일이 일어나는지 살펴보자 :

```
def visit_location(self):
    roulette_wheel = [0]
    locations = []
```

모든 미 방문 위치 new_location을:

```
for new_location in self.unvisited_food_locations:
```

location 리스트에 추가한다:

```
    locations.append(new_location)
```

그러고 나서, 각각의 미 방문 위치에 대해, 현재 지점에서 그 위치로 이동할 확률을 계산해서 roulette_wheel 리스트에 추가한다:

```
    roulette_wheel.append(roulette_wheel[-1] +
          math.pow(colony.get_pheromones\ (self.current_location,\
          new_location), colony.alpha)* math.pow((1.0/colony.distance\
          (self.current_location,\ new_location)),\ colony.beta))
```

0과 roulette_wheel 리스트의 마지막 값 사이의 수 ran을 무작위로 생성한다:

```
    ran = random.uniform(0, roulette_wheel[-1])
```

이 ran을 이용해서, 다음 방문할 먹이 위치를 결정한다(!유전 알고리즘의 적합도 비례 선택과 같은 거다. 즉 확률이 높을수록 더 잘 선택된다. 회전 뽑기 판을 다음 코드와 같이 프로그램으로 구현할 수 있다):

```
    i = bisect_left(roulette_wheel, ran)
        self.traveled_distance+=colony.distance\ (self.current_location,\
                                                  locations[i-1])
    self.current_location = locations[i-1]
    self.unvisited_food_locations.remove(self.current_location)
    self.visited_food_locations.append(self.current_location)
    return
```

다음은 메인 함수에서 넘겨받은 매개변수를 사용해서 colony 객체를 초기화하는 메서드(!생성자)다. 즉, 진짜 개미 집단을 만들어 집안에 풀어놓은 셈이다:

```
def __init__(self, food_locations, distance_callback, start, ant_count,\
        iterations,alpha, beta,pheromone_evaporation_coefficient,\
                                                  pheromone_constant):
    self.shortest_path_distance = float('inf')
    self.shortest_path = []
    self.food_locations = food_locations
    self.distance = distance_callback
    self.start = start
    if start not in food_locations: food_locations.add(start)
    self.ant_count = ant_count
    self.iterations = iterations
    self.alpha = alpha
    self.beta = beta
    self.pheromone_evaporation_coefficient = pheromone_evaporation_coefficient
    self.pheromone_constant = pheromone_constant
```

```
    self.pheromones = self.init_pheromones(food_locations)
    self.new_pheromones = self.init_pheromones(food_locations)
```

run() 메서드를 호출해서 시뮬레이션을 개시할 수 있다. 즉, 개미들이 슬금슬금 집 밖으로 나간다:

```
def run(self):
```

ant 개체를 다음과 같이 생성한다:

```
    ant = self.ant(self)
```

그리고 반복을 시작한다:

```
    for _ in range(self.iterations):
```

먹이 위치를 방문하도록 개미들을 모든 장소로 보낸다. 처음에는 다음에 방문할 위치를 무작위로 선택한다. 일단 한 단계 돌고나면, 다음부터는 점점 페로몬의 영향을 받아 가능한 다음 위치를 선택하게 된다:

```
    for ant_number in range(self.ant_count):
        ant.collect_food()
```

각 개미가 찾은 최단 경로를 비교해 값을 갱신한다:

```
        if ant.traveled_distance < self.shortest_path_distance:
            self.shortest_path_distance = ant.traveled_distance
            self.shortest_path = ant.visited_food_locations
        self.leave_pheromones_trail(ant.visited_food_locations,\
                                    ant.traveled_distance)
```

그리고 개미를 다시 초기화한다:

```
        ant.reset(self)
```

한 세대가 끝나면 개미가 뿜은 페로몬의 일정량을 증발시킨다:

```
    self.pheromone_evaporate()
```

다음은 각 먹이 위치의 페로몬 분포를 초기화하는 메서드다:

```
    def init_pheromones(self, food_locations):
        return dict.fromkeys\ ([(source_location,destination_location)
          for \ source_location in food_locations \ for destination_
          location in food_locations \ if source_location != destination_
          location], 0.1)
```

그리고 다음은 개미가 이동한 두 먹이 위치 사이에 뿌려질 페로몬 양을 결정하는 메서드고:

```
    def get_pheromones(self, source_location, destination_location):
        return self.pheromones[(source_location, destination_location)]
```

다음은 이동 경로 전체에 뿌려진 페로몬 양을 계산하는 메서드며:

```
    def leave_pheromones_trail(self, path, traveled_distance):
        for i in range(len(path) - 1):
            self.new_pheromones[(path[i], path[i+1])] += \ self.
                                        pheromone_constant/traveled_distance
```

다음이 페로몬 증발 양을 산정하는 메서드다:

```
    def pheromone_evaporate(self):
        for k in self.new_pheromones.keys():
            self.new_pheromones[k] = \ self.new_pheromones[k] * \ self.
                                        pheromone_evaporation_coefficient
```

이제, 구현한 ACO 프로그램을 실행해서 다음과 같은 출력을 얻을 수 있다:

```
shortest path distance = 1745

colony shortest distance = [(0, 0), (76, 90), (85, 104), (106, 64),
(75, 72), (7, 136), (23, 148), (17, 177), (50, 175), (150, 185), (121, 195),
(100, 184), (107, 178), (179, 169), (176, 161), (170, 163), (166, 101),
(137, 98), (142, 111), (94, 119), (129, 121), (125, 87), (135, 80),
(177, 74), (90, 56), (52, 19), (120, 4), (153, 21), (162, 178), (144, 197),
(52, 185)]
```

다음은 먹이 위치 분포를 평면에 나타낸 그림이다:

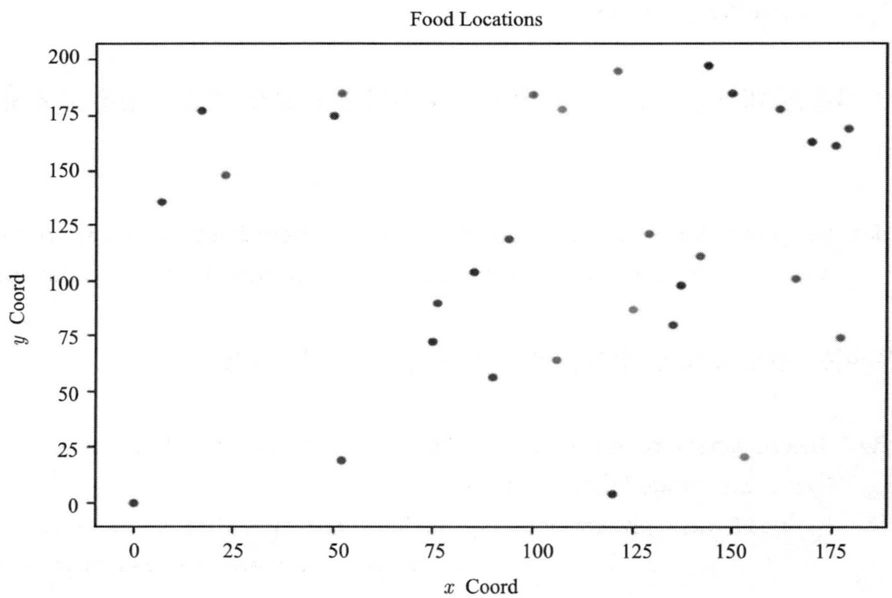

▌그림 4.4▌ 먹이 위치 분포

최적 경로를 그려보면 다음과 같다:

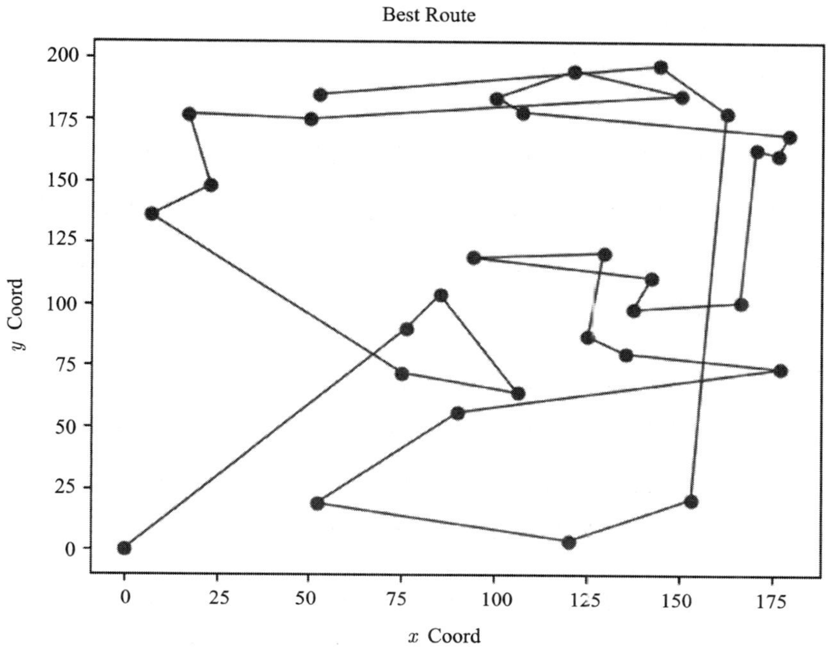

| 그림 4.5 | 먹이 위치 최적 경로

입자 군집 최적화

입자 군집 최적화(PSO)는 에버하르트와 케네디가 1995년에 개발한 알고리즘으로, 새 떼 그리고 물고기 떼의 사회적 거동에서 영감을 받아 만든 휴리스틱 탐색에 의한 최적화 기술이다. 집단 속에서 개체들은 서로 작용하는 가운데 스스로의 경험을 통해서 학습하면서, 탐색 공간의 더 좋은 지역으로 점점 다가간다.

간단하게 요약하자면, 이러한 군집은 아주 단순한 행동 방식을 취한다: 잘난 놈 따라하기. 이 단순한 흉내 내기 메커니즘으로, 예를 들어 장애물 또는 자기들끼리 충돌하지 않고, 집단이 완벽한 조화를 이루며 한 덩어리가 되어 이동할 수 있다.

PSO에서 각 입자(또는 개체)는 다음과 같은 간단한 3가지 규칙을 따른다:

- 가까운 이웃 입자와 정해진 최소 거리를 유지한다.

- 이웃 입자들과 속도를 맞춘다.
- 군집의 중심을 지향한다.

입자 군집은 동시에 작용하는 개체들의 행동에 의해 무리의 전체적인 구조가 정해지는 자기 결합 시스템이다. 비록 입자들이 근접한 동료들의 이동에 반응하지만, 이런 상호작용이 멀리 떨어진 다른 개체에도 전파된다. 전체 시스템은 이러한 방식으로 전역적인 거동을 생성한다.

어떤 면에서 이러한 최적화는 유전 알고리즘 같은 진화에 기초한 계산 기술과 유사하다(3장: 유전 알고리즘과 유전 프로그래밍 참조). 모두 잠재적 후보 솔루션으로 구성된 모집단을 무작위로 생성한 후 세대를 거듭하며 수정해서 최적 솔루션을 찾는다. 다만, 유전 알고리즘과 다르게, PSO에는 교차나 돌연변이 같은 진화 연산이 없다.

PSO에서 입자들 즉, 가능한 후보 솔루션은 현재 시점 최적 입자를 쫓아다니며 탐색 공간을 돌아다닌다. 매 반복 단계에 알고리즘은 적합도라는 측정 수단을 이용해서 새로운 우두머리 후보를 설정한다. 일반적으로 PSO 모델은 다음과 같은 규칙을 사용해서 구현된다(!크레이그 레이놀즈의 Boids 참조, http://www.red3d.com/cwr/boids/):

- 분리: 이웃과 충돌 회피(지역적 발산)
- 정렬: 무리의 중심 방향 지향
- 응집: 이웃의 중심 위치 지향

또한, 각 입자는 자신과 이웃 개체가 탐색했던 최적의 위치를 기억(즉 입자들 끼리 소통)한다. ACO와 마찬가지로, PSO도 큰 솔루션 공간을 두루 탐색할 수 있다. 하지만, 이 방법들은, 알고리즘 구조적으로, 세대를 거듭하다보면 결국 최적 솔루션을 찾을 수 있을 거라는 보장을 할 수 없다. 다음 절에서 간단한 비선형 함수 최적화를 위한 PSO 알고리즘을 어떻게 구현하는지 살펴보자.

함수 최적화를 위한 PSO 구현

앞에서 언급했듯이 PSO 역시 모집단을 잔화시켜 솔루션을 찾는다. 모집단에 속한 후보 솔루션 즉 입자는 간단한 공식에 따라 탐색 공간을 이동한다. 이 공식은 입자의 현재 이동 속도, 적합도 공간에 대한 지식(지금까지 알아낸 최적 솔루션), 그리고 공유 지식(지금까지 알아낸 전역 최적 솔루션)으로 입자의 다음 위치를 산출한다.

전체 알고리즘을 다음과 같이 의사 코드로 나타낼 수 있다:

```
Begin
    Initialize agents
    Find current best
    Set global best = current best
    For i= 0 : number of iterations
        Calculate particle velocity
        Change particles velocity
        Update particles positions
        Select new particles according to the selection strategy
            If current best better than global best
                SET global best to current best
            End If
    End For
    save global best
End
```

이제 메인 함수 구현을 포함해서 이 알고리즘 수행을 위해 필요한 모든 함수와 매개변수에 대해 알아보자:

```
if __name__ == "__main__":
```

매개변수는 다음과 같다.

- 입자 개수 즉, 모집단의 크기:

  `swarm_size = 10`

- 최대 탐색 횟수:

  `iterations = 50`

- 입자의 관성:

  `inertia = 0.5`

- 입자의 가중치:

  `local_weight = 2`

- 전역 최적 입자의 가중치:

  `global_weight = 2`

- 입자의 최대 허용 속도:

  `max_velocity = 1`

- 입자의 갱신 주기:

  `step_size = 1`

- 원점($x = 0$, $y = 0$)을 기준으로, 입자의 초기 위치를 무작위로 설정한다:

  `particle_XY = np.random.rand(swarm_size,2)-0.5`

입자의 초기 속도를 무작위로 설정한다:

```
particle_velocity = np.random.rand(swarm_size,2)
```

입자들을 평가해서 지역 최적 입자를 찾아 위치를 저장한다:

```
particle_best_value = Function(particle_XY[:,0],particle_XY[:,1])
particle_best_XY = np.copy(particle_XY)
```

전역 최적 입자를 찾아 위치를 저장한다:

```
global_best_value = np.min(particle_best_value)
global_best_XY = particle_XY[np.argmin(particle_best_value)].copy()
```

마지막으로 PSO() 함수를 호출해서 전역 최적 입자를 찾는다:

```
locList,locBest = PSO(iterations, swarm_size,particle_best_XY,
global_best_XY,particle_XY,particle_velocity,global_best_value)
```

탐색이 종료되면 입자들이 최적 솔루션을 향해 탐색해가는 과정을 그림으로 나타낸다:

```
plot_PSO_result(locList,locBest)
```

최적화 대상 함수는 다음과 같다. 즉, 이 함수를 최소로 하는 x, y를 찾는 문제다. 물론 이 함수는 x = 10, y = 20에서 최솟값 0을 갖는다:

```
def Function(x,y):
    z = (x-10)**2 + (y-20)**2
return(z)
```

이제, 실제로 솔루션을 탐색하는 `PSO()` 함수를 구현하자:

```
def PSO(iterations,swarm_size,particle_best_XY,global_best_XY, /
        particle_XY,particle_velocity,global_best_value):
```

먼저 일련의 초기화를 수행한다:

```
    best_value = []
    locBest = []
    iteration_value_best = []
    locList_best = []
    iteration_value = []
    locList = []
```

다음과 같이 탐색 횟수, 모집단의 크기, 최적화 함수의 차원에 대해 반복한다:

```
    for i in range(iterations):
        for j in range(swarm_size):
            for k in range(2):
```

0과 1사이의 수 2개를 무작위로 생성한다(!지역 및 전역 가중치 설정용이다):

```
u = np.random.rand(2)
```

현재 입자와 지역 최적 입자 사이의 적합도 차이를 계산한다:

```
error_particle_best = particle_best_XY[j,k] - particle_XY[j,k]
```

현재 입자와 전역 최적 입자 사이의 적합도 차이를 계산한다:

```
error_global_best = global_best_XY[k] - particle_XY[j,k]
```

해당 차원의 속도 벡터를 갱신한다:

```
v_new = inertia*particle_velocity[j,k] + \ local_weight*
        u[0]*error_particle_best + global_weight*
        u[1]*error_global_best
```

입자의 속도를 정해진 범위로 제한한다:

```
if v_new < -max_velocity:
    v_new = -max_velocity
elif v_new > max_velocity:
    v_new = max_velocity
```

입자의 위치를 갱신하고:

```
particle_XY[j,k] = particle_XY[j,k] + v_new*step_size
```

속도도 갱신한다:

```
particle_velocity[j,k] = v_new
```

새로 생성된 입자의 적합도를 계산해서:

```
            v = Function(particle_XY[j,0],particle_XY[j,1])
```

그 값이 지역 최적 입자보다 좋으면(!최소화이므로 더 작으면) 갱신한다:

```
            if v < particle_best_value[j]:
                particle_best_value[j]=v
                particle_best_XY[j,:] = particle_XY[j,:].copy()
```

게다가 전역 최적 값보다 작으면 전역 최적 입자를 갱신한다:

```
            if v < global_best_value:
                global_best_value=v
                global_best_XY = particle_XY[j,:].copy()
```

화면에 현재 최적 입자의 좌표를 출력한다:

```
        print('x='+'%.2f' % global_best_XY[0]+', y='+'%.2f' % global_best_XY[1])
```

관련된 리스트를 모두 갱신한다:

```
        best_value.append(global_best_value.copy())
        locBest.append(global_best_XY.copy())
        iteration_value.append(v)
        locList.append(particle_XY.copy())
        v = Function(particle_XY[:,0].copy(),particle_XY[:,1].copy())
        iteration_value_best.append(np.min(v))
        locList_best.append(particle_XY[np.argmin(v),:])
    return locList,locBest
```

프로그램을 실행하면 최적 솔루션으로의 이동 과정을 알 수 있다:

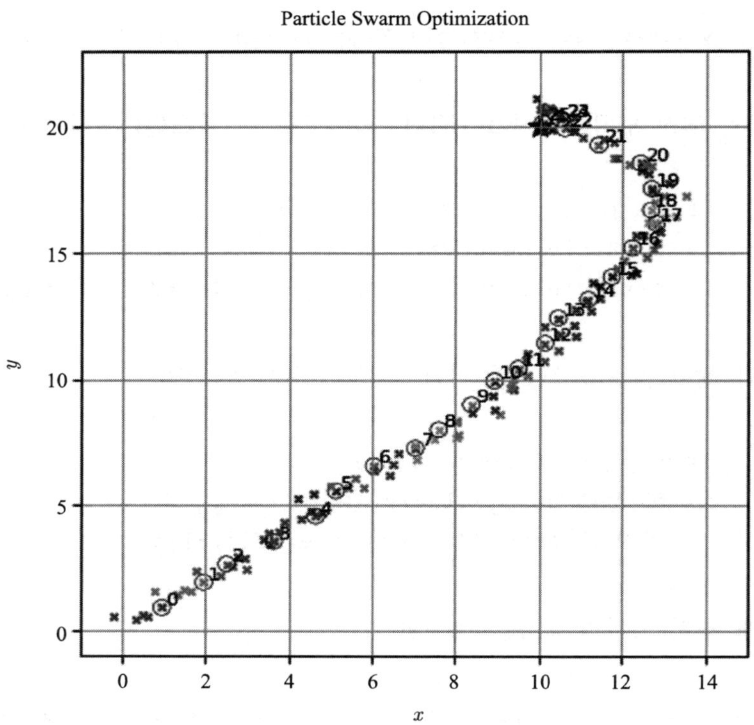

| 그림 4.6 | 입자의 이동 경로

물론 탐색 과정에 따른 최적 입자의 위치가 출력된다:

```
x=0.97, y=0.91
x=1.97, y=1.91
x=2.51, y=2.64
x=3.65, y=3.54
x=4.65, y=4.54
x=5.13, y=5.54
x=6.04, y=6.54
x=7.04, y=7.25
x=7.60, y=7.99
x=8.38, y=8.99
x=8.93, y=9.94
x=9.50, y=10.43
```

```
x=10.14, y=11.43
x=10.46, y=12.43
x=11.18, y=13.17
x=11.74, y=14.06
x=12.23, y=15.20
x=12.80, y=16.17
x=12.68, y=16.70
x=12.69, y=17.55
x=12.43, y=18.55
x=11.43, y=19.27
x=10.61, y=19.92
x=10.51, y=20.30
x=10.51, y=20.30
x=10.08, y=20.15
```

SwarmPackagePy 프레임워크

SwarmPackagrPy는 집단 최적화 알고리즘을 파이썬으로 구현해서 모아놓은 패키지다. PSO 외에 다음 표와 같은 아주 다양한 알고리즘들이 들어 있다:

| 표 1 | SwarmPackagePy의 떼 지능 알고리즘

알고리즘	설명
박테리아 **Bacterial Foraging Optimization(BFO)**	BFO는 대장균이나 맥산투스 같은 박테리아의 먹이 활동에서 영감을 얻은 알고리즘이다. 영양소에 의한 화학적 기울기를 감지하여 그 위치를 향하거나 반대로 덜어지는 화학 쏠림성(또는 주화성)이라는 행동 방식을 흉내낸다.
회색 늑대 **Grey Wolf Optimizer (GWO)**	GWO는 자연 상태에 있는 회색 늑대의 계층적 리더십과 사냥 메커니즘을 모방한 알고리즘이다. 회색 늑대를 리더십 계층에 따라 편의상 알파, 베타, 감마, 그리고 오메가로 나눈다. 그리고 세 단계로 나눈 사냥 활동 - 먹이 찾기, 포위, 그리고 공격 - 을 통해 최적화를 수행한다.

알고리즘	설명
박쥐 **Bat Algorithm(BA)**	BA는 작은 박쥐류의 반향 위치 측정 행동에 기초한 메타휴리스틱 최적화다. 박쥐들은 주파수와 크기가 다른 신호를 방출하여 먹이 등의 위치를 계산한다.
인공 벌 **Artificial Bee Algorithm**	인공 벌 모델은 세 그룹의 벌로 구성된다: 노동자, 구경꾼, 순찰대. 각 먹이 위치에 인공 노동 벌 한 마리를 배당하는 것으로 가정하자. 노동 벌이 자신의 먹이 위치에 도달하면 곧바로 집으로 돌아와 그 지역을 향해 춤을 춘다. 그리고 시간이 지나 마침내 먹이가 바닥나면 순찰 벌로 역할을 바꿔 새로운 먹이 위치를 찾아 돌아다닌다. 빈둥거리던 구경 벌은 노동 벌이 춤추는 걸 보다가 마음에 드는 쪽을 선택해 먹이를 나르기 시작한다.
반딧불이 **Firefly Algorithm(FA)**	FA는 반딧불이의 섬광에서 영감을 받아 만든 전역 최적화를 위한 메타휴리스틱 알고리즘이다. 반딧불이는 보통 이성을 유혹하기 위해 불빛 신호를 보낸다. 반면에, 반딧불이 알고리즘 내부에서 사용하는 수학 모델은 성별 구분 없이 서로 유혹할 수 있다. 반딧불이의 매력은 밝기에 비례하고, 두 반딧불이가 만나면 더 밝은 쪽이 상대방을 유혹한다; 따라서 덜 밝은 쪽이 더 밝은 쪽으로 이동한다. 알고리즘이 반복되는 동안 이진수 조합으로 구성된 반딧불이 모집단에 이러한 이동을 적용한다.
뻐꾸기 **Cuckoo Search Optimization(CSO)**	CSO는 다른 새 즉, 숙주의 둥지에 자신의 알을 낳아 기르게 하는 탁란이라는 일종의 종족 기생을 모방했다. 어떤 숙주는 뻐꾸기의 이런 행위에 직접 맞대응하기도 한다. 예를 들어, 숙주 새가 자기가 낳지 않은 알을 발견하면, 그 알을 내 던지거나 반대로 둥지를 버리고 다른 곳에 새 집을 짓기도 한다. 뻐꾸기 알고리즘은 이러한 양육 거동을 이상적으로 모방하여 다양한 최적화 문제를 해결하는 데 사용된다.
고래 떼 **Whale Swarm Algorithm(WSA)**	WSA는 고래 떼가 사냥할 때 초음파를 사용해서 서로 소통하는 방식을 모방했다.
불꽃 **Firework Algorithm(FA)**	불꽃 알고리즘은 탐색 공간이 아주 큰 경우에, 무작위로 정한 제한된 영역을 탐색하는 방법으로, 그러한 지점들 중에서 한 두 개가 좋은 결과를 보일 거라는 막연한 희망을 가지고 그 근처를 집중적으로 탐색한다.

알고리즘	설명
치킨 **Chicken Swarm Optimization(CSO)**	CSO 역시 최적화에 응용할 목적으로 만든 알고리즘으로, 수탉, 암탉, 그리고 병아리로 구성된 치킨 떼의 계층적인 위계 거동을 모방했다.
거미 **Social Spider Algorithm (SSA)**	SSA는 집단으로 먹이 활동을 하는 사회적 거미가 진동을 이용해서 거미집에 걸린 먹이의 위치를 알아내는 전략에 기초한 알고리즘이다.
고양이 **Cat Algorithm(CA)**	CA는 고양이의 거동을 관찰해서 만든 것으로, 추적 모드와 탐색 모드 두 가지 부분 모델로 구성되어 있다.
조화 탐색 **Harmony Search(HS)**	HS는 연주자들이 즉흥 연주를 할 때 보이는 조화에서 영감을 받아 만든 전역 최적화 알고리즘이다.
중력 탐색 **Gravitational Search Algorithm(GSA)**	GSA는 뉴턴의 만유인력에서 영감을 받아 만든 최적화 방법이다. 지금까지 많은 변종이 소개되었다; 그들 대부분이 상대성이나 천문학 같이 중력과 관련된 이론에 기초한다.

더불어, `SwarmPackagePy` 패키지는 다음의 기능을 제공한다:

- 떼 알고리즘 평가를 위한 테스트 함수
- 최적화 과정 애니메이션

이 패키지에 속한 알고리즘을 실행해보기 위해 몇 가지를 더 알아보자. 공통적으로 사용하는 매개변수는 다음과 같다:

- n: 에이전트 개수
- $function$: 테스트 함수
- lb: 좌표축 하한
- ub: 좌표축 상한
- $dimension$: 탐색 공간 차원
- $iteration$: 반복 횟수

중요 메서드:

- `get_agents()`: 알고리즘에 속한 모든 에이전트의 기록을 리턴한다.
- `get_Gbest()`: 최적 개체를 리턴한다.

알고리즘을 평가하기 위해 사용 가능한 테스트 함수(! https://www.sfu.ca/~ssurjano/optimization.html에 들어가면 이 함수들이 어떻게 생겼는지 볼 수 있다):

- Ackley 함수
- Bukin 함수
- Cross-in-Tray 함수
- Sphere 함수
- Bohachevsky 함수
- 제곱 합 함수
- Sum of different powers 함수
- Booth 함수
- Matyas 함수
- McCormick 함수
- Dixon price 함수
- 6봉 낙타 함수
- 3봉 낙타 함수
- Easom 함수
- Michalewicz 함수
- Beale 함수
- Drop wave 함수

패키지 실행을 위한 환경

- Python(테스트를 실행하려면 3.5이상, 그 외는 어떤 버전이든 사용 가능)
- Numpy

- pytest(테스트 실행)
- matplotlib(애니메이션 실행)
- pandas(3D 애니메이션)

설치 방법

다음과 같이 pip 명령을 사용해서 파이썬 라이브러리 저장소 PyPI의 SwarmPackagePy를 바로 설치할 수 있다:

```
pip install SwarmPackagePy
```

또는 사이트에 들어가서 패키지를 내려받아 저장한 다음 해당 폴더로 가서 설치 명령을 실행한다:

```
cd SwarmPackagePy/
python setup.py install
```

더 많은 정보가 필요하면 https://github.com/SISDevelop/SwarmPackagePy를 참조하라. 다음 절에서 SwarmPackagePy를 어떻게 사용하는지 알아보기 위해 인공 벌 알고리즘을 실행해 보겠다.

인공 벌 알고리즘

벌 떼 모델을 구성하는 기본 성분은 세 가지다: 먹이 소스, 노동 벌과 아닌 벌. 이 모델에서 먹이 소스 품질은 벌집에서 떨어진 정도, 먹이 양, 그리고 먹이 수집 용이성 같은 몇 가지 요소로 정해진다; 이러한 정보는(거리, 방향, 양, 탐색 수월성)은 벌이 수집한다.

이런 정보가 수집되면, 노동 벌은 수집된 정보를, 먹이의 품질에 비례하는 확률로, 비노동 벌과 공유한다. 먹이 소스에 대한 정보가 더 많이 누적될수록 구경 벌이 노동 벌로 역할을 전환해서 먹이 수집 활동을 할 가능성이 커진다. 그리고 먹이가 바닥나면 해당 먹이 소스는 시스템에 의해 버려진다. 이 경우 먹이 활동을 하던 노동 벌은 순찰 벌로 역할을 전환하여 벌집 근처의 먹이를 찾아 나선다.

시작 단계에 순찰 벌이 새 먹이를 찾아 거리로 나선다. 이어서, 노동 벌과 구경 벌은 먹이 수집 활동을 계속하는데, 최적화 언어로 바꿔 말하면 주변을 탐색하며 더 나은 솔루션을 찾는다. 욕심쟁이 탐색 전략에 따라 새 솔루션이 더 좋으면 이전 솔루션을 대체하고; 아니면 이전 솔루션이 유지된다.

```
Initialization Phase
Repeat
    Employed Bees Phase
    Onlooker Bees Phase
    Scout Bees Phase
    memorize the best solution achieved so far
Until Termination Criteria
```

알고리즘 각 단계를 자세히 알아보자:

1. **초기화 단계:** 구경 벌에 해당하는 임의의 솔루션을 무작위로 생성한 후, 구경벌을 노동 벌로 전환한다.
2. **노동 벌 단계:** 각 노동벌은 지역을 탐색(!현재 솔루션을 조금씩 수정)하여 솔루션의 개선을 시도한다.
3. **구경 벌 단계:** 적합도가 더 높은 쪽으로 구경 벌이 몰려가 솔루션 개선을 시도한다.
4. **순찰 벌 단계:** 먹이가 바닥난(예를 들어, n번의 개선 시도가 모두 실패한) 곳의 벌들은 순찰 벌로 전환하여 새로운 솔루션을 (!무작위로) 생성한다.

메서드 호출

다음과 같이 매개변수를 전달해서 aba 메서드를 호출한다:

```
SwarmPackagePy.aba(n, function, lb, ub, dimension, iteration)
```

예제

```
import SwarmPackagePy
from SwarmPackagePy import testFunctions as tf
from SwarmPackagePy import animation, animation3D

alh = SwarmPackagePy.aba(50, tf.easom_function, -10, 10, 2, 50)
animation(alh.get_agents(), tf.easom_function, -10, 10)
animation3D(alh.get_agents(), tf.easom_function, -10, 10)
```

이 코드의 실행 결과는 다음과 같다:

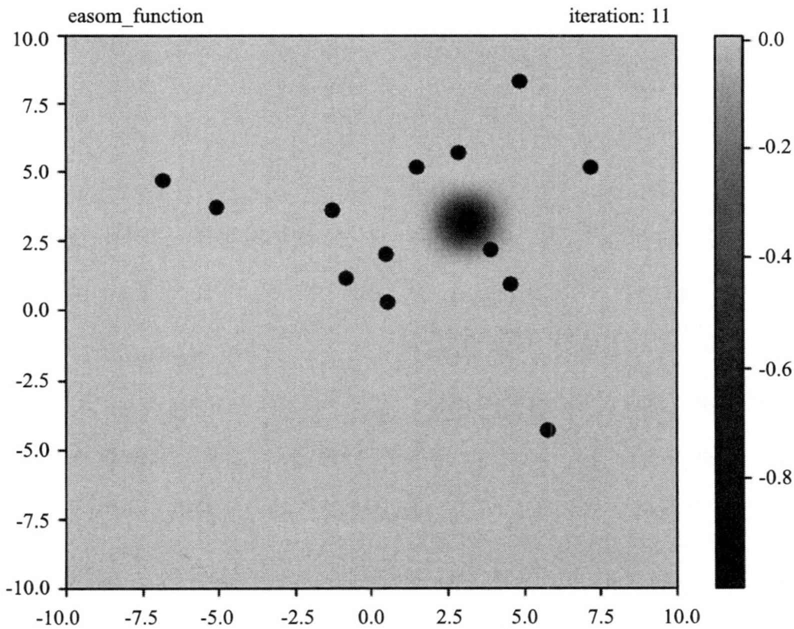

| 그림 4.7 | 인공 벌 알고리즘 실행 결과(2D)

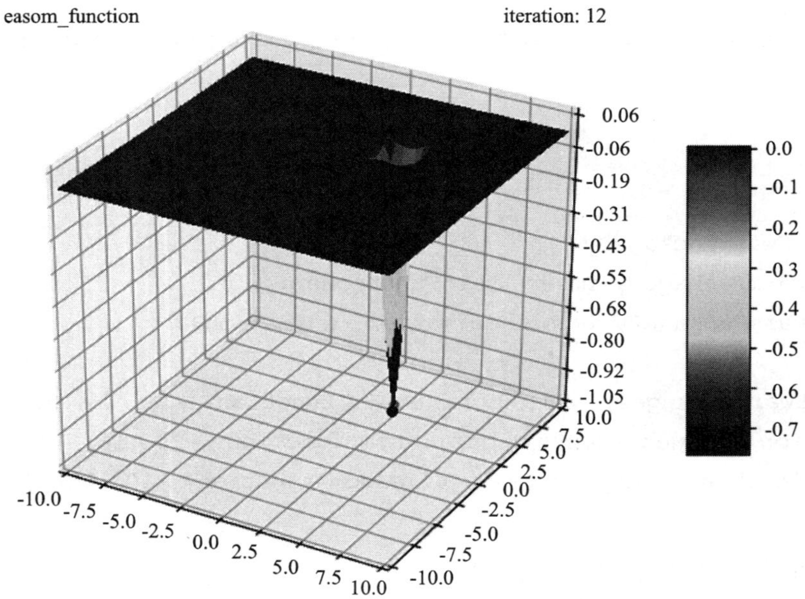

| 그림 4.8 | 인공 벌 알고리즘 실행 결과(3D)

결론

떼 지능은 단순한 개체들의 집단이 보이는 지능적인 거동의 원리를 응용한 기술이다. 예를 들어, 개미 집단 최적화 알고리즘 ACO는 개미의 먹이 활동을 모방해서 이산 최적화 문제를 해결할 목적으로 만들어졌다.

이 방법을 이용해서 두 먹이 위치 사이의 최단 경로를 어떻게 찾는지 알았다. 개미들은 페로몬을 분비할 수 있고 동시에 페로몬이 뿌려진 길을 감지할 수 있다. 결국 이 알고리즘은 개미집에서 먹이 위치까지 페로몬 경로가 설정되는 원리를 기초로 한다.

초기에 개미들은 무작위로 이동 경로를 선택한다; 만일 먹이 위치에 도달하면 페로몬을 뿌리면서 집으로 돌아온다. 이어서 다시 이 경로를 따라가면 확실하게 먹이에 도달할 수 있다.

페로몬은 일정한 시간이 지나면 증발하게 마련이니, 경로의 길이가 짧을수록 페로몬이 더 많이 남는다. 게다가 그럴수록 더 많은 개미가 페로몬을 뿌리며 지나다니게 된다. 실제로, 몇 세대 반복하면, 인공 개미들은 더 매력적인 최단 경로로만 이동하게 될 것이다.

다음으로 중요하게 다룬 계산 알고리즘은 입자 군집 최적화 즉, PSO이다.

PSO는 입자들로 구성된 후보 솔루션 모집단을 기초로 문제를 해결한다. 이 입자들은 위치와 속도에 대한 간단한 수학식에 따라 탐색 공간을 이리저리 이동한다. 각 입자의 이동은 지역 최적 입자뿐 아니라 다른 입자들이 찾은 전역 최적 입자 위치의 영향을 받는다. 그래서 입자 집단이 최적 솔루션으로 이동할 수 있다.

ACO와 PSO 모두 파이썬으로 구현했다.

인공 벌 알고리즘을 포함해서 떼 지능 관련 14개 알고리즘을 모두 구현해 놓은 `SwarmPackagePy` 라이브러리를 소개하고 사용 방법을 알아보았다.

다음 장은 자연 현상을 합성하고 모의실험하는 내용을 다룬다. 실제로, 자연을 흉내 낸 시스템을 사용하면, 자연 상태로 검증할 수 없는 실험을 통해서 생물학적 이론을 테스트할 수 있다. 이런 맥락에서 우리는 인공생명 기술을 다루려 한다. 인공생명은 생명체의 특징을 보이는 인공시스템에 대한 이론이다.

참고 사이트

4장에서 다룬 주제에 대해 더 많이 배울 수 있는 유용한 정보가 있는 사이트:

떼 지능

- MIT 집단지능 연구센터: https://cci.mit.edu/
- WiKi 떼 지능: http://wiki.casgroup.net/index.php?title=Swarm_Intelligence
- Swarm bots: http://www.swarm-bots.org/
- 떼 지능 응용: https://www.educba.com/swarm-intelligence-applications/

- Clever Algorithms: Nature-Inspired Programming Recipes: http://www.cleveralgorithms.com/nature-inspired/index.html

TSP 문제

- The travelling salesman(t): https://www.aransena.com/blog/2015/12/22/python-ant-colony-optimization
- The Traveling Salesman Problem: http://www.math.uwaterloo.ca/tsp/

입자 군집 최적화

- PSO 튜터리얼: http://www.swarmintelligence.org/tutorials.php
- 20분 만에 입자 군집 최적화 배우기: https://www.youtube.com/watch?v=JhgDMAm-imI
- 파이썬으로 입자 군집 최적화 알고리즘 구현: https://medium.com/analytics-vidhya/implementing-particle-swarm-optimization-pso-algorithm-in-python-9efc2eb179a6
- 파이썬으로 밑바닥부터 배우는 입자 군집 최적화: https://nathanrooy.github.io/posts/2016-08-17/simple-particle-swarm-optimization-with-python/

개미 집단 최적화

- 개미 집단 최적화: http://iridia.ulb.ac.be/dorigo/ACO/tutorials-courses.html
- 해커를 위한 개미 집단 최적화: http://www.theprojectspot.com/tutorial-post/ant-colony-optimization-for-hackers/10
- ACO 튜터리얼: https://www.youtube.com/watch?v=wfD5xlEcmuQ

SwarmPackagePy 프레임워크

- pyswarm: https://pythonhosted.org/pyswarm/
- 떼 지능 개요: https://pythonhosted.org/ecspy/swarm_intro.html
- ACO-Pants 0.5.2: https://pypi.org/project/ACO-Pants/
- ant-colony 0.1.2: https://pypi.org/project/ant-colony/
- SwarmPackagePy: https://github.com/SISDevelop/SwarmPackagePy

CHAPTER 5

세포 자동자

Cellular Automata

개요

세포 자동자(CA)는, 너무 복잡해서 전통적인 수학으로 다루기 어려운 물리 혹은 자연의 문제를 해결하는 수학적 수단으로써 큰 주목을 받고 있다. 세포 자동자는 유한 상태중 하나를 취하는 셀이라 부르는 정규 격자 공간으로 구성된다. 특정 시점 셀의 상태는 이전 시점 자신의 상태와 인접한 이웃 셀의 상태에 의해 결정된다. 즉, 소위 **지역-규칙** local-rule을 정의해서 주변의 상황에 따라 셀의 상태를 결정한다.

격자 공간에 속한 모든 셀의 상태는 동기적으로 동시에 갱신된다. 오토마타를 구성하는 모든 셀의 상태가 오토마타의 전역 상태를 형성하며, 전역 상태는 일정한 시간 간격으로 진화한다. 즉, 셀이라는 간단한 구성요소가 단순한 내부 규칙과 인접한 셀과의 상호작용을 통해 시스템의 전역적 거동을 생성한다.

그럼에도 세포 자동자는 아주 복잡한 형상이나 거동을 생성한다. 실제로, 각 셀의 동작 규칙(즉, 지역-규칙)을 알더라도 (혼돈적인 거동을 보이는) 시스템의 전체적인 형상은 예측할 수 없다. 달리 말하면, 간단한 규칙을 사용하는데도 불구하고, 단순한 구성

요소들의 상호작용에서 나타나는 시스템의 거동은 아주 복잡한 양상으로 나타난다; 시스템의 거시적 거동은 극도로 복잡하다.

세포 자동자는 튜링머신과 계산적 동치인 보편 계산 모델이다: 즉, 이론적으로 어떤 계산 가능한 문제도 세포 자동자로 풀 수 있다. 특히, 다수의 상호작용하는 기본 구성 요소를 포함하는 시스템을 모델링하고 시뮬레이션하는데 적합하다. 예를 들어, 격자상 가스라는 계산 모델을 사용한 유체의 거시적 거동에 대한 연구가 대표적이다. 병렬 처리 시스템으로서 세포 자동자에 대한 이론적 연구 역시 매우 중요한 분야다.

세포 자동자는 자연에서 흔히 볼 수 있는 패턴도 아주 명쾌하게 설명한다: 다음 그림과 같은 청자고둥의 껍질 무늬를 세포 자동자로 쉽게 만들 수 있다(!어떻게 그런지 곧 알게 된다):

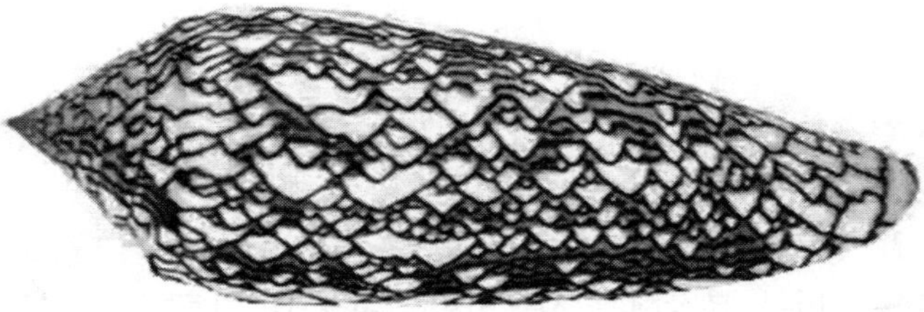

| 그림 5.1 | 청자고둥 껍질 무늬

다루는 세부 내용

- 역사적 배경
- 오토마타(혹은 자동자)
  - 튜링머신
- 세포 자동자
  - 지에르핀스키 삼각형
- 라이프 게임
- 랭턴의 개미

- 울프람의 세포 자동자
  - 구현
- CellPyLib
  - 규칙 110
- 가역성과 엔트로피
- 결론
- 참고 사이트

역사적 배경

모든 일은 로스 알라모스에서 일어났다. 그곳에서 **폰 노이만**과 **스타니슬라브 울람**은 크리스털의 성장과 자기-복제 시스템을 연구하고 있었다. 노이만은 초기에 오토마타를 생성하는 오토마타라는 아이디어에 기초한 프로젝트를 수행했다. 이러한 프로젝트를 진행하면서, 그들은 오토마타가 자신과 동일한 오토마타를 복제하기 위해서는 본질적으로 많은 부품이 필요한 복잡한 일이라는 걸 알아차렸다.

늦은 1950년대에 이르자 두 수학자는 자기-복제를 위해 이산 모델을 사용하자는 울람의 아이디어를 본격적으로 연구한다. 그들은 액체의 흐름을 계산하는 모델을 만든다. 그들은 액체를 이산적인 요소로 구분한 후 이웃의 거동에 기초해서 각 요소의 운동을 계산했다: 그렇게 최초의 세포 자동자가 탄생했다.

그들은 셀의 인접성에 기초한 약간의 기본 규칙에 의해서 시작 셀로부터 복제와 생성이 가능한 시스템을 개발했다. 그러한 시스템은 주어진 세포 공간 안에서 자신을 무한 복제할 수 있다: 그래서 이 시스템을 **보편 폰 노이만 생성자**라 부른다.

폰 노이만은 자기-복제 오토마타에 대한 그의 이론을 완성하지 못한 채 '57년에 사망하고 대신, 그의 사후인 '66년 **벅스**에 의해 세포 자동자가 세상에 알려진다. 자기-복제에 대한 폰 노이만의 연구 이후, **코드**와 **대처**가 세포 자동자의 계산적 성질을 연구해서 이것이 튜링머신과 동치임이 밝혀진다.

이후 '70년대 **콘웨이**의 라이프 게임이 큰 인기를 얻으면서 세포 자동자 역시 주목을 받게 된다. 2차원 세포 자동자인 라이프 게임에서 각 셀은 자신을 둘러싼 8개의 이웃을 갖는다. 셀의 삶과 죽음을 결정하는 간단한 규칙을 적용하면 세포 공간은 전혀 예측할 수 없는 향상을 띄며 진화한다. 어떤 경우, 모든 셀이 죽음에 이르기도 하고, 다른 경우 고장된 상태 혹은 일정 패턴이 반복되는 진동 상태에 이른다. 놀랍게도 어떤 경우, 글라이더라는 구조가 생성되고, 이것이 세포 공간을 이동하다, 아주 복잡한 방식으로, 다른 글라이더 혹은 고정되거나 진동하는 구조와 상호 작용한다(!얼마나 놀라운지 곧 보게 된다).

오토마타

오토마타는 상태를 다루는 장치에 대한 추상 수학 모델이다. 이 장치는 이산 시간 단위로 자신이 속한 환경의 입력을 받아, 상태 전이 함수를 적용해서, 미리 정의된 논리에 따라 출력을 산출한다.

형식적으로, 오토마타는 다섯 가지 성분(X, Y, Q, t, s)로 구성된다:

- X: 입력 기호의 유한 집합
- Y: 출력 기호의 유한 집합
- Q: 오토마타의 상태 집합
- $t: Q \times X \rightarrow Q$, 현재 상태와 입력에 의해 다음 상태를 결정하는 상태 전이 함수
- $s: Q \times X \rightarrow Y$, 현재 상태와 입력에 의해 출력을 결정하는 출력 함수

일단 오토마타가 정의되면 주어진 입력에 대해 이 장치가 어떻게 동작하는지 완전히 알 수 있다. 특히, 상태 집합이 유한한 경우 **유한 상태 오토마타**(FSA)라고 부른다.

다음 절에서 튜링머신으로 알려진 특별한 오토마타를 설명하고 구현까지 해본다. 튜링머신은 아주 단순한 컴퓨터를 나타내는 최초의 추상 수학 모델이다(!단순한 컴퓨터가 아니라 현대 컴퓨터와 동일한 수학적 계산 능력을 가진 완전한 모델이다).

튜링머신

1936년에 튜링은 계산 가능한 수에 대한 논문을 발표한다. 여기서 이 수학자가 논리 계산을 위한 기계를 제안하는데, 이 장치가 바로 튜링머신Turing machine, TM이다(!그 논문은 인간 이성의 한계를 드러냈다는 괴델의 불완전성 정리와 관련이 있는데, 거기서 컴퓨터라는 장치가 등장한다는 게 절묘하다). 튜링머신은 물리적인 기계는 아니고 다음과 같은 요소로 구성된 이상적인 기계에 대한 수학 모델이다:

- 양방향으로 무한히 이어진, 기호 0 또는 1을 저장할 수 있는 상자로 구분된 테이프. 이 테이프는 기계의 메모리를 나타낸다.
- 상자에 저장된 기호 0 또는 1을 읽거나 기록할 수 있는 헤드. 헤드는 테이프를 따라 한 번에 한 상자씩 이동할 수 있다.

즉, 이상적으로 무한의 시간과 공간을 허용하는 이론적인 모델이다. 튜링머신의 일반적인 구조는 다음과 같다:

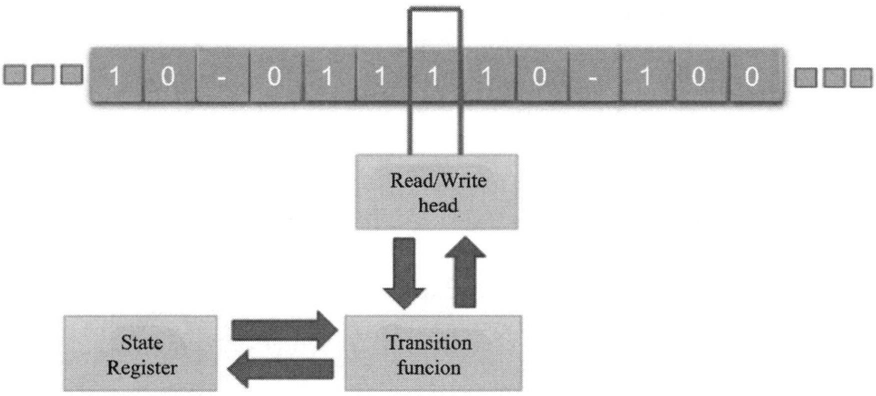

| 그림 5.2 | **튜링머신**

튜링은 임의의 특정한 튜링머신의 동작을 흉내 낼 수 있는 보편 기계를 연구했다. 이러한 보편 튜링머신(UTM)이 오늘날 사용하는 프로그램 가능한 컴퓨터에 대한 최초의 수학 모델이다.

이제 간단한 튜링머신 TM을 파이썬으로 구현해 보자. 예를 들어, TM의 상태전이 함수는 다음과 같이 나타낼 수 있다:

```
{'q1': {'a': ('R', 'q1'), 'b': ('R', 'q2')},
```

이 함수는 상태 q1에서:

- 헤드가 a를 읽으면 상태는 (!여전히) q1이고, 헤드는 오른쪽으로 한 칸 이동한다.
- 헤드가 b를 읽으면 상태를 q2로 바꾸고, 헤드는 오른쪽으로 한 칸 이동한다.

TM 구동 메서드는 다음과 같다:

```
def print_state(tm, tape, state):
    pretty_head = ''
    pretty_tape = ''
    length = len(tape[1])
    for i in range(length):
        if i == tape[0]:
            pretty_head += ' V' # Print the head
            pretty_tape += ' ' + str(tape[1][i]) # Print the tape
        else:
            pretty_head += ' '
            pretty_tape += ' ' + str(tape[1][i])
    print (' ' + pretty_head)
    print (state + ': ' + pretty_tape)
    print (' ')

def move_machine(tm, tape, state):
    print_state(tm, tape, state)
    head_pos = tape[0]
    head_sym = tape[1][head_pos]
    new_state = '00'
    new_tape = tape
```

```
    key = []

    try:
        key = tm[state][head_sym]
        head_sym = key[0]
        new_state = key[1]
    except KeyError:
        head_sym = 'HALT'
        new_state = 'XX'

    if head_sym == 'HALT':
        print_state(tm, tape, new_state)
    elif head_sym == 'R':
        new_tape = ((head_pos + 1), tape[1])
        move_machine(tm, new_tape, key[1])
    elif head_sym == 'L':
        new_tape = ((head_pos - 1), tape[1])
        move_machine(tm, new_tape, key[1])
    else:
    new_tape[1][head_pos] = head_sym
    move_machine(tm, new_tape, key[1])
```

다음으로 tm을 정의한다:

```
tm = {'q1': {'a': ('R', 'q1'),
        'b': ('R', 'q2')
        },
    'q2': {'a': ('R', 'q1'),
        'b': ('R', 'q3')
        },
    'q3': {'a': ('L', 'q4'),
        'b': ('R', 'q3'),
        '#': ('L', 'q4')
        },
    'q4': {'a': ('R', 'q1'),
```

```
        'b': ('a', 'q5'),
        '#': ('R', 'q1')
        },
    'q5': {'a': ('L', 'q4'),
        }
    }
```

TM이 처리할 테이프(!프로그램)를 구성하자:

```
input = (1, ['#','b','b','#'])
```

마지막으로 TM에 tm, 시작 상태 q1, 그리고 처리할 테이프 input을 전달해서 계산을 시작한다:

```
move_machine(tm, input, 'q1')
```

결과는 다음과 같다:

```
    V
q1: # b b #

      V
q2: # b b #

        V
q3: # b b #

      V
q4: # b b #

      V
q5: # b a #

    V
```

```
q4: # b a #

      V
q5: # a a #

    V
q4: # a a #

      V
q1: # a a #

        V
q1: # a a #

          V
q1: # a a #

          V
XX: # a a #
```

세포 자동자

세포 자동자는 셀이라 부르는, 균등하게 연결되고 동기화된, 동질의 작은 유한 오토마타의 무한 네트워크다. 여기서 셀 즉, 세포라는 용어는 오토마타 구성 요소를 지칭하는 것으로 생명체를 구성하는 세포와의 유사성을 찾으려고 애쓸 필요가 없다. 셀을 기초 오토마라고 부르기도 한다.

셀 집합은 d 차원 유클리드 공간을 형성한다. 이 공간상의 한 점은 셀의 상태를 나타내는 상태 변수에 해당하며, 각 셀은 유한 상태 집합의 한 값을 취한다. 모든 셀에 상태를 할당하는 것을 구성이라 부르고, 시간은 이산적으로 흐른다. 시스템은 전이 함수라 부르는 하나의 함수에 의해 진화한다. 전이 함수를 사용해서, 매 시간 단계마다 모든 셀에 대해, 셀의 현재 상태와 그 셀을 둘러싼 이웃 셀들의 상태에 따라 해당 셀의 다음 상태를 결정한다(!즉, 나와 내 이웃의 상태에 의해서 나의 다음 상태가 정해지며, 모든 셀이 동일한 규칙을 따른다).

이웃은 유한 개의 셀 위치를 선택해서 정하는데, 셀이 반드시 물리적으로 인접할 필요는 없다. 즉, 아무렇게나 정해도 되는데, 다만 이웃의 개수는 유한해야 하고 세포 자동자를 구성하는 모든 셀이 동일한 규칙을 따라야 한다.

이웃 셀들의 상태가 특정 셀의 다음 상태를 결정할 때 사용되는데, 이때 한 셀은 여러 다른 셀들의 이웃에 속하게 된다는 점에 유의할 필요가 있다(!나의 이웃은 내 이웃의 이웃이기도 하고 나는 내 이웃의 이웃의 이웃일 수도 있다. 이런 점이 세포 자동자를 근사하게 만든다).

2차원 세포 자동자에서 가장 흔하게 사용하는 이웃 유형이 노이만-이웃과 무어-이웃이다. 노이만-이웃은 해당 셀을 기준으로 위, 아래, 좌, 우에 인접한 4개를 이웃으로 취급한다. 셀이 취할 수 있는 상태가 예를 들어, 0과 1 같이 두 개인 경우, 해당 셀의 상태까지 포함하면, 가능한 구성의 개수는 $2^5 = 32$다.

각각의 구성에 대해 해당 셀의 다음 상태는 0 아니면 1이므로 노이만-이웃에 대한 상태 전이 함수의 개수는 $2^{32} = 4,294,967,296$이다(!정의역 원소 개수가 32, 공변역 원소 개수가 2인 함수의 개수와 같다. 그래서 수학을 배워야... ^^;).

노이만-이웃을 그림으로 나타내면 다음과 같다:

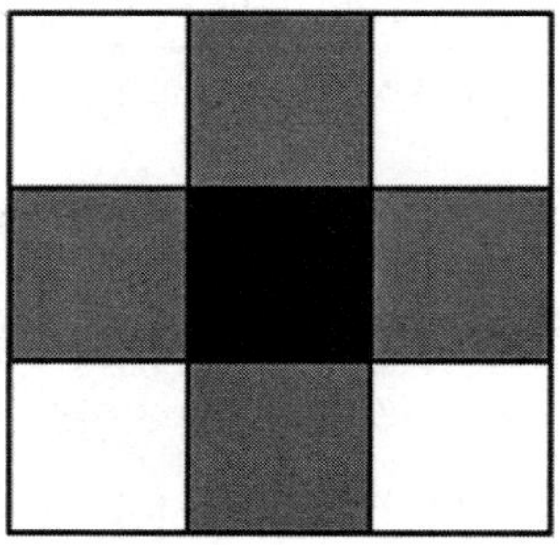

| 그림 5.3 | 노이만-이웃

무어-이웃은 자신을 둘러싼 셀 8개를 이웃으로 취급한다. 즉 대각선 방향의 셀도 이웃에 포함한다:

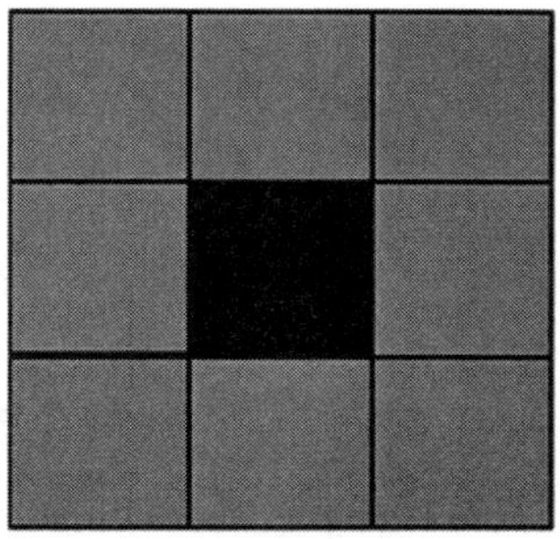

| 그림 5.4 | 무어-이웃

마찬가지로 셀이 취할 수 있는 상태를 0과 1로 가정하면, 가능한 구성의 개수는 $2^9 = 512$이고, 가능한 상태 전이 함수의 개수는 $2^{512} = 1.34078079299 \times 10^{154}$이다(!우주에 존재하는 수소 원자의 총 개수가 10^{79}개 정도로 알려져 있다).

지에르핀스키 삼각형

지에르핀스키 삼각형이라 부르는 64개의 셀로 구성된 1차원 세포 자동자에 대해 알아보자. 각 셀은 0 또는 1의 상태에 있을 수 있다. 셀 값이 1이면 *, 0이면 −로 나타낸다면 특정 시점의 세포 자동자 구성은 길이가 64인 스트링으로 나타낼 수 있다.

세포 자동자 구성을 다음과 같이 32번째 셀만 1이고, 나머지는 0으로 초기화한다:

```
cells_status = [
        0,0,0,0,0,0,0,0,0,0,0,0,0,0,0,0,0,0,0,0,
        0,0,0,0,0,0,0,0,0,0,0,1,0,0,0,0,0,0,0,0,
        0,0,0,0,0,0,0,0,0,0,0,0,0,0,0,0,0,0,0,0,0,0,0,0]
```

그리고 (!다음 시점 구성을 위한) 두 번째 배열을 만든 다음:

```
cells_status_appo = cells_status[:]
```

0, 1을 *, -로 대응시키는 딕셔너리를 만든다.

```
dic = {0:'-', 1:'*'}
```

특정 시점 세포 자동자 구성 즉, 각 셀의 상태는 다음 명령어로 출력할 수 있다.

```
print (''.join( [dic[e] for e in cells_status_appo]))
```

세포 자동자의 구성을 출력한 다음, 다음 규칙을 적용해서 각 셀의 상태를 갱신한다(! 즉, 각 셀에 대해 현재 자신의 이웃 상태에 따라 다음 세대 자신의 상태를 결정한다는 뜻이다). 이 과정을 여러 세대 반복한다.

규칙: 각각의 셀에 대해 자신의 왼쪽 혹은 오른쪽 셀 한 개만 1인 경우, 해당 세포는 1, 그 외는 0으로 정한다(!즉, 자신의 현재 상태는 무시된다는 뜻).

```
step = 1
while(step < 32):
    cells_status_appo = []

    for i in range(0,64):
        if i > 0 and i < 63:
            if cells_status[i-1] == cells_status[i+1]:
                cells_status_appo.append(0)
            else:
                cells_status_appo.append(1)
        elif(i == 0):
            if cells_status[1] == 1:
                cells_status_appo.append(1)
            else:
            cells_status_appo.append(0)
        elif(i == 63):
            if cells_status[62] == 1:
                cells_status_appo.append(1)
            else:
```

```
            cells_status_appo.append(0)

    print (''.join( [dic[e] for e in cells_status_appo]))
    cells_status = cells_status_appo[:]
    step += 1
```

32세대 세포 자동자 구성을 차례로 출력하면 다음과 같다:

```
-------------------------------*--------------------------------
------------------------------*-*-------------------------------
-----------------------------*---*------------------------------
----------------------------*-*-*-*-----------------------------
---------------------------*-------*----------------------------
--------------------------*-*-----*-*---------------------------
-------------------------*---*---*---*--------------------------
------------------------*-*-*-*-*-*-*-*-------------------------
-----------------------*---------------*------------------------
----------------------*-*-------------*-*-----------------------
---------------------*---*-----------*---*----------------------
--------------------*-*-*-*---------*-*-*-*---------------------
-------------------*-------*-------*-------*--------------------
------------------*-*-----*-*-----*-*-----*-*-------------------
-----------------*---*---*---*---*---*---*---*------------------
----------------*-*-*-*-*-*-*-*-*-*-*-*-*-*-*-*-----------------
---------------*-------------------------------*----------------
--------------*-*-----------------------------*-*---------------
-------------*---*---------------------------*---*--------------
------------*-*-*-*-------------------------*-*-*-*-------------
-----------*-------*-----------------------*-------*------------
```

```
----------*-*-----*-*---------------------*-*-----*-*-----------
---------*---*---*---*-------------------*---*---*---*----------
--------*-*-*-*-*-*-*-*-----------------*-*-*-*-*-*-*-*---------
-------*---------------*---------------*---------------*--------
------*-*-------------*-*-------------*-*-------------*-*-------
-----*---*-----------*---*-----------*---*-----------*---*------
----*-*-*-*---------*-*-*-*---------*-*-*-*---------*-*-*-*-----
---*-------*-------*-------*-------*-------*-------*-------*----
--*-*-----*-*-----*-*-----*-*-----*-*-----*-*-----*-*-----*-*---
-*---*---*---*---*---*---*---*---*---*---*---*---*---*---*---*--
*-*-*-*-*-*-*-*-*-*-*-*-*-*-*-*-*-*-*-*-*-*-*-*-*-*-*-*-*-*-*-*-
```

(!청자고둥 껍질 무늬와 비슷하다. 사실 규칙을 조금만 바꾸면 완전히 비슷한 무늬도 만들 수 있다. 즉, 고둥 껍질에서 세포 자동자가 실행되고 있다.)

라이프 게임

라이프 게임 The Game of Life은 **콘웨이**라는 수학자가 만든 세포 자동자다. 플레이어가 번갈아 가면서 게임을 하는 건 아니고, 초기 구성만 정하면 스스로 진화한다. 콘웨이가 노이만의 보편 생성자를 단순화하는 과정에 만들어졌으며, 따라서 이것도 UTM이다.

라이프 게임은 사각형 셀로 구성된, 이상적으로, 크기가 무한인 2차원 격자 공간이 무대다. 여기서 셀은 살아 있거나 혹은 죽은 상태일 수 있다. 파이썬으로 아주 간단하게 라이프 게임을 구현해 보겠다:

먼저 필요한 라이브러리를 가져오고:

```
import numpy as np
import matplotlib.pyplot as plt
```

```
import matplotlib.animation as animation
```

격자 공간에 무작위로 생명체를 뿌리는데, 다음과 같이 죽은 셀 즉, 빈자리를 더 많이 만들도록 하자.

```
N = 100
ON = 255
OFF = 0
vals = [ON, OFF]
grid = np.random.choice(vals, N*N, p=[0.1, 0.9]).reshape(N, N)
```

각 셀은 무어-이웃 즉, 자신을 둘러 싼 인접 이웃들과 상호작용하는데, 일정한 시간 간격으로, 즉, 세대별로 격자 공간에 있는 각 셀의 삶과 죽음을 다음 규칙으로 정한다:

1. 살아 있는 이웃이 2개 미만인 살아 있는 셀은, 외로워서, 죽는다.
2. 살아 있는 이웃이 2개 또는 3개인 살아 있는 셀은 살아남는다.
3. 살아 있는 이웃이 3개가 넘는 살아 있는 셀은, 질식해서, 죽는다.
4. 살아 있는 이웃이 딱 3개인 죽은 셀은, 생명을 얻어, 살아 있는 셀이 된다.

(!즉, 살아 있는 셀이 다음 세대에 살지 죽을지를 정하는 규칙과 공터 즉, 죽은 셀 자리에 생명이 탄생할지를 정하는 삶과 죽음을 정하는 아주 간단한 규칙이다.)

라이프 게임 함수 game_of_life()를 차례로 구현해보자::

```
def game_of_life (data):
    global grid
```

먼저 현재 격자 공간의 구성을 복사한 다음:

```
newGrid = grid.copy()
for i in range(N):
    for j in range(N):
```

각 셀에 대해, 살아 있는 이웃의 개수를 계산한다(!격자 공간이 이론적으로는 무한이나 실제로는 지금처럼 크기를 제한(100)하므로 변과 모서리에 있는 셀은 이웃이 일부 없을 수 있다. 그래서 평면을 세로로 말아서 붙인 다음 원통의 양끝을 붙여 도너츠 모양의 공간으로 만든다. 그러면 모든 셀의 무어 이웃을 정할 수 있다):

```
    total = (grid[i, (j-1)%N] + grid[i, (j+1)%N] +
        grid[(i-1)%N, j] + grid[(i+1)%N, j] +
        grid[(i-1)%N, (j-1)%N] + grid[(i-1)%N, (j+1)%N] +
        grid[(i+1)%N, (j-1)%N] + grid[(i+1)%N, (j+1)%N])/255
```

콘웨이의 생사 규칙은 다음과 같이 구현한다(!글로 쓴 것보다 코드가 훨씬 간단하다):

```
    if grid[i, j] == ON:
        if (total < 2) or (total > 3):
            newGrid[i, j] = OFF
    else:
        if total == 3:
            newGrid[i, j] = ON
mat.set_data(newGrid)
grid = newGrid
return [mat]
```

마지막으로 초기 격자 공간이 어떻게 진화하는지 보기 위해 애니메이션을 다음과 같이 설정한다:

```
fig, ax = plt.subplots()
mat = ax.matshow(grid)
ani = animation.Funcanimation(fig, game_of_life, interval=50, save_count=50)
plt.show()
```

라이프 게임은 순식간에 사람들의 주목을 받게 되어 마침내 수학의 새로운 연구 분야로 자리를 잡는다. 격자 공간의 패턴이 놀라운 방법으로 진화하기 때문에 사람들이 큰 흥미를 가질 수밖에 없었다. 콘웨이는 아주 간단한 규칙으로, 생명체 모집단의 진화에서 일어나는 효과에 대응하는 세포 자동자를 만들었다(!개인이 쉽게 컴퓨터를 사용할 수 없던 1970년 일이다. 연구자들은 모눈종이에 점을 찍어 가면서 멋진 패턴을 생성하는 초기 격자 공간 구성을 하나하나 찾아냈다(!다음 그림으로는 라이프 게임을 제대로 감상할 수 없다).

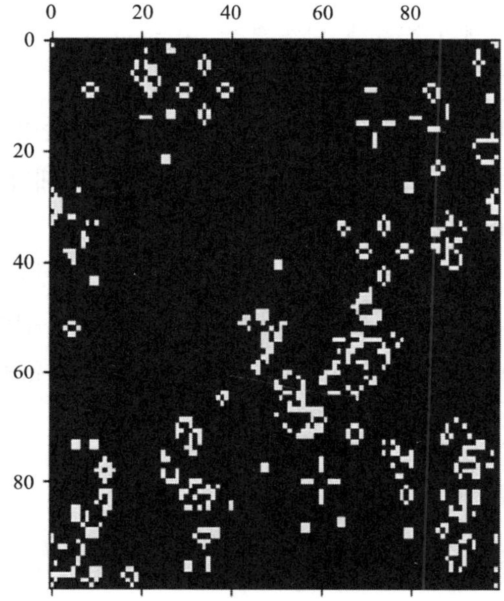

| 그림 5.5 | 콘웨이 라이프 게임

랭턴의 개미

1986년 랭턴은 생물학적 세포 시스템의 분자 논리를 연구할 목적으로 흑색과 백색 셀 격자를 이동하는 개미로 구성된 특별한 세포 자동자를 제안했다. 개미 한 마리가 다음과 같은 간단한 규칙에 따라 동, 서 남, 북 네 방향으로 이동한다:

- 개미가 흑색 셀에 도달하면 왼쪽으로 90도 회전한다.
- 개미가 백색 셀에 도달하면 오른쪽으로 90도 회전한다.
- 개미가 셀을 떠나면 셀의 색을 바꾼다(흰색은 검은색으로 검은색은 흰색으로).

격자의 초기 상태는 무작위로 설정하거나 전부 하얗게 또는 검게 단색으로 지정할 수도 있다. 진화가 시작되면 개미들이 건설한 다리가 보이기 시작하고 점점 더 해져 마침내 라이프 게임에서 볼 수 있는 형상들이 나타난다.

랭턴의 개미의 거동은 다음과 체계를 따른다:

- 초기 수백 단계의 이동에 의해 어느 정도 대칭적인 꽤 단순한 형태가 생성되기 시작한다.
- 이동이 10,000 단위에 이르면 예측 불가능한 혼돈이 생성된다.
- 결국 개미는 **고속도로**라 부르는 것을 만들면서 대각선 방향으로 움직이는 거동을 10,000 단위 주기로 무한히 반복한다.

놀랍게도 격자의 초기 상태와 무관하게 고속도로가 항상 나타난다. 다만 이것이 수학적으로 증명된 것은 아니며 그렇다고 고속도로가 나타나지 않는 특별한 초기 구성이 존재하지도 않는다.

파이썬으로 랭턴의 개미를 구현해 보자:

```
import sys, pygame
from pygame.loacls import *
import time

dirs = ((-1, 0),(0, 1),(1, 0),(0, -1))
```

격자의 셀 크기를 4 픽셀로 지정하고:

```
cellSize = 4
```

격자 공간의 크기, 배경 색(흑색), 그리고 격자 선의 색(회색)을 지정한다:

```
numCells = 128
background = 1, 1, 1
foreground = 23, 23, 23
```

화면 좌측 상단에 출력할 이동 횟수의 색을 지정한다:

```
textcol = 177, 177, 177
```

개미가 지나간 길(초록색), 그리고 개미 색(붉은색)을 지정한다:

```
antwalk = 44, 88, 44
antant = 222, 44, 44
```

개미의 이동 시간 간격을 정한다. 1.0/40은 초당 40번 이동한다는 뜻이다:

```
fps = 1.0 / 40
pygame.init()

size = width, height = numCells * cellSize, numCells * cellSize
pygame.display.set_acption("Langton's Ant")
```

그림을 그릴 화면 객체 screen을 생성한다:

```
screen = pygame.display.set_mode(size)
screen.fill(background)
pygame.display.flip() # 화면 갱신

for i in range(1, numCells):
    pygame.draw.line(screen, foreground, (i * cellSize, 1),\
                    (i * cellSize, numCells * cellSize), 2)
    pygame.draw.line(screen, foreground, (1, i * cellSize),\
                    (numCells * cellSize, i * cellSize), 2)

pygame.display.flip()

font = pygame.font.Font(None, 36)
coord_ant_X = int(numCells / 2)
coord_ant_Y = coord_ant_X
```

```
antdir = 0
board = [[False] * numCells for e in range(numCells)]
step = 1
pause = False
while True:
    for event in pygame.event.get():
        if event.type == QUIT:
            exit
        elif event.type == KEYUP:
            if event.key == 32: # 스페이스 바
                pause = not pause
    if pause:
        time.sleep(fps)
        continue
    text = font.render("%d " % (step), True, textcol, background)
    screen.blit(text, (10, 10))
```

여기부터가 랭턴의 개미 메인 알고리즘이다. 보다시피 개미의 이동과 관련된 내용이다:

```
    if board[coord_ant_X][coord_ant_Y]:
        board[coord_ant_X][coord_ant_Y] = False # See rule 3
        screen.fill(background, pygame.Rect(coord_ant_X * cellSize + 1,\
                coord_ant_Y * cellSize + 1,\ cellSize - 2, cellSize - 2))
        antdir = (antdir + 1) % 4 # 규칙 1
    else:
        board[coord_ant_X][coord_ant_Y] = True # See rule 3
        screen.fill(antwalk, pygame.Rect(coord_ant_X * cellSize + 1,\
                coord_ant_Y * cellSize + 1,\ cellSize - 2, cellSize - 2))
        antdir = (antdir + 3) % 4 # 규칙 2
    coord_ant_X = (coord_ant_X + dirs[antdir][0]) % numCells
    coord_ant_Y = (coord_ant_Y + dirs[antdir][1]) % numCells
```

개미의 현 위치는 다른 색으로 칠한다:

```
screen.fill(antant, pygame.Rect(coord_ant_X * cellSize + 1,\
          coord_ant_Y * cellSize + 1, \ cellSize -2, cellSize -2))

pygame.display.flip()
step += 1
time.sleep(fps)
```

이 코드를 실행하면 다음이 출력된다. 10,000번 이동 후 패턴이 매우 혼돈적임을 알 수 있다:

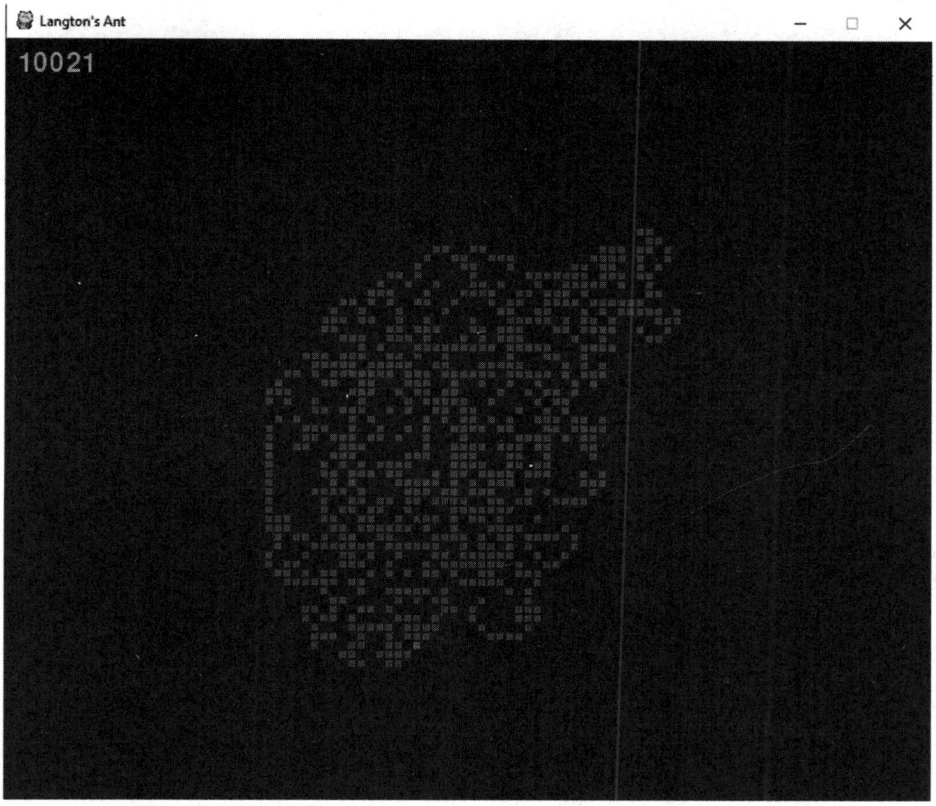

▌그림 5.6▐ 랭턴의 개미 패턴(10,000 이동)

잠시 후, 상황이 변하고; 마침내 고속도로를 볼 수 있다:

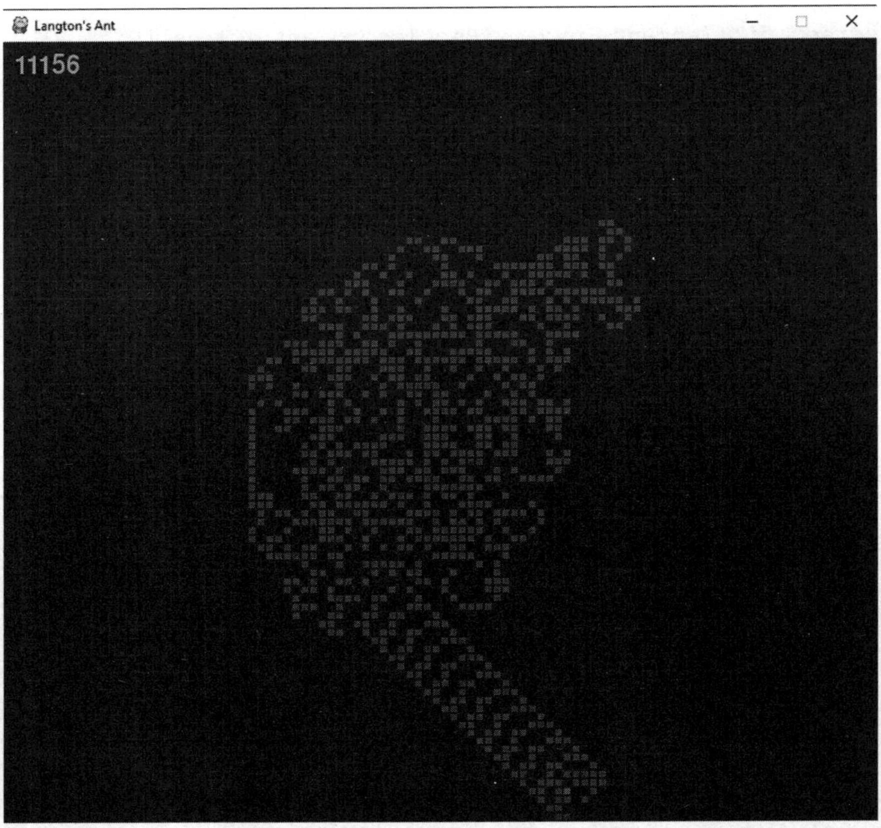

| 그림 5.7 | 랭턴의 개미 고속도로

울프럼의 세포 자동자

물리학자이자 수학자인 영국의 스티븐 울프럼은 세포 자동자가 복잡한 시스템을 연구하는데 아주 효과적이라는 생각을 가지고 일생동안 많은 연구를 수행했다(!매스매티카를 만든 바로 그 사람이다). 그는 자신의 저서 새로운 과학에서 세포 자동자 같이 간단한 규칙에 기반을 둔 계산 시스템에 대한 실증적 연구를 제시하고, 전통적인 수학 대신 이러한 유형의 시스템이 자연의 복잡성을 모델링하고 이해하는 데 필요하다고 주장했다.

울프럼은 자신의 연구를 통해 우주가 본질적으로 디지털이며 우주의 근본적인 규칙들을 간단한 프로그램으로 설명할 수 있다고 확신하게 된다. 그는 세포 자동자를 비롯한 많은 계산 모델을 그들의 거동에 따라 4가지 유형으로 분류한다(!수렴, 진동, 혼돈, 무질서).

울프럼은 초기 조건과 무관하게 공통적으로 보이는 거동에 주목해서 이러한 시스템들의 진화 규칙을 분류했다. 가장 단순한 1차원 세포 자동자의 경우, 이웃은 인접한 좌우 두 셀이다; 그리고 각각은 0 또는 1 값을 취할 수 있다. 이러한 유형을 **기초 세포 자동자**라 부른다. 중간 셀 상태를 포함해서 가능한 구성은 $2^3 = 8$이고, 따라서 가능한 규칙 즉, 세포 자동자 개수는 $2^8 = 256$이다.

기초 세포 자동자는 울프럼 표기를 사용해 쉽게 나타낼 수 있다. 예를 들어, 256개 중 30번째 세포 자동자 즉, 규칙 30은 이진수 00011110으로 표시된다. 다음 그림과 같이 중간 셀을 포함해서 가능한 8가지 경우에 대해, 다음 시점에 중간 셀이 어떤 상태가 되는지 알 수 있다:

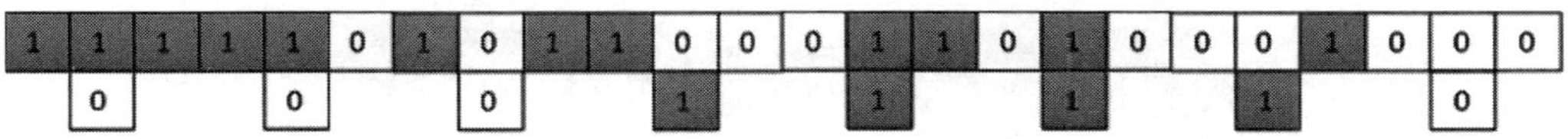

| 그림 5.8 | 규칙 30

울프럼은 무작위로 설정한 시작 상태에 대해 각 규칙 즉, 각 세포 자동자의 거동이 어떻게 진화하는지에 따라 **울프럼 클래스**라 부르는 네 유형으로 분류했다:

- **클래스 1**: 초기 패턴 즉 초기 구성이 빠르게 고정되고 동질적인 상태로 수렴한다. 초기 구성의 무작위적 패턴이 사라진다. 규칙 32(00100000)과 규칙 160(10100000)이 여기 속한다.

- **클래스 2**: 초기 패턴 즉 초기 구성이 빠르게 진동하는 구조로 진화한다. 무작위적 패턴의 일부가 사라지고, 일부는 남는다. 규칙 33(00100001)이 여기 속한다.

- **클래스 3**: 초기 패턴 즉 초기 구성이 빠르게 준-무작위 또는 혼돈 상태로 진화한다. 어떤 구조도 지속되지 않고 비슷하지만 같지 않은 패턴이 무한히 반복된다. 규칙 126(01111110)과 규칙 30(00011110)이 여기 속한다.
- **클래스 4**: 복잡한 구조가 지속되다가 드물게 고정 혹은 진동 상태로 수렴한다. 울프럼은 많은 경우 이 유형의 규칙이 보편 튜링 머신일 것으로 가정했다. 규칙 110(01101110)이 여기 속한다.

다음은 규칙 30에 대응하는 세포 자동자의 진화를 나타낸다:

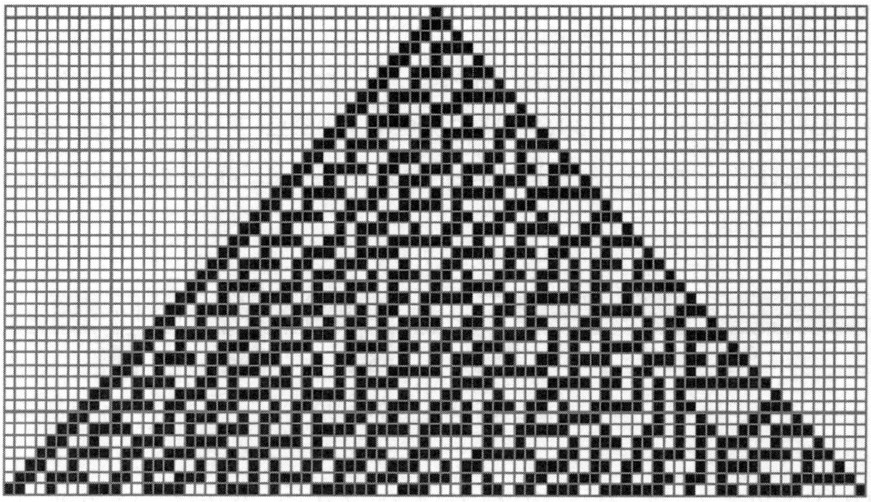

| 그림 5.9 | **규칙 30 세포 자동자**

구현

울프럼 오토마타를 아주 간단하게 구현해보자. 먼저 행렬 계산에 사용할 numpy와 그림을 그리는 데 필요한 `matplotlib` 라이브러리를 가져온다.

```
import numpy
import matplotlib.pyplot as pyplot
from matplotlib import animation
```

격자의 차원을 설정하고:

```
N = 100
M = 200
```

해당 차원 배열을 생성한다:

```
cell = numpy.zeros((N, M), numpy.int8)
cell[0,int((M-1)/2)] = -1
```

구현할 울프럼 규칙을 지정한다:

```
print("WOLFRAM - Cellular Automata simple simulator\n")
ruleset = input("WOLFRAM Rule to simulate(#): ")
```

해당 규칙을 이진수 형태로 변환한다:

```
wolframRule = "{0:08b}".format(int(ruleset))
wolframRule = list(wolframRule)

contFlag = False
```

이제, 울프럼 세포 자동자를 구현하자:

```
def buildac(data):
    global cell
    newCell = cell.copy()
```

각 셀의 이웃 셀을 설정한다:

```
    for i in range(1, N):
        for j in range(M):
            c = cell[(i-1)%N, j]
```

```
        r = cell[(i-1)%N, (j+1)%M]
        l = cell[(i-1)%N, (j-1)%M]
```

각 셀의 다음 상태를 계산할 차례다. 중심 셀과 이웃의 상태에 따라 지정된 규칙을 적용해서 중앙 셀의 다음 상태를 구한다:

```
        #111
        if l == -1 and c == -1 and r == -1:
            if wolframRule[0] == '1':
                newCell[i, j] = -1
            else:
                newCell[i, j] = 0
        #110
        if l == -1 and c == -1 and r == 0:
            if wolframRule[1] == '1':
                newCell[i, j] = -1
            else:
                newCell[i, j] = 0
        #101
        if l == -1 and c == 0 and r == -1:
            if wolframRule[2] == '1':
                newCell[i, j] = -1
            else:
                newCell[i, j] = 0
        #100
        if l == -1 and c == 0 and r == 0:
            if wolframRule[3] == '1':
                newCell[i, j] = -1
            else:
                newCell[i, j] = 0
        #011
        if l == 0 and c == -1 and r == -1:
            if wolframRule[4] == '1':
                newCell[i, j] = -1
            else:
```

```
                newCell[i, j] = 0
        #010
        if l == 0 and c == -1 and r == 0:
            if wolframRule[5] == '1':
                newCell[i, j] = -1
            else:
                newCell[i, j] = 0
        #001
        if l == 0 and c == 0 and r == -1:
            if wolframRule[6] == '1':
                newCell[i, j] = -1
            else:
                newCell[i, j] = 0
        #000
        if l == 0 and c == 0 and r == 0:
            if wolframRule[7] == '1':
                newCell[i, j] = -1
            else:
                newCell[i, j] = 0
```

상태가 바뀐 셀이 없으면 종료한다:

```
    for i in range(1, N):
        for j in range(M):
            if cell[i, j] != newCell[i, j]:
                contFlag = True
            else:
                contFlag = False

    if contFlag == True:
        print("finshed.")
        #inp = input("Done looking? ")

    mat.set_data(newCell)
    cell = newCell#buildac
    return mat
```

결과를 출력한다:

```
fig, axes = pyplot.subplots()

mat = axes.matshow(cell)#builds cell on subplot
ani = animation.Funcanimation(fig, buildac, interval=50, save_count=50
pyplot.show()
```

다음은 규칙 30을 지정해서 실행하는 사례다:

```
Wolfram - Cellular Automata simple simulator
Wolfram Rule to simulate(#):30
>>>
```

실행 결과는 다음과 같다:

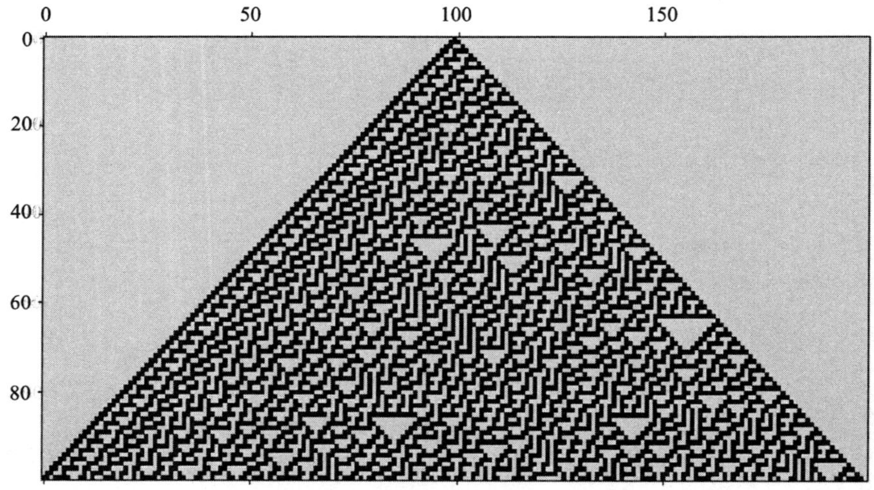

❙ 그림 5.10 ❙ 규칙 30 구현 결과

CellPyLib

CellPyLib는 세포 자동자 구현을 위한 파이썬 라이브러리다. 현재 1, 2차원 세포 자동자 구현을 지원한다.

- 실행 요건:
  - 파이썬 (3.5 이상)
  - numpy 1.14.0
  - matplotlib 2.0.2
- 설치:
  - CellPyLib를 https://github.com/lantunes/cellpylib.서 내려받아,
  - 파이썬 설치 폴더의 사이트 패키지 폴더(C:\Python35\Lib\site-packages)에 압축을 푼다.

규칙 110

규칙 110에 대응하는 세포 자동자는 안정과 혼돈의 경계에 위치한 거동을 보이는 흥미로운 기초 세포 자동자다. 또한 콘웨이 라이프 게임과 마찬가지로 규칙 110은 튜링 완전이다. 즉, 원칙적으로 어떤 계산이나 컴퓨터 프로그램이던지 이 오토마타로 모의 실행할 수 있다.

CellPyLib를 사용해서 규칙 110을 쉽게 구현할 수 있다:

```
import cellpylib as cpl
cellular_automata = cpl.init_simple(200)
cellular_automata = cpl.evolve(cellular_automata, timesteps=100,\
                   apply_rule=lambda n, c, t: cpl.nks_rule(n, 110))
cpl.plot(cellular_automata)
```

실행 결과는 다음과 같다:

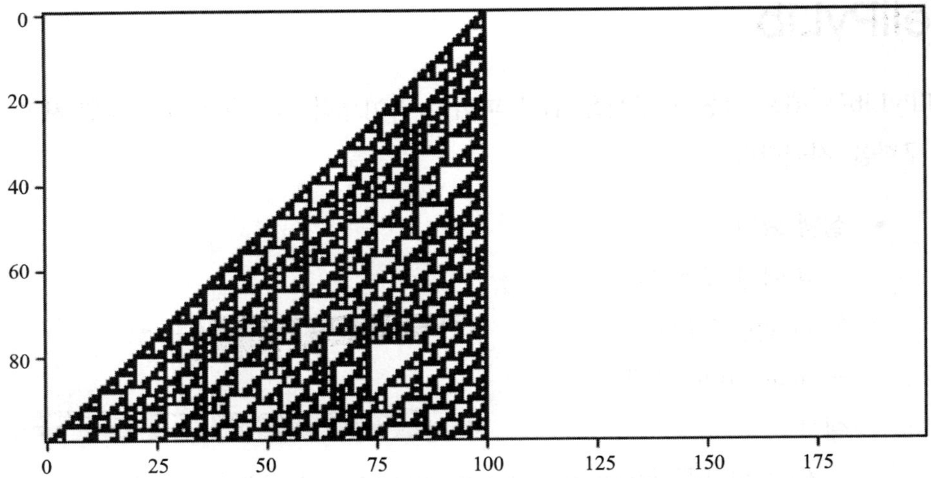

| 그림 5.11 | 규칙 110

가역성과 엔트로피

오토마타의 모든 현재 구성에 대해 이전 구성이 유일하게 존재하는 경우 세포 자동자를 가역이라 부른다. 세포 자동자를 구성에서 구성으로 가는 즉, 구성과 구성을 대응시키는 함수로 간주하는 경우 함수가 가역이려면 전단사 함수이어야 한다. 그런데 2차원 이상인 세포 자동자의 가역성은 결정 불가능하다; 즉, 규칙을 입력으로 받아 해당 오토마타가 가역적인지 아닌지 바르게 결정하는 알고리즘이 존재하지 않는다.

가역적인 세포 자동자는, 열역학 법칙을 따르기 때문에, 가스나 유체 역학 같은 물리 현상을 연구하는 데 종종 사용된다. 가역 세포 자동자에 대한 대표적인 사례가 **규칙 122R**이다. 이 오토마타는 아주 규칙적이고 잘 조직된 상태에서 출발하여 시간이 경과하면 점점 임의적이고 무질서하게 된다.

CellPyLib를 사용해서 다음과 같이 규칙 122R을 구현할 수 있다:

```
import cellpylib as cpl
cellular_automata = cpl.init_simple(200)
```

```
cellular_automata = cpl.evolve(cellular_automata, timesteps=100,\
                    apply_rule=lambda n, c, t: cpl.nks_rule(n, 110))

cpl.plot(cellular_automata)
```

실행 결과는 다음과 같다. 격자 중앙에 검은 셀이 위치한 형태로 시작해서 동일한 구성이 이어지다가, 시간이 경과하면 검은 셀과 흰 셀의 분포가 점차 무작위로 바뀐다.

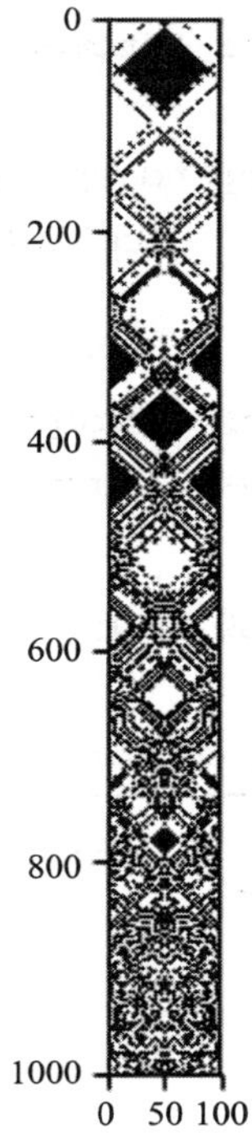

| 그림 5.12 | **규칙** 122R

단순한 초기 상태에서 임의성이 생성되는 것은 더 이상 놀랄 일은 아니나, 규칙 122R 같은 가역 시스템이 비가역적 임의성을 생성한다는 점은 다소 기이하다.

울프럼에 따르면, 규칙 122R의 거동은 고립된 계의 전체 엔트로피는 감소하지 않는다는 열역학 제2법칙으로 해석이 가능하다. 엔트로피는 시스템의 무질서한 정도를 나타낸다. 다른 말로하면, 특정 시점 t에 시스템의 상태를 예측하기가 얼마나 어려운지를 나타낸다. average_cell_entropy() 함수를 사용해서 시스템의 엔트로피를 계산할 수 있도록 앞의 코드를 조금 수정해서 이 사실을 확인할 수 있다. 이 함수는 주어진 세포 자동자에 속한 셀 한 개의 평균 섀넌 엔트로피를 계산한다.

규칙 122R의 평균 셀 엔트로피를 계산하는 코드는 다음과 같다:

```
average_cell_entropytimestep = []
average_cell_entropies = []

for i, c in enumerate(cellular_automata):
    timestep.append(i)
    average_cell_entropies.append(cpl.average_cell_entropy \
                                    (cellular_automata[:i+1]))

plt.figure(1)
plt.title("Avg. Cell (Shannon) Entropy")
plt.plot(timestep, average_cell_entropies)
```

규칙 122R의 평균 엔트로피는 다음과 같다:

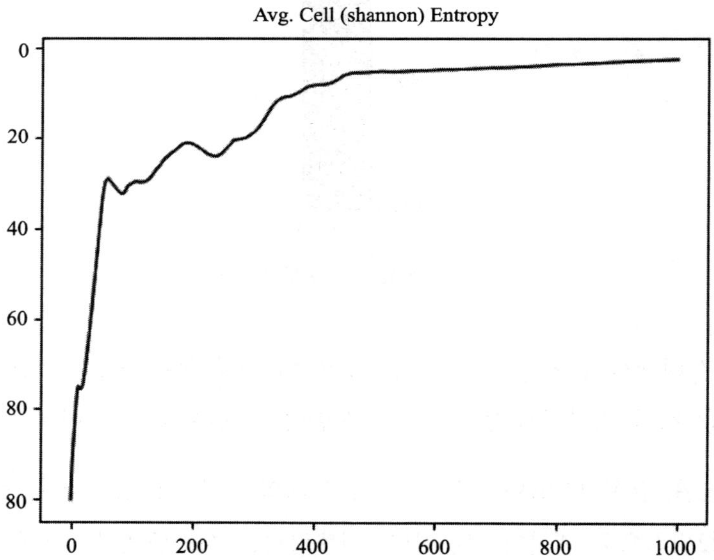

| 그림 5.13 | 규칙 122R의 평균 엔트로피

보다시피 규칙 122R의 엔트로피는 시간이 지날수록 커져서, 시스템은 무질서한 상태로 진화하는 경향을 보인다.

결론

이 장에서 세포 자동자에 대해 짧게 설명했다. 세포 자동자는 유한 상태를 취하는 셀의 격자로 구성된 아주 단순한 모델이다. 여기에 간단한 규칙을 적용해서 셀의 상태를 일정한 시간 간격에 따라 병렬로 갱신한다.

먼저 세포 자동자에 대한 간단한 역사적 배경과 형식적 정의에 대해 알아보았다. 특히, 이 장은 세포 자동자에 대한 아주 많은 특징이 잘 분석되어 있는 스티븐 울프럼의 저서 새로운 과학에 기초해 구성했다.

울프럼 세포 자동자의 주요한 특징에 대해 소개했다. 여기서 다룬 특징들은 임의성이나 엔트로피 같이 물리적 세계와 관련된 것들이다. 세포 자동자는 때로 간단한 프로그램으로 취급할 수 있고, 이것이 튜링머신과 동일하다는 점도 언급했다.

이 장에서 다룬 각각의 주제는 파이썬으로 구현했다. 특히, 가장 유명한 세포 자동자인 라이프 게임과 랭턴의 개미를 구현해가며 상세하게 다루었다.

다음 절에서 프랙털이라는 환상적인 세계에 대해 탐험해보겠다. 프랙털은 같은 모양이 다른 크기로 반복되는 것으로 결과적으로, 부분을 확대하면 원래의 모양과 유사한 것이 나타난다.

참고 사이트

5장에서 다룬 주제에 대해 더 많이 배울 수 있는 유용한 정보가 있는 사이트:

세포 자동자

- Wiki 세포 자동자: https://en.wikibooks.org/wiki/Cellular_Automata
- The Nature of Code: https://natureofcode.com/book/chapter-7-cellular-automata/
- 세포 자동자 개요, Stanford University: https://plato.stanford.edu/entries/cellular-automata/supplement.html
- 세포 자동자 물리학 모의실험: https://www.youtube.com/watch?v=6-llfn5Iz2g
- 비트에서 시작, 우주가 세포 자동자?: https://www.forbes.com/sites/startswithabang/2017/09/26/it-from-bit-is-the-universe-a-cellular-automaton/#358291246b7c
- 세포 자동자 개요: https://www.irif.fr/~yunes/ca/archives/bookvivien.pdf

튜링머신

- 앨런 튜링(전기): https://www.britannica.com/biography/Alan-Turing
- 튜링머신(튜터리얼): https://www.cl.cam.ac.uk/projects/raspberrypi/tutorials/turing-machine/one.html
- 튜링머신 해설 – 계산을 좋아하는 사람: https://www.youtube.com/watch?v=dNRDvLACg5Q

라이프 게임

- J.H. Conway 홈 페이지: https://www.math.princeton.edu/people/john-conway
- 라이프 게임 세포 자동자: https://www.samcodes.co.uk/project/game- of-life/

랭턴의 개미

- Langton's Ant 온라인 시뮬레이터: http://www.langtonant.com/

울프럼 오토마타

- Stephen Wolfram 홈 페이지: https://www.stephenwolfram.com/
- 새로운 과학 온라인 버전: https://www.wolframscience.com/nks/

CHAPTER 6

프랙털

Fractals

개요

프랙털은 우리가 흔히 알고 있는 차원이 정수인 기하학적 도형과 다르게 차원이 실수인 수학적 도형이다. 이러한 수학적 객체가 지닌 독특한 특징이 스케일 불변 또는 자기 유사성이라는 성질이다; 이런 객체들은 스케일을 다르게 해서 들여다보면 동일한 구조가 계속 나타난다.

프랙털 기하학 분야에 가장 큰 영향을 끼친 인물이, IBM 토머스 J. 왓슨 연구센터의 베노이트 B. 만델브로다. 그가 1975년에 (라틴어로 쪼개진 혹은 조각난 이라는 뜻의 fractus로부터) 프랙털이라는 용어를 만들었다.

이 신조어를 통해 만델브로는 내재된 불완전성으로 인해 정확하게 묘사되지 못한 자연 현상을 연구하고 응용하는 새로운 길을 제시했다. 그가 1982년에 출판한 자연의 프랙털 기하학이라는 저서를 통해 프랙털이라는 개념이 과학 사회에 알려졌고, 이후 수학, 물리학, 경제학, 그리고 생물학 등 다양한 학문분야에 응용되었다.

다루는 세부 내용

- 프랙털이란?
- 재귀
  - 파이썬에서 재귀
- 프랙털 차원
- Cantor 집합
- 시에르핀스키 프랙털
- 복소수
- 만델브로 집합
- 자연과 프랙털
  - IFS-시스템
  - L-시스템
- 결론
- 참고 사이트

프랙털이란?

프랙털은 크기를 아무리 작게 해도 동일한 무늬 또는 패턴이 무한히 반복되는 기하학적 도형이다. 자연에서 아주 흔하게 그리고 인상적으로 볼 수 있는 형상에 대한, 그러나 수학적으로 엄밀하게 정의된 적이 없는, 아주 직관적인 정의라 할 수 있다. 프랙털은 이제부터 언급할 세 가지 특징을 가지고 있다.

자기-유사성

자연에는 유클리드 기하학으로 나타낼 수 없는 극히 불규칙한 구조가 아주 많다: 나무, 산, 해안, 구름, 혈관, 또는 폐 기관지. 이런 구조들은 서로 아주 다르지만 공통의 성질을 가지고 있다: 부분을 확대해 보면 그 속에서 전체 구조와 같은 기하학적 특징을 볼 수 있다. 이러한 객체의 불규칙한 본성과 관련한 이 성질을 **자기-유사성**이라 부르며 전체 시스템을 위한 정규성이 없음을 의미한다.

곡선 같은 정규적인 구조의 경우 언제나 모든 점에서의 접선을 구할 수 있다. 그렇다는 뜻은 선을 아무리 확대해도 구조가 변하지 않아 곡선의 접선을 계산할 수 있다는 의미다. 프랙털이나 자기-유사성을 지닌 시스템은, 축척을 아주 작게 하는 경우, 같은 구조를 어떻게 되풀이해서 복잡한 전체 구조가 되는지 볼 수 있다. 이러한 도형은 분포가 매끄럽지도 규칙적이지도 않다.

전통적인 수학적 방법으로 묘사할 수 없는 커다란 불규칙성을 내포하는 축척 불변이라는 이러한 성질은 마땅한 수학적 형식 체계가 없어 세밀하게 연구할 수 없었던 과학 분야의 경계에 위치한 물리적 현상의 연구를 가능하게 만든다.

자기-유사성을 갖는 프랙털 도형에 일어날 수 있는 두 가지 특징을 알아보자:

- (!어떤) 프랙털 곡선은 연속이지만, 어떤 점에서의 기울기를 구할 수 없다; 즉, 모든 점에서 연속이면서 동시에 미분 불가능하다.
- 프랙털 곡선에서 임의의 두 점을 취했을 때, 서로 근접해 있더라도, 둘 사이의 거리는 무한이다; 평면 프랙털의 길이는 명확하게 측정할 수 없고, 해당 도형의 초기 형태를 몇 번 반복했나에 따라 정해진다; 그리고 최종 프랙털에서 그 길이는 무한대가 된다.

다음은 자동유사성 사례를 나타낸다(!시에르핀스키 삼각형):

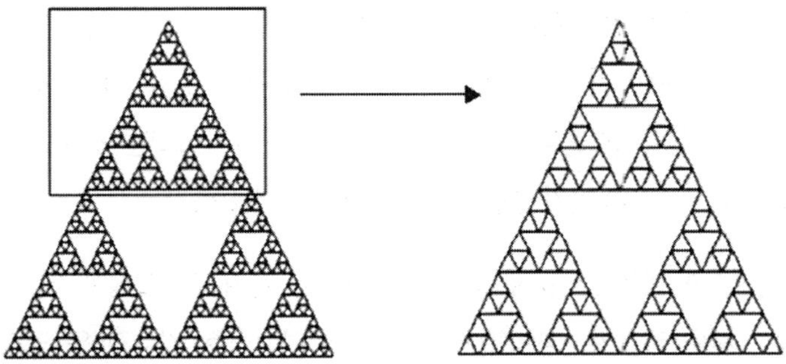

| 그림 6.1 |　자동유사성: 오른쪽 그림은 왼쪽 사각형 부분을 확대한 것

세밀한 구조

프랙털은 확대할수록 세부적인 형태가 들어난다.

분수 차원

프랙털 도형들은, 이름의 유래가 그렇듯이, 비록 2, 3차원 공간에 존재(무한히 반복할 수 없으므로 중간 상태이긴)하지만 차원이 정수가 아니다. 프랙털 도형의 차원에 대해 뒤에서 다룬다.

재귀

프랙털 이미지를 다루는 데 재귀 절차라는 기본 도구가 사용된다. 보통 함수 $y=f(x)$를 다룰 때 x를 (정의역에 속하는) 독립변수, y를 (공변역에 속하는) 종속변수로 구분해서 부른다; 정의역과 공변역이 같은 집합일 수 있지만 보통 다른 집합으로 간주한다.

재귀 함수의 경우 정의역과 공변역이 동일하므로 $Z=f(z)$로 나타내기로 한다. 재귀 함수의 출력은 다시 함수의 입력으로 전달된다. 따라서 초기 값 x_0에서 시작해서 값들이 정의역을 연속적으로 왔다갔다 한다.

파이썬에서 재귀

재귀는 반복과 밀접하게 연관된다. 함수 호출의 경우, 하나의 함수가 다른 함수를 호출하고 이어서 그 함수가 자신을 호출한 함수를 간접적으로 다시 호출할 수 있을 뿐 아니라 직접 자기 자신을 호출할 수도 있다. 파이썬에서 그런 경우를 재귀 함수로 분류한다. 즉, 재귀 함수는 자기가 자기를 호출하는 함수다.

재귀 함수를 사용하면 복잡한 문제를 단순한 부분 문제로 쪼개어 더 쉽게 풀 수 있게 하는 장점 외에, 순차 코드로 꼬박꼬박 작성했으면 아주 길어졌을 코드를 간단명료하게 나타내 생산성과 가독성을 높이는 효과를 얻을 수도 있다.

팩토리얼을 계산하는 간단한 예를 통해서 재귀 함수에 대해 알아보자. 팩토리얼은 그 수보다 작거나 같은 모든 양의 정수의 곱이다; 예를 들어, 팩토리얼 4 즉, 4!은 1×2×3×4이다.

다음과 같이 팩토리얼 값을 계산하려는 숫자(!위 예의 4)가 미리 정해지지 않은 상태에서 즉, 임의의 입력에 대해, 값을 계산하기 위한 모든 순열을 나열하지 않고도 함수를 만들 수 있다(!반복문을 사용하지 않았다는 정도로 이해하는 게 좋겠다):

```
def factorial (n):
"""팩토리얼은 그 수보다 작거나 같은 모든 양의 정수의 곱이다"" "
    if n == 1:
        return 1
    else:
        return (n * factorial (n-1))

res = int (input ("Enter a number:"))
if res> = 1:
    print ("The factorial of", res, "is", factorial (res))
```

재귀 함수를 정의하는 데 꼭 필요한 요소가 반복의 끝을 정하는 종료 조건이다. 이 조건에 의해서 함수는 반복을 멈추고 작업을 마무리 한다.

위 예의 경우 주어진 n 값을 줄여나가면서 반복 호출을 하다가 n이 1이 되면 함수 호출을 종료한다(!그리고 1부터 반환하면서 팩토리얼 값을 실제로 계산하기 시작한다).

프랙털 차원

프랙털(분수) 차원을 이해하기 위해 먼저, 흔히 사용하는 정수 차원부터 이해하고 넘어가자. 선분은 1, 정사각형은 2, 그리고 입방체는 3차원임을 의미할까? 차원의 정의는 대상 물체를 채우기 위해 필요한 객체의 최소 개수와 관련이 있다.

선분, 정사각형, 그리고 입방체에 이 개념을 적용해 보자:

- 선분
  1. 선분을 하나 그린다(DIM=1).
  2. 선분을 반으로 나눈다(나누기 인자 Fd=2).
  3. 같은 모양의 작은 조각 2개로 원래의 선분을 채울 수 있음을 알았다.
  4. 이 결과를 요약하면, $2=2^{DIM}$, DIM=1이다.

- 정사각형
  1. 정사각형을 하나 그린다(DIM=2).
  2. 옆면을 반으로 나눈다(나누기 인자 Fd=2).
  3. 같은 모양의 작은 조각 4개로 원래의 정사각형을 채울 수 있고, 요약하면, $4=2^{DIM}$, DIM=2이다.

- 입방체
  1. 입방체를 하나 그린다(DIM=1).
  2. 옆면을 반으로 나눈다(나누기 인자 Fd=2).
  3. 같은 모양의 작은 조각 8개로 원래의 입방채를 채울 수 있고, 요약하면, $8=2^{DIM}$, DIM=3이다.

이상의 결과를 일반화하자: N_c 조각 개수, Fd 나누기 인자, dim 차원

$$N_c = F_d^{dim} \rightarrow dim = log_{\ F_d} N_c \rightarrow dim = \frac{logN_c}{logF_d}$$

Cantor 집합

수학자 게오르크 칸토어의 이름을 따다 붙인 이 기하학적 도형은 그가 제안한 반복적인 절차에 따라 생성할 수 있다: 주어진 선분을 3등분한 후 가운데 부분을 제거한다. 남은 두 선분에 대해 동일한 절차를 무한히 반복한다.

5번 반복한 Cantor 집합은 다음과 같다:

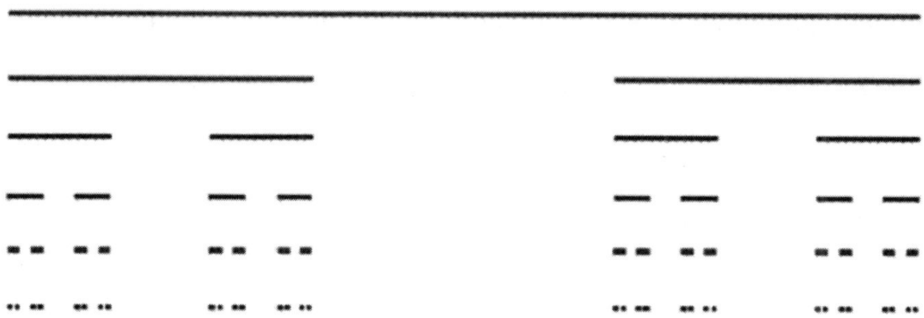

| 그림 6.2 | Cantor 집합

무한히 반복했을 때 남는 Cantor 집합을 Cantor 먼지라고 부르는데, 실제로 이건 무엇일까? 처음 시작했을 때의 선분이 남아있기는 할까? 즉, 모든 점이 다 제거되지는 않았을까?

이 궁금증을 풀기 위해 길이가 1인 선분 즉, $0 \leq x \leq 1$인 집합을 가지고 생각해보자:

| 그림 6.3 | Cantor 집합(시작 길이 1)

시작 선분에서 구간 $1/3 < x < 2/3$을 제거한다: (!등호가 없으므로) 양 끝점 즉, 1/3과 2/3가 남아있음에 주의하자. 길이가 3분의 1인 두 선분이 남았다. 같은 방법으로 구간 $1/9 < x < 2/9$과 $7/9 < x < 8/9$을 제거한다. 이제 길이가 9분의 1인 선분 네 개가 남는다. 매 단계마다 남은 구간의 개수는 2배가 되고, 길이는 이전 구간의 3분의 1이 된다. 예를 들어, 10번 반복하면 길이가 $(1/3)^{10}$인 구간 2^{10}개가 남는다. $(1/3)^{10}$은 약 0.0000169다.

이 절차를 무한히 반복하면 구간의 길이는 0이 된다. 즉, 점들만 남는다. (!그런데 놀랍게도) 구간이 찌그러져 생긴 점의 개수는 무한개다. 이런 점들은 제거되는 구간의 끝점들로 Cantor 집합에 실제로 존재한다. 0과 1, 1/3과 2/3, 그리고 1/9, 2/9, 7/9, 그리고 8/9 등등이고—Cantor 집합은 부분이 전체를 포함하는 자기-유사 구조다.

구간 $0 \le x \le 1/3$을 들여다보자. 이 구간을 3배 확대하면 원래의 선분과 길이가 정확하게 일치한다. 구간 $2/3 \le x \le 1$을 3배 또는 구간 $0 \le x \le 1/9$을 9배 확대해도 마찬가지다.

따라서 Cantor 집합의 어느 부분을 아무리 작게 취하더라도 그 안에 들어 있는 점의 개수는 원래 선분의 점의 개수와 같고 (즉, 같은 정도로 조밀하고), 구간의 크기에 따라 특정한 배율로 확대하면 전체와 완전히 동일한 것을 얻을 수 있다.

다음 파이썬 코드는 재귀적인 방법으로 Cantor 집합을 그린다. 마찬가지로 matplotlib를 사용하며, 메인 함수 cantor_set()은 종료 조건(level>depth)에 의해 반복을 멈출 때까지 깊이 매개변수를 증가시켜가며 재귀적으로 자신을 호출한다.

```
import numpy as np
import matplotlib.pyplot as plt

line = [0,1]
depth = 10

def cantor_set(line, level=0):
    plt.plot(line,[level,level], color="k", lw=5, solid_capstyle="butt")
    if level < depth:
        s = np.linspace(line[0],line[1],4)
        cantor_set(s[:2], level+1)
        cantor_set(s[2:], level+1)

cantor_set(line)
plt.gca().invert_yaxis()
plt.show()
```

매개변수 10일 때 실행 결과는 다음과 같다:

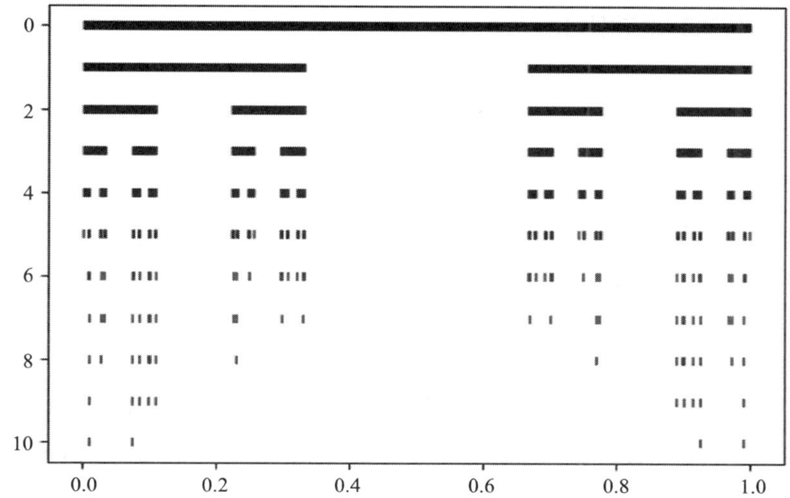

❙ 그림 6.4 ❙ Cantor 집합, 파이썬 구현

시에르핀스키 프랙털

Cantor 집합과 마찬가지로 시에르핀스키 삼각형도 제거 과정을 무한히 반복해서 생성한다: 주어진 정삼각형을 같은 모양의 정삼각형 4개로 나눈 후, 가운데 위치한 삼각형을 제거한다. 세 개가 남을테고 여기에 동일한 과정을 무한히 반복한다.

5번 반복했을 때 삼각형의 모양은 다음과 같이 나타난다:

❙ 그림 6.5 ❙ 시에르핀스키 프랙털

삼각형의 남은 영역의 면적이 0에 수렴함을 증명하기는 어렵지 않다. 실제로 매 반복마다 전 단계의 3/4으로 줄어든다. 따라서 반복 횟수가 무한에 다가가면 전체 면적은 다음과 같이 0으로 수렴한다:

$$\lim_{k \to \infty} \left(\frac{3}{4}\right)^k = 0$$

따라서 남는 건 역시 무한한 점들뿐이다. 또한, 이 경우도 생성된 도형은 자기-유사성을 지니고 있어서 부분에 전체가 들어 있다; 실제로 한 번 제거를 한 후 남은 삼각형 중 하나를 2배 확대해서 원래 도형을 얻을 수 있다.

더 나가서 두 번 반복 후 남은 삼각형 중 하나를 4배 확대하면 역시 최초의 도형이 생성된다. 이러한 일은 삼각형의 깊이 즉 반복 횟수에 무관하게 일어난다. 즉, n번 반복 후 $2n$배 확대하면 원래의 모양을 얻을 수 있다.

비슷한 알고리즘을 적용해서 시에르핀스키 카펫을 만들 수 있다:

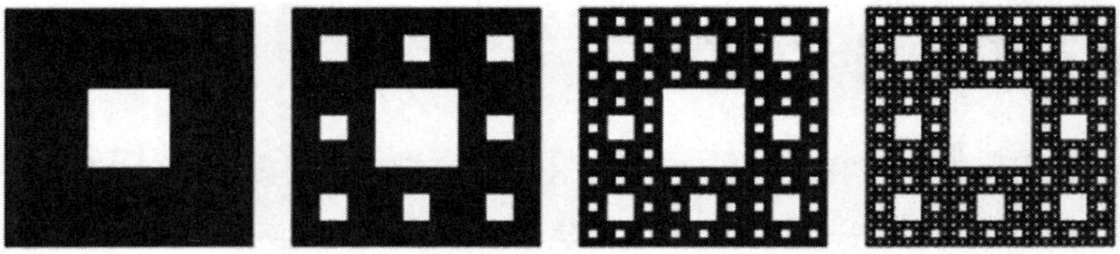

| 그림 6.6 | 시에르핀스키 카펫

시에르핀스키 카펫 생성 알고리즘은 다음과 같다:

1. 정사각형을 그린다.
2. 같은 크기 정사각형 9개로 나눈다.
3. 가운데 정사각형을 제거한다.
4. 남은 정사각형에 1~3을 반복 적용한다.

사이트 https://gist.github.com/Reedbeta/25bc105a4c0aa7c927c8에서 반복 과정을 확인

할 수 있다:

파이썬으로 직접 구현해보자. 필요한 라이브러리를 가져온다:

```
import numpy as np
from PIL import Image
```

이미지 크기와 깊이를 설정한다:

```
numLevels = 6
imageSize = 3**numLevels
```

이미지를 생성한 후 흰색으로 채운다:

```
img = np.empty([imageSize, imageSize, 3], dtype=np.uint8)
img.fill(255)
color = np.array([66, 0, 130], dtype=np.uint8)

for level in range(0, numLevels + 1):
    stepSize = 3**(numLevels - level)
    for x in range(0, 3**level):
        if x % 3 == 1:
            for y in range(0, 3**level):
                if y % 3 == 1:
                    img[y*stepSize:(y+1)*stepSize, x*stepSize:(x+1)*
                        stepSize] = color
```

이미지를 저장한다:

```
    outputFilename = "sierpinski%d.bmp" % level
    Image.fromarray(img).save(outputFilename)
    print('Wrote %s' % outputFilename)
```

6번 반복했을 때 생성된 이미지는 다음과 같다:

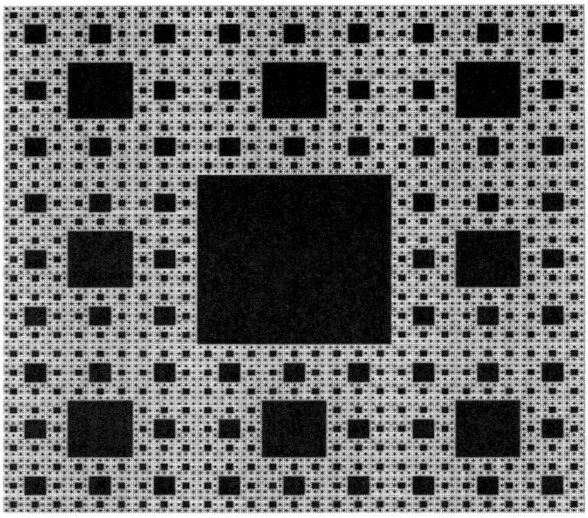

Ⅰ그림 6.7Ⅰ 시에르핀스키 카펫, 파이썬 구현

같은 과정을 입체 형태, 특히 입방체에 적용해서 가운데 부분을 무한히 제거해서 **멩거 스펀지**라는 아주 이상한 물체를 만들 수 있다.

스펀지의 표면적은 무한대로 커지는 반면, 부피는 0으로 수렴한다. 이러한 기하학적 모순 때문에 이런 유형의 도형들은 많은 수학자들로부터 거친 비판을 받고 오랫동안 무시되어 왔다. 다음은 4번 반복한 멩거 스펀지를 나타낸다:

Ⅰ그림 6.8Ⅰ 멩거 스펀지, 4번 반복

복소수

수학의 역사에 있어서 어떤 시점에 다음과 같은 당시로서는 풀 수 없는 방정식이 출현했다:

$$x^2+1=0$$

아주 심각한 일이었지만 처음 겪는 일은 아니었다. 변의 길이가 1인 정사각형 대각선의 길이를 정수(결국 자연수)로도 그리고 정수의 비(유리수)로도 나타낼 수 없음을 알았을 때, 실수가 등장했다. 실수는 유리수는 물론이고 정수의 비로 나타낼 수 없는 무리수를 포함하는 그야말로 모든 수다. 정사각형 대각선의 길이를 나타내기 위해서 제곱하면 2가되는 수가 필요했고 우리는 그 답을 찾았다:

$$\sqrt{2}=1.4142135623730950488016887242096980785696718753769 4$$

비슷하게 첫 번째 방정식을 처음 접했을 땐 그것을 풀 수 없어 보였다: 어떤 수를 제곱하면 0보다 크거나 같은 것으로 정의했기 때문에 제곱한 수에다 1을 더해서 0이 되는 수는 있을 수 없었다. 이런 딜레마를 해결하기 위해 **허수**가 고안되었다:

$$i=\sqrt{-1}\rightarrow i^2=-1$$

이렇게 해서 새로 등장한 수 체계가 복소수로 다음과 같이 나타낼 수 있는 모든 수를 포함한다:

$$z=a+ib$$

여기서 a는 복소수 z의 실수부 b는 허수부라 부른다. 복소수 연산이 실수 연산에 기초하기에 확장된 수체계의 단순성이 확보되었다. 예를 들어, 두 복소수 $z=a+ib$와 $w=c+id$의 곱은 다음과 같다:

$$z^*w=(ac-bd)+i(ad+bc)$$

복소수의 크기는 다음과 같다:

$$|z| = \sqrt{a^2 + b^2}$$

복소수는 아르강–가우스 평면으로 불리는 좌표계를 사용해 기하학적으로 나타낼 수 있다. 이 좌표계는 카테시안 평면 좌표계와 유사하며 X축은 실수부 Y축은 허수부를 나타낸다.

복소수는 다음과 같이 원점으로부터 각 성분만큼 떨어진 점에 위치한다:

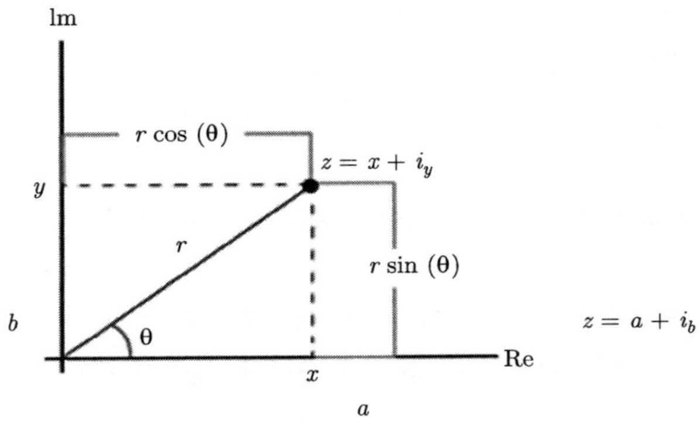

▎그림 6.9▕ 복소수의 기하학적 표현

파이썬에서 복소수

파이썬 언어에서 복소수는 $x+yj$ 또는 $x+y*1j$ 형태의 수이고, 여기서 x와 y는 부동 소수점 수 즉, 실수다:

```
>>> c0=(5+6j)
>>> c0
(5+6j)
>>> c0.imag
6.0
>>> c0.real
```

```
5.0
>>> c0.conjugate()
(5-6j)
```

복소수는 다음에 설명할 가장 유명한 프랙털인 만델브로 집합을 다루는 데 꼭 필요하다.

만델브로 집합

만델브로 집합으로 부르는 만델브로 프랙털은 어마어마하게 풍부한 구조를 내포한 가장 유명한 프랙털 중 하나다. 이 프랙털의 기원은 20세기 초반 프랑스 수학자 **가스통 줄리아**와 그의 라이벌 **피에르 파투**의 연구까지 거슬러 올라간다.

그들은 복소평면에서 변환 $g(z)=z^2+c$가 생성하는 z_n의 수열에 대해 연구했다. 여기서 c는 무작위로 정하는 매개변수다. 다음은 줄리아 집합을 나타낸다(!자기-유사성).

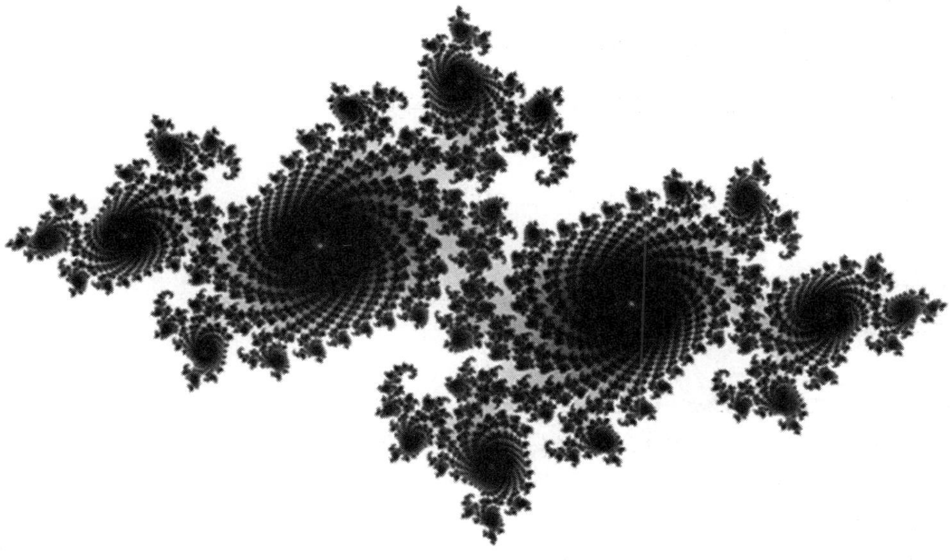

그림 6.10 줄리아 집합

두 수학자의 연구 결과는 거의 잊혔져 있다가, 1979년 베노이트 만델브로가 자신이 일하던 IBM 토마스 J. 왓슨 연구 센터의 강력한 컴퓨터를 이용해서 줄리아 집합을 그림으로 그려내면서 알려지게 된다. 만델브로는 줄리아와 파투가 연구한 궤적에 대해 $z_0 = 0$를 시작점으로 분석했다.

앞선 변환 식을 시작점부터 반복해서 적용하면 발산하거나 수렴한다. 만델브로 집합은 반복 결과가 수렴인 복소평면상의 매개변수 c의 집합으로 정의된다(!반대로 줄리아 집합은 특정 c에 대해 수렴하는 시작점들의 집합이다).

만델브로 집합 역시 부분을 확대하면 비율에 무관하게 원래의 모양을 찾을 수 있다. 이 집합 경계 부분의 프랙털 차원에 대해서 만델브로 자신은 2차원일 것으로 가정했고, 이후 일본 수학자 **미쯔히로 시시쿠라**의 연구에 의해 확인되었다. 만델브로 집합을 계산하는 알고리즘은 1985년에 과학 잡지 **사이언티픽 아메리칸**에 처음 소개되었다.

정해진 영역의 복소수 c에 대한 만델브로 집합을 계산하는 알고리즘은 다음과 같다:

1. z의 초기 값을 $z_0 = 0 (= 0 + 0j)$로 설정한다.
2. 복소수 $c = x + yj$에 대해,
3. $z_{n+1} = z_n^2 + c$를 반복 계산하다가,
4. $|z_{n+1}|$이 정해진 크기보다 커지면 멈춘다.

파이썬 코드로 다음과 같이 구현할 수 있다:

```
from numpy import *
from matplotlib import pyplot as plt

def mandelbrot( h,w, maxit=40):
    y,x = ogrid[ -1.4:1.4:h*1j, -2:0.8:w*1j ]
    c = x+y*1j
    z = c
    divtime = maxit + zeros(z.shape, dtype=int)
    for i in range(maxit):
```

```
        z = z**2 + c
        diverge = z*conj(z) > 2**2
        div_now = diverge & (divtime==maxit)
        divtime[div_now] = i + 100
        z[diverge] = 2
    return divtime

fig = plt.subplots(1,figsize=(20,20))
s = "Mandelbrot Set"
plt.title(s)
plt.imshow(mandelbrot(1000,1000))
plt.axis('off')
plt.show()
```

실행 결과는 다음과 같다:

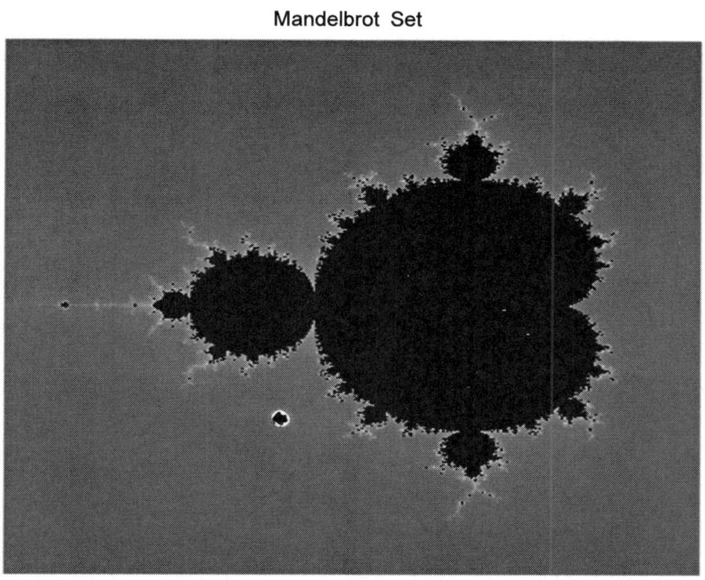

| 그림 6.11 | 만델브로 집합

자연과 프랙털

자연 특히 인간의 생리학적 구조에서 다른 유형의 프랙털을 관찰할 수 있다. 예를 들어, 사람 심장의 혈관 분기가 대표적이다. 주 혈관은 몇 개의 작은 가닥으로 분기되고, 각각은 더 작은 가지로 계속 뻗어 나간다. 뉴런의 시냅스도 비슷하게 가지를 치고, 300, 30, 3분 간격으로 측정한 사람의 심장 박동 비율 그래프에서도 비슷한 모양을 볼 수 있다: 이 모든 게 프랙털 유형의 시간적 과정이다.

프랙털 기하학의 하나로 소위 바이오모픽 프랙털 즉, 자연에서 발견되는 모양과 유사한 것을 대상으로 하는 분야가 있다. 그것이 만들어 내는 결과가 때로 놀라울 만하다. 가장 유명한 바이오모픽 프랙털 중의 하나가 애틀랜타 조지아 공대 수학자 **반즐리** 고사리 잎인데, 마찬가지로 부분에 전체가 들어 있다. 이 형태의 프랙털은 반즐리가 아핀 변환이라는 수학적 개념을 사용해서 만든 반복 함수 시스템(IFS)으로 만들어 낼 수 있다.

IFS-시스템

많은 자연의 이미지를 IFS 즉, 프랙털을 생성하는 한 묶음의 변환으로 만들 수 있다. 사실 고사리 잎, 나뭇잎, 그리고 나무 같은 자연의 많은 구조가 크기를 달리했을 때 유사성이 있다(예를 들어, 나무 가지 일부를 확대하거나 축소하면 나무 자체와 유사하다)는 특징을 가지고 있으며, 따라서 그것들을 프랙털로 나타내기가 용이하다.

IFS는 보통 k개의 아핀 변환으로 구성된다. 이 변환들에 초기 이미지를 반복해서 적용하면, 그 이미지의 모양과 무관하게, 언제나 (**끌개**라고 부르는, 고사리 잎, 나뭇잎, 그리고 나무 같이) 정해진 동일한 모양이 생성된다.

아핀 변환은 다음 방정식에 의해 평면 A의 점 (x, y)를 평면 B의 점 (x', y')에 대응시키는 전단사 함수다.

$$x' = ax + by + e$$
$$y' = cx + dy + f$$

아핀 평면 A, B는 다음 공리를 만족한다:

- 임의의 두 떨어진 점을 지나는 직선은 유일하다.
- 점과 선이 주어지면 그 점을 지나면서 그 선과 평행인 직선은 유일하다.
- 동일한 직선 위에 있지 않은 점이 적어도 3개 있다.

아핀 변환은 회전 및 평행 이동(이미지의 크기와 모양을 보존)과 축척 (이미지를 찌그러뜨림) 변환을 포함한다. 따라서 다음과 같이 나타낼 수 있다. 여기서 q, f는 회전, r, s는 축척, 그리고 h, k는 평행 이동에 대응된다.

$$x' = rcos(q)x + ssin(f)y + h$$
$$y' = rsin(q)x + scos(f)y + h$$

IFS 절차를 더 알아보자. 첫 번째 반복에 의해 시작 이미지를 회전, 평행 이동한 후 찌그러뜨린 이미지가 얻어진다. 같은 방법으로 이 이미지에 변환을 다시 적용하는 과정을 되풀이한다.

이 과정을 아주 많이 반복해서 적용하면 원래의 이미지가 정해진 끌개 이미지로 변환된다. 이 과정의 정당성은 M. 반즐리가 1981년에 출판한 저서 Fractal Everywhere에 잘 소개되어 있다. 이 책에 IFS의 기초가 되는 수학적 개념이 상세하게 나타나 있다. 특히 그는 **콜라지 정리**를 사용해서 IFS가 이미지를 나타내는 데 사용될 수 있음을 이론적으로 잘 보여주었다.

아핀 변환 4개를 사용해서 반즐리 고사리 잎으로 잘 알려진 프랙털을 생성하는 파이썬 코드를 만들어 보자.

라이브러리를 가져오고:

```
from __future__ import division, print_function
import numpy as np
import matplotlib.pyplot as plt
```

출력할 점의 개수를 지정한다(!이 알고리즘은 **카오스 게임**으로 알려진 방법으로 임의의 시작점부터 정해진 개수만큼 점을 찍으면 끌개 그림이 나타난다. 자세한 내용은 이 책의 범위를 넘으니 여기서 다루지 않는다):

```
points = 10000
```

다음으로 출력할 점의 위치를 저장할 기억 장소를 설정하고:

```
X = [] # A list of x-coordinates
Y = [] # A list of y-coordinates
```

임의의 시작점을 지정한다:

```
point = [0.5, 0.0]
X.append(point[0])
Y.append(point[1])
```

점 (x, y)를 입력받아 변환이 적용된 새 점을 출력하는 함수 new_point()를 정의한다.

```
def new_point(p):
    r = np.random.uniform(0, 1)
    if r < 0.02:
        p = [0.5, 0.27*p[1]]
    elif 0.02 <= r <= 0.17:
        p = [-0.139*p[0] + 0.263*p[1] + 0.57, 0.246*p[0] + 0.224*p[1] - 0.036]
    elif 0.17 < r <= 0.3:
        p = [0.17*p[0] - 0.215*p[1] + 0.408, 0.222*p[0] + 0.176*p[1] + 0.0893]
    elif 0.3 < r < 1.0:
        p = [0.781*p[0] + 0.034*p[1] + 0.1075, -0.032*p[0] + 0.739*p[1] + 0.27]
    return p
```

이제, 차례로 점을 찍어 끌개를 그린다:

```
for i in range(points):
```

```
    point = new_point(point)
    X.append(point[0])
    Y.append(point[1])
```

결과를 그림으로 그린다:

```
plt.scatter(X, Y, c='g', s=.05)
plt.axis('Off')
plt.axes().set_aspect('equal')
plt.title("Barnsley Fern")
plt.savefig("barnsley_fern.png")
plt.show()
```

자연에 존재하는 형상이나 무늬를 프랙털을 이용해 생성하려는 많은 연구의 결과로 특정한 모양을 끌개로 갖는 변환에 대응하는 계수가 많이 알려져 있다. 이 모든 변환들은 시작 이미지와 무관하게 많은 점을 반복해서 찍으면 각각의 끌개에 대응하는 이미지가 나타난다.

앞에서 작성한 코드의 실행 결과는 다음과 같다:

| 그림 6.12 | 반즐리 고사리 잎

복잡한 곡선을 점을 차례로 찍어서 그려내는 작업은 계산 비용이 많이 든다. 따라서 그러한 곡선을 충분히 정확하게 그려내는 일은 실제로 어렵다. 결과적으로 그러한 곡선을 포함하는 곡선은 완전한 형태로 그려지지 않고 시작을 위해 사용한 곡선이 최종 결과에 포함되기도 한다. 따라서 어떤 응용에서는 사용자가 적절한 시작 이미지를 정하는 것이 중요하다.

L-시스템

IFS 프랙털 외에 특히 생물학 분야에 유용한 L-시스템이라는 프랙털이 있다. **린든메이어 시스템**은 1960년대 식물의 성장 과정을 설명하기 위해 이 절차를 개발한 학자의 이름을 따다 붙였다. L-시스템 프랙털은 IFS 프랙털을 일반화한 것으로 볼 수 있다. 모든 IFS 프랙털은 L-시스템 프랙털이지만 역은 성립하지 않는다.

L-시스템 프랙털이지만 IFS 프랙털은 아닌 사례에 대해 알아보자: 아래 그림과 같은 코흐 눈송이가 대표적이다. 이 프랙털은 자신과 동일한 모양으로 조각을 나눌 수 없기 때문에 즉, 자기-유사하지 않기 때문에 IFS 프랙털이 아니다.

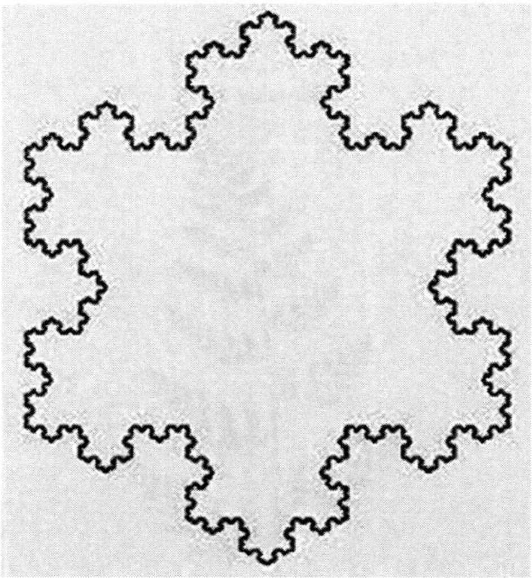

❙그림 6.13❙ 코흐 눈송이

반면 이 모양은 3개의 코흐 곡선으로 나눌 수 있다. 코흐 곡선은 IFS 프랙털이다.

앞에서 언급했듯이 L-시스템은 식물의 성장을 연구하는 수학 이론에서 비롯되었다. 여기에다 컴퓨터 그래픽스에서 사용하는 기술을 적용해서 식물을 세밀하게 나타내면 자연에서 자라는 것 같이 식물과 그 성장을 표현할 수 있다.

L-시스템의 중심 개념은 다시쓰기다. 다시쓰기는 복잡한 구조를 생성하는 기술로써, 몇 가지 다시쓰기 혹은 생성 규칙을, 간단한 초기 물체의 부분에, 반복 적용하는 방법을 사용한다. 다시쓰기 규칙으로 정의한 도형의 고전적 사례가 코흐 눈송이다.

1950년 촘스키가 자연어 구문의 특성을 연구하기 위해 처음으로 그러한 다시쓰기 시스템을 형식적으로 정의했다.

일반적으로 L-시스템은 $G=(V, \omega, P)$로 정의할 수 있다. 여기서:

- V는 시스템에서 사용하는 알파벳 즉, 변수와 상수를 나타내는데 사용하는 기호 집합이다.
- ω는 공리라 부르는 공집합이 아닌 단어로 시스템의 초기 상태를 나타낸다.
- P는 생성 규칙 즉, 다시쓰기 규칙 집합이다. 이 규칙을 적용해서 변수가 다른 상수 및/또는 변수의 조합으로 치환 즉, 다시 써진다.

이제 이러한 수학적 추상으로 어떻게 프랙털을 만드는지 알아볼 차례가 되었다. L-시스템으로 프랙털을 그리려면, V의 알파벳 스트링이 기하학적 형상을 생성하는 다시쓰기 규칙을 나타내도록 해야 한다.

그러기 위해서, 보통 터틀 그래픽이라는 도구를 사용한다. 여기서 V의 알파벳 스트링은 거북이가 수행해야 할 그리기 연산을 나타낸다.

거북이가 흔적을 남가면서 화면을 돌아다닌 결과로 프랙털이 그려진다. 그런데 거북이의 동작은 매우 단순해서 예를 들어, 흔적 즉 선을 남기거나 남기지 않고 앞으로 나가기, 시계 방향 또는 반시계 방향으로 돌기다. 이 4가지가 거북이가 할 수 있는 기본 동작이다.

이 동작을 기호로 다음과 같이 나타낼 수 있다:

- F: 흔적을 남기면서 앞으로 이동
- f: 흔적을 남기지 않고 앞으로 이동
- $+$: 반시계 방향으로 α만큼 회전
- $-$: 시계 방향으로 α만큼 회전

예를 들어보자. 회전 각도는 90도로 가정한다. 거북의 이동을 나타내는 명령이 $F+F-F+f-F-FF$라고 가정하자. 왼쪽에서 출발한 거북은 다음 그림과 같은 흔적을 남길 것이다:

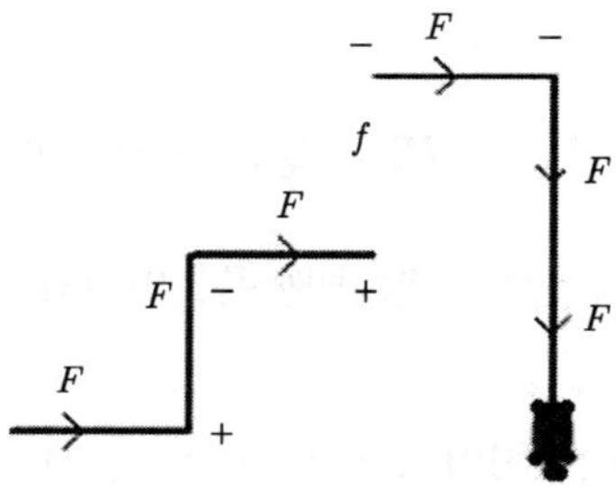

┃그림 6.14┃ 터틀 그래픽 사례

프랙털은 IFS 경우처럼 단계를 반복해서 얻을 수 있다. 각 단계마다 거북이는 더 세밀한 이동으로 최종 프랙털에 가까운 흔적을 남긴다.

이제 이 기법을 적용해서 코흐 곡선을 어떻게 만드는지 단계별로 알아보자. 길이가 1인 선분 위를 거북이가 이동하도록 명령해서 그 모양을 얻는다. 초기 매개변수로 길이 $l=1$, 회전각 $\alpha=60°$, 축소비율 $K=3$을 설정한다. 처음 거북이에게 내리는 명령은 F다.

┃그림 6.15┃ 단계 0

다음 단계를 그리기 위해, 거북이를 시작 위치로 이동한 후, 먼저 그린 직선을 새 경로로 덮어쓰도록 한다: $F+F--F+F$

거북이는 1/3만큼 직진한 후 반시계 방향 즉 왼쪽으로 60° 회전하고 다시 직진, 이어서 오른쪽으로 120° 회전 후 직진하는 등 주어진 명령에 따라 다음과 같이 흔적을 남기며 이동한다.

| 그림 6.16 | 단계 1

전 단계에서 거북이는 F를 $F+F--F+F$로 덮어써 경로를 새로 그렸다. 이번에는 $F+F--F+F$의 각 F에 $F+F--F+F$를 덮어쓰도록 명령을 내린다. 즉, 이번에 거북이가 이동할 명령은 $F+F--F+F+F+F--F+F--F+F--F+F+F+F--F+F$다.

| 그림 6.17 | 단계 2

같은 방법으로 단계 3 그림을 얻을 수 있다. 단계를 거듭할수록 더욱 미세하게 꺾여 변의 수는 폭발적으로 늘어난다. 결국 이 도형은 기하학적 변환을 적용해서 얻은 것과 완전히 닮게 된다:

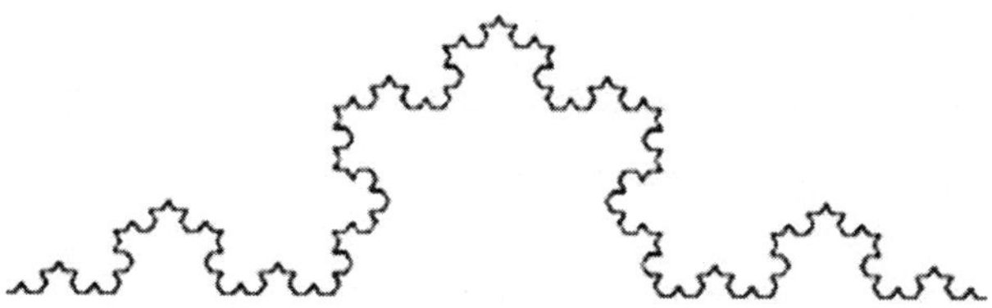

| 그림 6.18 | 코흐 곡선

지금까지 살펴본 내용을 형식적으로 나타내면 다음과 같다:

- 초기 도형: F(길이가 1인 선분)
- 축소 비율: $K=3$
- 회전각: $\alpha=60°$
- 다시쓰기 규칙: $F \rightarrow F+F--F+F$

코흐 눈송이를 그리기 위한 L-시스템을 형식적으로 나타내면 다음과 같다:

- 초기 도형: $F--F--F$(F는 길이가 1인 선분)
- 축소 비율: $K=3$
- 회전각: $\alpha=60°$
- 다시쓰기 규칙: $F \rightarrow F+F--F+F$

초기 도형만 달라진다는 점에 주목하라. 코흐 곡선은 선분으로 시작한 반면 코흐 눈송이는 정삼각형으로 시작한다. IFS가 기하학적 변환으로 프랙털을 정의하는 반면 L-시스템은 초기 도형, 축소 비율, 회전각, 그리고 다시쓰기 규칙으로 프랙털을 정의한다.

코흐 곡선은 자기-유사하다. 4변 중에서 하나를 3배 확대하면 원래와 정확하게 일치한다.

반면에 코흐 눈송이는 엄밀한 의미에서 자기-유사가 아니다. 솟아오른 봉우리 6개 중 하나를 확대해도 원래의 눈송이가 되지 않는다. 그냥 코흐 곡선 2개가 된다. 눈송이는 삼각형으로부터 만들어진다.

코흐 눈송이가 엄밀한 의미에서 자기-유사는 아니지만 눈송이의 변은 명백히 자기-유사성을 지니고 있다. 눈송이에서 끝없이 반복되는 코흐 곡선을 볼 수 있다.

멩거 스펀지와 마찬가지로 코흐 눈송이에도 수학적 모순이 내포되어 있다: 면적이 유한한데 변의 길이가 무한이다. 다르게 말하자면, 내부를 색으로 칠할 수 있는데, 그 둘레를 유한한 길이의 선으로 둘러쌀 수 없다.

코흐 눈송이를 그리는 파이썬 코드를 작성해 보자.

```
from turtle import
```

다음은 코흐 곡선을 그리는 함수다:

```
def koch_curve(lSide, level):
    if level == 0:
        forward(lSide)
        return
    lSide /= 3.0
    koch_curve(lSide, level-1)
    left(60)
    koch_curve(lSide, level-1)
    right(120)
    koch_curve(lSide, level-1)
    left(60)
    koch_curve(lSide, level-1)
```

메인 함수는 다음과 같다:

```
if __name__ == "__main__":
    speed(0)
    length = 300.0
    penup()
    backward(length/2.0)
    pendown()
    for i in range(3):
        #Pull the pen down - drawing when moving.
        koch_curve(length, 4)
        right(120)
    mainloop()
```

실행 결과는 다음과 같다:

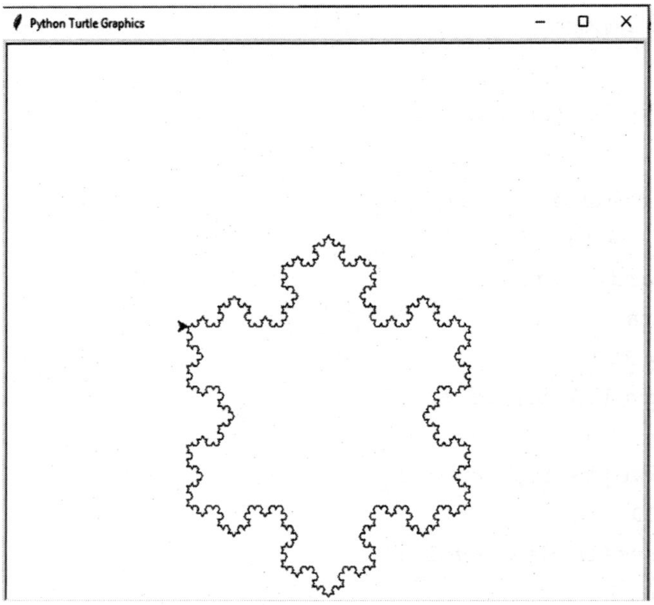

결론

프랙털이란 용어는 1975년 만델브로가 자기-유사성을 보이는 분수 차원을 갖는 기하학적 도형을 묶어서 설명하기 위해 고안했다. 1800년 후반에 이미 코흐와 칸토어 등이 프랙털 곡선에 대해 연구했으나 당시는 순수 수학적 변종으로 취급했다. 1977년 만델브로가 **자연의 프랙털 기하학**이라는 책을 출판하면서 프랙털 기하학이 본격적으로 연구되기 시작했다.

프랙털은 점, 선, 정사각형, 입방체, 구 같은 전통적인 기하학의 도형들로 나타낼 수 없는 복잡한 자연의 모양이나 현상을 연구하는 데 없어서 안 될 수학적 도구로 자리를 잡았다.

예를 들어, 구불구불한 해안선, 산맥의 능선, 구름의 모양과 분포, 식물과 나무의 가지가 뻗은 형태, 또는 불규칙한 물의 흐름을 묘사한다고 생각해보라. 프랙털이 갖는 가장 두드러진 특징은 자기-유사성 혹은 축척 불변이다: 길게 뻗은 해안선을 땅에서, 비행기, 위성에서 보았을 때 크기는 다르지만 구부러진 형태는 아주 비슷하다(부분을 확대하면 전체가 보인다).

이러한 속성의 발견은 자연과학의 많은 분야에 크게 영향을 주었다; 지진, 모래 더미 붕괴, 눈사태 등이 모두 비슷한 축척 불변 속성을 가졌다. 이 장에선 프랙털의 수학적 성질을 알아본 후, 가장 잘 알려진 프랙털인 칸토어 집합, 시에르핀스키 프랙털, 그리고 만델브로 집합에 대해 알아보았다.

마지막으로 자연에서 흔히 볼 수 있는 형태와 관련된 바이오모픽 프랙털의 수학적 성질을 살펴보고 파이썬으로 구현했다.

다음 장에서는 양자 컴퓨팅이라는 매력적인 세계를 소개하겠다. 양자 컴퓨터는 양자역학과 물리법칙을 응용한 큐비트를 단위로 하는 데이터 처리기다. 전통적인 슈퍼컴퓨터의 처리 속도를 몇 단위 능가하는 이론적 연산 능력 때문에 양자 컴퓨터 개발에 대한 관심이 아주 크다.

참고 사이트

6장에서 다룬 주제에 대해 더 많이 배울 수 있는 유용한 정보가 있는 사이트:

프랙털

- 프랙털이란?: https://fractalfoundation.org/resources/what-are-fractals/
- 초보자를 위한 프랙털: https://brunomarion.com/fractals-for-dummies/
- 프랙털 도서관: https://www.mtholyoke.edu/courses/adurfee/fractals/math125-bibliography.htm
- 프랙털 돋보기: https://www.youtube.com/watch?v=BTiZD7p_oTc
- 자연속 프랙털: https://www.diygenius.com/fractals-in-nature/

만델브로

- 만델브로 집합 체험: http://math.hws.edu/eck/js/mandelbrot/MB.html
- 프랙털과 자연의 예술: https://www.youtube.com/watch?v=ay8OMOsf6AQ
- 만델브로 공식 사이트: https://users.math.yale.edu/~bbm3/

프랙털과 자연

- 반복 함수 시스템(IFS)으로 프랙털 그리기: http://software-tecnico-libre.es/en/article-by-topic/all_sections/all-topics/all-articles/iterated-function-systems-drawer
- IFS 프랙털: https://www.youtube.com/watch?v=53AOzJsGizA
- 가지치기 프랙털: https://fractalfoundation.org/OFC/OFC-1-1.html

CHAPTER 7

양자 컴퓨팅

Quantum Computing

개요

양자 컴퓨터는 0과 1의 비트가 아니라 양자 비트 혹은 큐비트라는 단위로 정보를 표현하고 처리하는 새로운 형태의 장치다. 큐비트는 상태 중첩과 얽힘 같은 양자 물리학 성질을 기초로 한 복잡한 객체다.

양자 컴퓨터의 주된 장점은 현재 컴퓨터 기술로 풀 수 없는 문제를 포함해서 모든 계산 문제를 풀 수 있다는 점이다.

아주 매력적인 분야지만, 과학적 관점에서 비판도 만만치 않다(아직까지 전통적인 기술과 비교해서 더 효과적임을 보이기가 어렵다. !고 저자가 글을 쓴 약 1년 후 구글이 상당한 수준의 양자 컴퓨팅 기술을 발표했다). 양자 시스템이 공학적 측면에서 망가지기 쉽기 때문에 외부와 차단하고, 낮은 온도를 유지해야 하며, 계산 오류를 정정하는 기법도 개발해야 한다.

양자 컴퓨팅 아이디어는 1970년대 후반에서 1980년대 초반 무렵 유리 마닌, 리처드 파인만, 그리고 데이비드 도이치가 양자 역학의 성질이 전통적인 방식과는 다르게 정보를 처리할 수 있다는 이론을 제시하면서 알려지기 시작했다. 1990년에 **피터 쇼어**가 암호분석을 위해 개발한 소인수분해 알고리즘과 **로브 그루버**가 데이터베이스 효율을 높이는 수단으로 개발한 알고리즘이 등장하면서 양자 컴퓨팅 알고리즘들이 개발되기 시작한다.

주제 자체가 복잡하고 광범위하기 때문에, 기초 개념에 대해서만 소개하는 수준으로 다루기로 한다. 대신 양자역학에 대한 깊이 있는 연구에 도움이 되는 참고문헌을 소개하겠다. 다행스럽게 Qiskit이라는 파이썬 툴킷이 있어서, 실제 양자 컴퓨터[IBM Q Machines]에서 실행되는 코드를 돌려볼 수 있으니, 여기서 다루는 개념만으로도 충분히 양자 컴퓨팅 기초를 배울 수 있다.

다루는 세부 내용

- 양자 컴퓨터
- 큐비트
- 양자 게이트
- 양자 프로그래밍
- Qiskit
  - 프로그래밍 워크플로
  - QASM 백엔드
  - 양자 회로
  - 양자 게이트
  - IBM Q에서 Qiskit 실행
- 양자 컴퓨팅 응용
- 결론
- 참고 사이트

양자 컴퓨터

직접 눈으로 볼 수 없지만 컴퓨터가 이진 코드 즉, 비트를 단위로 처리한다는 것을 잘 알고 있다. 기본적으로, 전기 신호인 비트는 하드웨어 내부에서 코드화되어 0과 1의 시퀀스를 생성하고 이는 컴퓨터에 의해 특정한 명령어로 번역된다. 전통적인 컴퓨터에서 비트는 오직 0과 1중 한 값을 취한다.

반면에 양자 컴퓨터는 **큐비트**라는 양자 비트를 기본 단위로 한다. 특히 큐비트는 0과 1 값을 동시에 가질 수 있으며, 이점이 바로 양자 컴퓨터가 보통의 컴퓨터보다 강력한 계산력을 갖게 하는 특징이다. 그렇다면 어떻게 하나의 비트가 동시에 두 가지 값을 가질 수 있을까?

이것을 이해하려면, 세상이 불확실하며 모든 게 확률적이라는 양자역학의 법칙이 지배하는 미시 세계로 들어가야 한다. 큐비트를 생성할 수 있는 요소가 자연에 몇 가지 존재하는데 그 중 하나가 전자다: 원자 핵 주위를 회전하는 음 전하를 띤 미립자.

전자는 핵 주위를 회전하면서 동시에 스스로 자전하는데 이때 전자 주위에 미시 수준의 자기장이 생성된다. 이를 **스핀**이라 부르며 이것에 의해 전자를 남북을 가리키는 하나의 작은 자석으로 간주할 수 있다.

전자의 스핀 현상을 다음 그림과 같이 나타낼 수 있다:

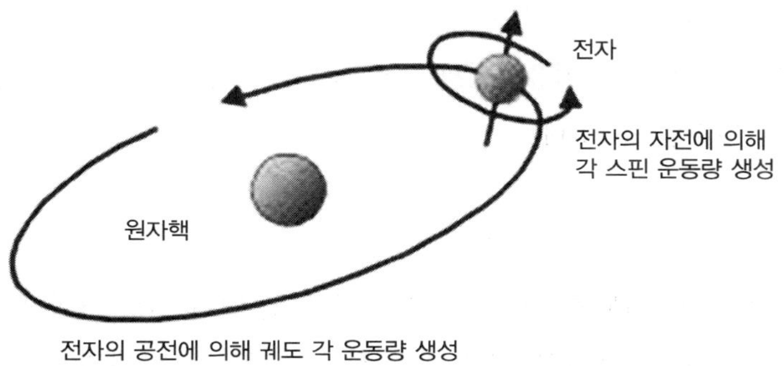

| 그림 7.1 | 전자의 자전과 스핀

전자를 외부 자기장에 넣으면 (컴퍼스가 지구 자기장에 맞추어 정렬하듯이) 늘어서는데 이때 주로 두 가지 방법으로 정렬된다: 에너지가 낮은 전자는 외부 전기장과 같은 방향(스핀 다운)으로 정렬되고, 에너지가 높은 전자는 외부 전기장과 반대 방향(스핀 업)으로 정렬된다. 보통 스핀 다운을 0, 스핀 업을 1로 나타낸다.

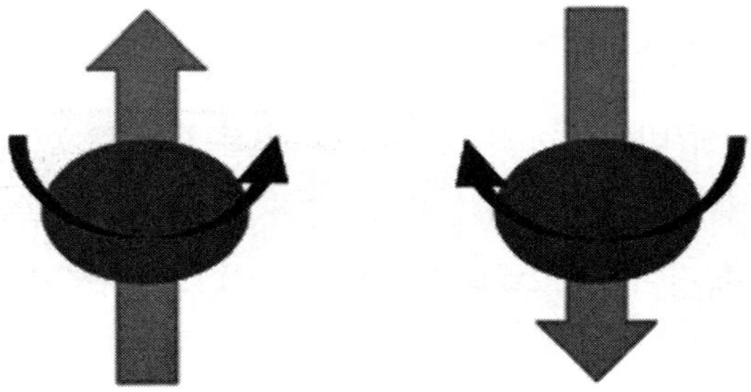

┃그림 7.2┃ 스핀 업(1)과 스핀 다운(0)

큐비트도 스핀에 따라 0 또는 1 값을 가지므로 보통의 비트와 같아서 여기까지는 특별한 게 없어 보인다.

양자 객체들은 이상하게도 그것을 측정하기 전까지 동시에 다른 상태를 취할 수 있는 소위 **양자 중첩**이라는 성질을 가지고 있다. 따라서 전자는 관찰되기 전까지는 동시에 스핀 업 그리고 스핀 다운 즉, 1과 0의 상태에 있을 수 있다.

큐비트 두 개를 묶어서 생각해보면 양자 컴퓨터가 왜 계산 능력이 뛰어난지 확실하게 이해할 수 있다. 전통 방식 컴퓨터에서 비트 두 개를 사용해서 다음과 같이 4가지 정보(!중 하나)를 나타낼 수 있다:

00 01 10 11

위에 나열한 네 가지 상태 중 하나를 정의하려면 첫 번째 비트 값과 두 번째 비트 값을 알아야 하므로, 숫자 두 개를 사용해서 정보를 나타낸다. 반면에 큐비트를 사용하는 경우, 네 가지 상태에 대한 양자 중첩을 생성해서, 각 상태의 발생 확률을 나타내는 계수에 의해 중간 수준의 정보를 나타낼 수 있다.

큐비트 두 개가 나타내는 정보를 설정하려면, 숫자(계수) 네 개를 정의해야 한다. 즉, 큐비트 두 개로 네 가지 상태를 (!동시에) 나타낼 수 있다. 마찬가지로 큐비트 3개(!큐트리트 또는 3단계 양자계)로 8가지, 큐비트 d개(!큐디트)로 2^d 상태를 동시에 나타낼 수 있어, 결국 컴퓨터의 계산 능력이 지수적으로 커짐을 알 수 있다.

큐비트 300개를 사용하는 양자 컴퓨터를 만들었다고 상상해보자. 정보처리 단위가, 우리가 아는 우주의 모든 입자 개수보다 많은, 2^{300} 상태인 양자 컴퓨터의 미래는 어마어마하다!

큐비트

앞서 언급했듯이 양자 컴퓨터의 기본 정보 단위는 양자 비트 즉, 큐비트다.

이 새로운 개념을 이해하려면 **디랙 표기법**으로 알려진 수학 표기를 사용해야만 한다. 이 표기는 큐비트의 상태를 2차원 복소수 벡터 공간의 단위 벡터로 나타낸다. 비트의 상태를 0 또는 1로 나타냈다면, 유사한 방법으로 큐비트는 벡터 $|0>$와 $|1>$로 나타낸다(!디랙 표기법은 양자역학에서 양자 상태를 나타내는 브래킷 표기법이다. 특히 $<|$ 같이 왼쪽 꺽쇠로 시작하는 표기를 브라, $|>$같이 오른쪽 꺽쇠로 끝나는 표기법을 켓이라 부르고 $|0>$을 켓-0, $|1>$을 켓-1로 읽는다).

선형대수에서 사용하는 표기법으로 바꾸면 $|0>$는 $(1,\ 0)T$로 $|1>$는 $(0,\ 1)T$로 즉, 다음과 같이 나내낼 수 있다:

$$|0> = \begin{pmatrix}1\\0\end{pmatrix}\begin{pmatrix}1\\0\end{pmatrix},\ |1> = \begin{pmatrix}0\\1\end{pmatrix}\begin{pmatrix}0\\1\end{pmatrix}$$

이러한 표기를 이용해서 말하자면, 큐비트는 비트와 다르게 $|0>$와 $|1>$ 이외의 상태에 있을 수 있다는 점이다.

브래킷은 다음과 같이 일차 결합으로 나타낼 수 있다:

$$|\Psi| = \alpha|0> + \beta|1>$$

여기서, α와 β는 큐비트 상태를 나타내는 복소수로 $|\alpha|^2 + |\beta|^2 = 1$을 만족한다. 비트가 0 또는 1을 나타내는 것과 다르게 큐비트는 그것의 양자 상태 즉, α와 β를 정확하게 측정할 수 없다. 큐비트가 $|0>$으로 측정될 확률은 $|\alpha|^2$이고, $|1>$로 측정될 확률은 $|\beta|^2$일뿐이다.

예를 들어, 하나의 큐비트는 다음 상태로 측정될 수 있다:

$$\frac{1}{\sqrt{2}}|0> + \frac{1}{\sqrt{2}}|1>$$

특정 시점에 큐비트를 측정했을 때 1에 가까운 경우가 50%, 0에 가까운 경우가 50%다. 주어진 시점에 큐비트가 취할 수 있는 무한한 상태는 전통적으로 북쪽 1, 남쪽 0인 블로흐 구면으로 나타낸다.

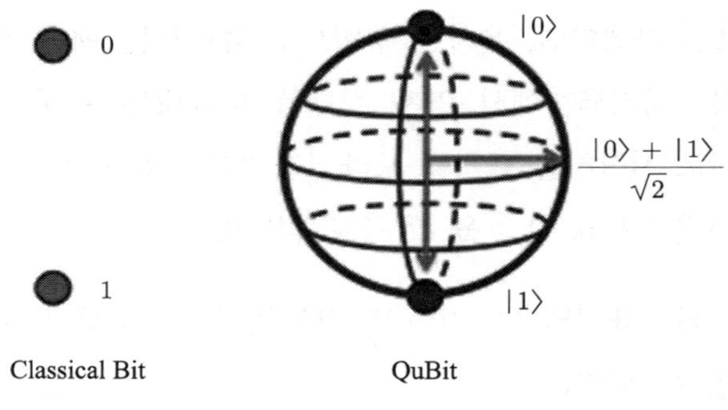

| 그림 7.3 | 비트와 큐비트 시각적 표현

지금까지 수학적으로 서술한 큐비트는 실제 물리적 시스템에서 최소 2가지 이상의 에너지 수준으로 구현한다. 대표적인 3가지 접근 방법은 다음과 같다:

- 균등한 자기장에서 원자핵 스핀 정렬
- 광자의 두 가지 다른 편광
- 단위 원자 내 궤도 전자의 두 가지 다른 에너지 수준

대표적인 사례가 수소 원자 H로 에너지가 정상 상태인 경우 $|0>$, 들뜬 상태인 경우 $|1>$을 나타낸다.

큐비트 상태를 측정할 때, 시스템의 상태가 변하므로, 중첩된 $|0>$과 $|1>$의 상태가 일관된 특정 상태로 붕괴(!고정)된다.

양자 게이트

먼저 다음 2가지를 정의하는 것으로 이 절을 시작하자: 두 입자의 스핀이 같은 상태일 때 두 입자의 상태를 얽힘이라고 부른다. 마찬가지로 예를 들어, 두 입자의 스핀이 반대면 여 얽힘 상태라 한다. 두 가지 모두 중첩 상태이나, 한 입자의 상태를 아는 바로 그 순간 다른 입자의 상태를 알 수 있다: 예를 들어, 여 얽힘 상태의 두 입자에 대해, 한 입자의 상태가 1이면 다른 입자의 상태는 그들이 아무리 멀리 떨어져 있어도 무조건 0이다.

양자 얽힘 현상으로 인해 양자 게이트가 큐비트에 대한 논리 연산을 수행할 수 있다.

보통의 컴퓨터는 일련의 논리 게이트를 사용하는데, 논리 게이트는 예를 들어, 두 비트 모두 1이면 1 아니면 0을 출력하는 *AND* 같이, 두 비트를 입력받아 한 비트를 출력하는 단순한 연산을 수행한다. 다음 표는 보통의 컴퓨터에서 사용하는 논리 게이트를 나타낸다.

| 표 7.1 | 논리 게이트

게이트	출력	비고
AND	둘 다 1이면 1	
OR	하나라도 1이면 1	
NOT	비트 반전	
NAND	*NOT*(*A AND B*)와 동치	모든 논리 게이트는 *NAND*로 나타낼 수 있음

반면에 양자 게이트는 큐비트의 중첩 상태를 조작해서, 확률을 바꿔, 다른 중첩 상태를 출력한다. 다음 표는 기본적인 양자 게이트를 나타낸다.

| 표 7.2 | 양자 게이트

게이트	동치	출력	비고
x (not)	NOT	참과 거짓의 확률을 서로 바꿈	
h (hadamard)	푸리에 변환	중첩 상태	양자 푸리에 변환

제어된 NOT (CNOT)	IF A then
	B := NOT B
	END IF
		첫째 큐비트가 참이면 둘째 큐비트에 NOT 적용	h와 사용하면 얽힘을 생성함

$Toffoli$ (제어된 CNOT)	IF A and B then
	C := NOT C
	END IF
		첫째 및 둘째 큐비트가 참이면 셋째 큐비트에 NOT 적용	모든 양자 게이트는 $Toffoli$로 나타낼 수 있음

$swap$	C := A A := B B := C	A와 B의 상태를 서로 바꿈	

큐비트가 설정된 양자 회로는, 양자 게이트 조합을 적용하여 확률을 바꿔, 결과를 측정하면서, (입자가 관측되는 순간 정해진 상태로 고정되듯이) 중첩이 붕괴되어 0과 1의 수열 즉, 솔루션을 생성한다.

양자 회로의 모든 가능한 조합이 동시에 처리되어 확률이 부여된 상태가 결과로 출력된다.

결과가 100%인 아주 드문 경우를 제외하고, 여러 번 회로를 실행하면 (다음 그림과 같이) 각 입력 조합에 대한 일련의 확률을 얻을 수 있다:

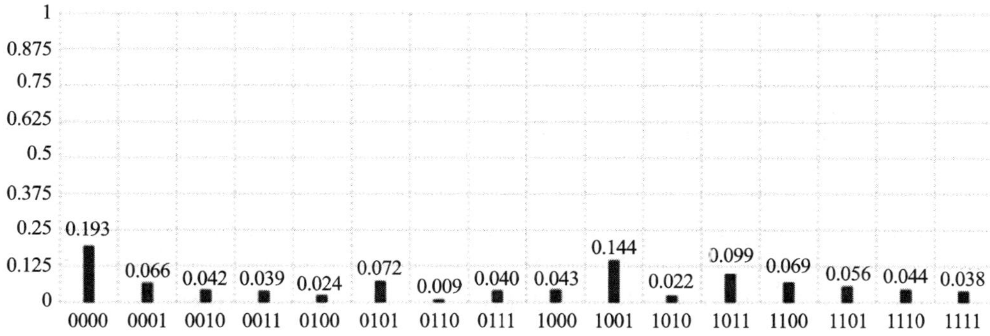

| 그림 7.4 |　양자 계산 출력 사례

다시 요약 하자면, 양자 컴퓨터는 서로 통신하는 일종의 그리드 (양자 회로)에 배열된 일련의 큐비트로 구성된다. 전자 흐름의 방향이 스핀을 결정하는 작은 초전도 자석을 떠올려보라.

양자 게이트로 구성된 회로는 상태를 조작해서 계산 결과를 일련의 확률로 생성한다: 모든 가능한 입력 조합에 대한 값으로, 복잡도는 2^n이고 여기서 n은 큐비트 개수를 나타낸다.

실제 계산에서, 어떤 개수의 큐비트에 대해 복잡한 계산이 필요하며, 시스템이 아주 민감한 균형을 유지해야 하기 때문에, 큐비트가 추가될수록 더욱 더 복잡해진다: 큐비트들은 서로에게 영향을 끼치며 아주 작은 교란도 바로잡기 어려운 오류를 낳을 수 있다.

게다가, 이러한 유형의 계산을 위해 회로가 초전도 현상을 필요로 하므로, 양자 컴퓨터는 절대 영도에 가까운 낮은 온도를 유지해야 한다.

양자 프로그래밍

양자 소프트웨어를 실행할 하드웨어가 없었기 때문에, 최초의 양자 프로그래밍 언어는 약 20년 전에 완전히 이론적인 수준으로 고안되었다.

그러나 양자 컴퓨터가 실재하는 현재, 인터넷에 접속할 수 있는 누구나 자신의 첫 양자 프로그램을 작성해서 실행해볼 수 있는 프로그래밍 언어가 있다.

최근에, 양자 컴퓨팅 패러다임을 사용해서 정보를 처리하는 양자 장치를 만들려고 전 세계의 연구자들이 엄청난 노력을 쏟고 있다.

이러한 장치들은 아직까지 현존하는 전통적인 슈퍼컴퓨터와 겨루기에 크기도 작고 오류도 많다. 그러나 조만간(이 분야의 대가들이 말하길 3~5년 이내)에 계산 능력에서 전통적인 슈퍼컴퓨터를 뛰어넘고, 일련의 문제를 해결하는 소위 양자역학을 응용한 양자 컴퓨터의 등장을 보게 될 것이다.

이런 유형의 장치를 사용해서 풀어야 할 문제들은 현재까지 고전적인 기계로 풀 수 없는 것으로 알려진 문제들이다. 이 문제들은 입력이 늘어나면서 계산 시간이나 메모리가 지수 적으로 증가하는 문제들이다.

새로운 약을 개발하기 위해 분자 구조를 시뮬레이션하는 문제, 화학 반응을 위한 새로운 촉매를 찾는 문제, 재료 공학 분야의 연구뿐 아니라, 화물 운송이나 항공 운항을 위한 최적 경로를 찾는 최적화 또는 포트폴리오 관리나 위험 경감 같은 금융 산업 등이 거기에 속한다.

머신러닝은 알고리즘은 물론 인공지능 분야 전반에 중요한 변화를 불러올 수도 있다.

양자 컴퓨팅 장치의 많은 제약에도 불구하고, 최근에 고안된 양자 알고리즘을 테스트해 볼 수 있는 여건이 갖춰졌다.

예를 들어, IBM의 양자 컴퓨터를 이용해서 구조가 복잡한 분자인 베릴륨 하이드라이드의 원자 결합을 완벽하게 시뮬레이션했으며, 몇 가지 양자 기계 학습 알고리즘을 실행했다.

최근에, 전통적인 프로그래밍 언어에서 출발한 다양한 양자 컴퓨팅 소프트웨어 프로젝트가 활발하게 수행되고 있다. 웹에서 양자 프로그래밍에 대한 공개 소프트웨어 프레임워크 목록이나, 양자 프로그램을 돌려볼 수 있는 다양한 시뮬레이터 목록을 찾을 수 있다.

다음 절에서, 진짜 양자 컴퓨터와 독자를 클라우드로 연결해주는 IBM의 Qiskit 프로젝트를 다뤄보겠다.

Qiskit

양자 정보 과학 킷Qiskit은 IBM의 양자 컴퓨터에서 사용할 수 있는, 다양한 수준의 양자 소프트웨어를 개발하기 위한 완전한 플랫폼이다.

Qiskit은 다음과 같은 네 가지 모듈로 구성되었다:

- **Qiskit Terra**: 양자 회로를 바로 사용할 수 있는 모듈이다. 회로 수준의 양자 프로그램을 구성하고, 특정한 물리적 양자 프로세서의 제약에 따라 최적화하며, 원격 접속 백엔드에서 배치 처리를 관리하는 도구 집합이 테라 내에 포함되어 있다.
- **Qiskit Aqua**: 화학, 최적화, 그리고 인공지능 분야 연구를 쉽게 할 수 있게 만든 모듈이다. 아쿠아 모듈을 이용해서 낮은 수준의 세부적인 사항을 구현하는 수고를 하지 않고 양자 알고리즘을 사용할 수 있다.
- **Qiskit Ignis**: 양자 게이트 오류와 잡음을 줄일 목적의 프레임워크다; 이그니스는 새로운 오류 정정 알고리즘 개발자나 단층 촬영 같은 기법을 사용해서 오류의 특성을 밝히는 연구자에게 특화된 프레임워크다.
- **Qiskit Aer**: 고성능 시뮬레이터, 에뮬레이터, 그리고 디버거 개발을 위한 IBM 프레임워크다. 에어는 기존 프로세서에서 양자 프로세서를 시뮬레이션할 때 고려할 제한 사항을 이해하고, 현재 그리고 미래 양자 프로세서 연산의 정확성을 검증할 목적으로 만든 모듈이다.

여기서는 양자 프로그래밍 언어 OpenSASM과 IBM 양자 경험을 사용하는 오픈소스 개발환경 SDK, Qiskit 테라를 중점으로 다룬다.

Qiskit 테라는 맥OS, 윈도우즈, 그리고 리눅스를 지원한다. 또한, 파이썬, 자바, 그리고 스위프트 버전이 있는데, 우리는 파이썬 버전을 사용하겠다. 파이썬 3.5 이상이면 테라를 설치할 수 있다. 파이썬 패키지 관리자 pip를 사용해서 아주 쉽게 설치할 수 있다. 명령어 라인에 다음을 입력해 설치를 시작한다:

```
pip install qiskit
```

Qiskit 테라를 사용하는 데 필요한 모든 라이브러리가 자동으로 설치된다(관심 있는 독자는 GitHub에서 직접 설치할 수 있다). Qiskit 테라 문서는 https://qiskit.org/documentation/에 있다.

문서를 통해 설치와 설정에 대한 자세한 안내와, 예제 프로그램, 개발 문서, 그리고 실제 장치에 접속하는 방법 등을 알 수 있다. 또한, 양자 컴퓨팅 세계로 첫 걸음을 디디는 사람을 위한 기초 정보가 제공된다.

꼭 그래야 하는 건 아니지만, 특별한 라이브러리를 사용하는 예제를 돌려보려면 쥬피터 노트북을 설치해야 한다. 사용할 수 있는 IDE가 많지만 스크립트 몇 줄을 작성할 필요가 있다면 쥬피터가 좋겠다. 쥬피터는 공식 웹사이트 https://jupyter.org/install의 안내에 따라 pip로 설치할 수 있다. 쥬피터를 사용하려면 터미널을 열고 프로젝트 폴더로 이동한 다음 jupyter notebook을 입력하면 기본 브라우저에 새 프로젝트를 생성할 화면이 나타난다. 다음 절에서 실제 하드웨어 플랫폼에서 양자 프로그램을 실행하는 프로그래밍 워크플로우를 알아보겠다.

프로그래밍 워크플로

이 절에서 Qiskit 사용 방법을 배워보자. Qiskit은 양자 컴퓨터 프로그램 작성에 필요한 기본 컴포넌트를 제공한다. Qiskit의 기본 개념은 순차 양자 회로다. Qiskit은 두 단계 작업의 흐름으로 구성된다: 빌드와 실행.

빌드는 해결하려는 문제에 해당하는 양자 회로를 구축하는 단계를 말하고 실행은 다양한 백엔드 즉, 다양한 장치 및 시뮬레이션 프레임워크에서 회로를 실행하는 단계를 말한다.

작업을 수행하고 나면, 데이터가 축적된다. 해당 프로그램에 대한 데이터를 수집해주는 메서드가 제공된다. 이 데이터로부터 원하는 답을 찾거나 더 나은 프로그램을 작성하는 데 사용할 수 있다.

양자 회로 빌드

양자 프로그램을 만드는 데 필요한 기본 라이브러리가 QuantumCircuit과 QuantumRegister이다. 먼저 이것을 가져온다:

```
import numpy as np
from qiskit import QuantumCircuit, ClassicalRegister, QuantumRegister
from qiskit import execute
```

QuantumRegister를 큐비트 세 개를 사용하는 것으로 설정한 후:

```
q = QuantumRegister(3, 'q')
```

circ라는 이름의 QuantumCircuit으로 등록한다:

```
circ = QuantumCircuit(q)
```

레지스터와 회로를 생성하면, 레지스터를 조작하기 위한 양자 게이트 즉, 연산을 추가할 수 있다. 다음은 큐비트 세 개로 된 *GHZ* 상태를 생성하는 양자회로에 대한 예제다:

$$|\psi> \ = \ (|000> \ + |111>)/\sqrt{2}$$

이 회로의 상태를 측정하면 상태 $|000>$과 $|111>$을 각각 절반씩 얻을 수 있다.

GHZ 상태를 만들려면 다음이 게이트 세 개를 적용해야 한다:

- 큐비트 0에 **Hadamard** (h)를 적용해서 중첩 상태로 만든다.
- 큐비트 0과 1에 **제어된** *NOT*(*CX* **또는** *CNOT*) **연산**
- 큐비트 0과 2에 **제어된** *NOT*(*CX* **또는** *CNOT*) **연산**

이상적인 양자 컴퓨터에서 이 회로는 앞에서 언급한 *GHZ* 상태를 생성한다. 즉, 큐비트 0에 h 게이트를 추가해서 이 큐비트를 중첩 상태로 만들고:

```
circ.h(q[0])
```

제어 큐비트 0과 목표 큐비트 1에 *CX*(*CNOT*)를 추가해서 해당 큐비트를 Bell 상태로 만든 다음:

```
circ.cx(q[0], q[1])
```

제어 큐비트 0과 목표 큐비트 2에 *CX*(*CNOT*)를 추가해서 해당 큐비트를 *GHZ* 상태로 만들어서:

```
circ.cx(q[0], q[2])
```

간단하게 print문으로 QuantumCircuit 회로를 시각화한다:

```
print(circ)
```

실행하면 다음과 같은 회로가 출력된다:

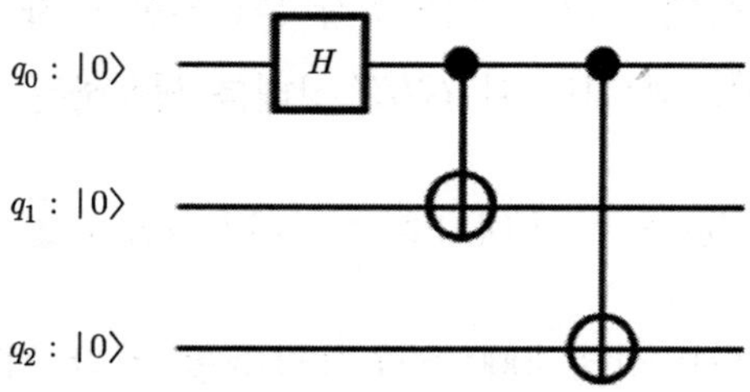

| 그림 7.5 | 양자 회로도

양자 모델 실행

Qiskit 에어 모듈에 양자 회로 시뮬레이션을 위한 모든 기능이 들어 있다. 또한 시뮬레이션을 위한 다양한 백엔드가 지원된다. 가장 공통적으로 사용되는 백엔드가 statevector_simulator다. 이 시뮬레이터는 큐비트 개수를 차원으로 하는 복소수 벡터 형태로 최종 양자 상태를 반환한다(따라서 사용자 컴퓨터에서 실행하기에 너무 클 수 있으니 주의해야 한다). 배우기도 쉽고 이론적 연구나 알고리즘 디버깅도 용이하다.

앞에서 빌드한 회로를 statevector_simulator로 실행하려면, 먼저 에어 모듈을 가져온 후 백엔드를 statevector_simulator로 지정해야 한다:

```
from qiskit import BasicAer
backend = BasicAer.get_backend('statevector_simulator')
```

백엔드까지 지정했으니 이제 양자 회로를 컴파일하고 실행할 때가 됐다. Qiskit의 execute() 함수를 호출하면 백엔드에 전달할 작업 정보를 캡슐화한 객체(job)를 반환한다. 실행을 위한 양자 프로그램을 다음과 같이 생성한다:

```
job = execute(circ, backend)
```

객체 job은 상태와 결과를 반환하는 메서드 job.status()와 job.result()를 가지고 있다. 먼저 job.result()를 호출한다:

```
result = job.result()
```

객체 result에 데이터가 들어 있고, result.get_statevector() 메서드를 호출해서 양자 회로의 상태 벡터를 추출할 수 있다.

```
outputstate = result.get_statevector(circ, decimals=3)
print(outputstate)
```

최종 출력은 다음과 같다:

```
[0.707+0.j 0.000+0.j 0.000+0.j 0.000+0.j 0.000+0.j 0.000+0.j 0.000+0.j 0.707+0.j]
```

Qiskit은 결과를 시각적으로 나타내는 도구를 제공한다. 다음 코드를 사용해서 상태 벡터의 실수부와 허수부를 그려볼 수 있다:

```
from qiskit.tools.visualization import plot_state_city
...
plot_state_city(outputstate)
```

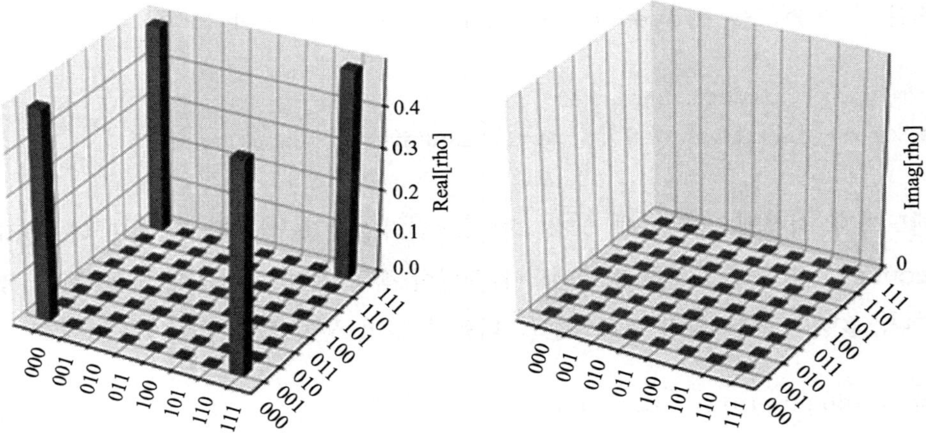

| 그림 7.6 | 상태 벡터 시각화

더 자세하게 그려보려면, 이 책 소스 코드에 포함된 쥬피터용 Qiskit 예제 `GHZ_state.ipyb`를 실행해보기 바란다.

QASM 백엔드

Qiskit 에어의 대표 백엔드가 QASM 시뮬레이터다. 이 백엔드는 양자 회로가 실제 양자 컴퓨팅 장치에서 돌아가는 것처럼 모의로 실행해서 측정 결과를 리턴한다. 정해진 잡음을 포함하는 모델을 구성할 수 있고, 실제 장치의 조정 매개변수를 기초로 해서 자동으로 생성한 유사 잡음 모델을 로드해서 사용할 수도 있다.

측정을 포함하는 회로를 구성하려면, 앞의 회로에 측정을 추가해야 하고 다른 백엔드를 사용해야 한다. 우선 3비트짜리 전통적인 레지스터 `c`를 생성한다:

```
c = ClassicalRegister(3, 'c')
```

양자 회로 meas를 정의한 후:

```
meas = QuantumCircuit(q, c)
meas.barrier(q)
```

전통적인 비트와 양자 측정을 매핑한다:

```
meas.measure(q,c)
```

Qiskit 더하기 연산을 사용해서 회로 객체를 합성할 수 있다:

```
qc = circ+meas
```

어떤 회로가 만들어 졌는지 그려보자:

```
print(qc)
```

다음과 같은 회로도가 그려진다:

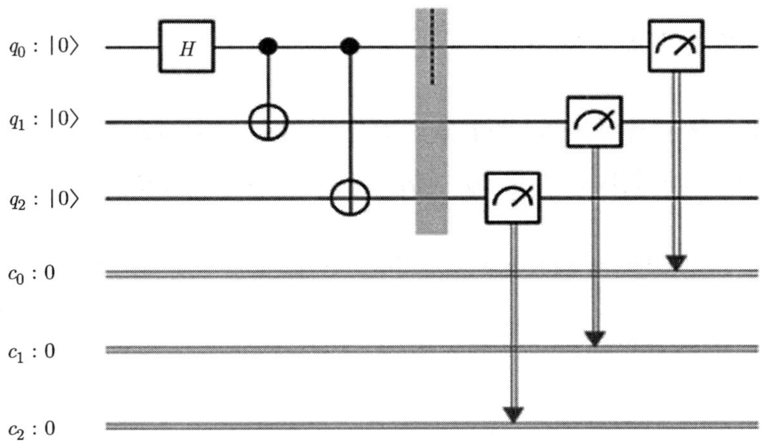

| 그림 7.7 | 측정을 포함하는 양자 회로도

앞서 만든 양자 회로에 전통적인 레지스터(!c_0~c_2)와 측정을 큐비트 출력을 전통적인 비트에 대응시켰다. 이 회로는 Qiskit 에어의 qasm_simulator를 사용해서 시뮬레이션할 수 있으며, 이 회로를 실행할 때마다 비트스트링 000 또는 111이 출력된다. 회로를 여러 차례 실행해서 출력의 분포에 대한 통계(예를 들어, $Pr(000)$)을 얻을 수 있다. 반복 횟수는 execute() 함수 매개변수 shots으로 설정한다. 이제 qasm_simulator를 사용해서 회로를 실행해보자. 반복 횟수는 미리 정해진 값과 동일한 1024로 설정한다:

```
backend_sim = BasicAer.get_backend('qasm_simulator')
job_sim = execute(qc, backend_sim, shots=1024)
```

그러고 나서 실행 결과를 가져온다:

```
result_sim = job_sim.result()
```

일단, result 객체를 받으면, get_count()를 호출해서 이진스트링 통계 데이터에 접근할 수 있다:

```
counts = result_sim.get_counts(qc)
print(counts)

{'000': 526, '111': 498}
```

두 스트링의 출현 비율이 대략 5:5임을 확인할 수 있다. Qiskit은 다음과 같이 이 데이터에 대한 히스토그램을 그릴 수 있는 함수 plot_histogram()을 제공한다:

```
from qiskit.tools.visualization import plot_histogram

plot_histogram(counts)
```

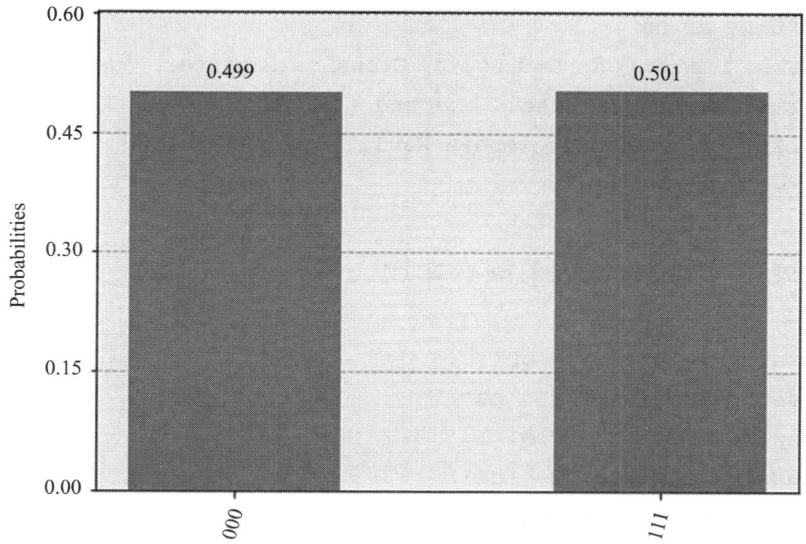

| 그림 7.8 |　출현 빈도 히스토그램

추정 확률 $Pr(000)$과 $Pr(111)$은 각 스트링의 출현 횟수를 반복 횟수로 나누어 계산할 수 있다.

마찬가지로 더 자세하게 그려보려면, 이 책 소스 코드에 포함된 쥬피터용 Qiskit 예제 `QASM_backend.ipyb`를 실행해보기 바란다.

양자 회로

양자 회로는 보통 특정 상태의 큐비트로 시작해서, 일련의 게이트를 거치면서, 고전적인 컴퓨터로는 효율적으로 나타낼 수 없는 상태를 생성한다. 회로의 상태 정보를 추출하려면 양자 회로에 측정을 추가해서 출력을 알아보기 쉬운 비트로 매핑해야 한다.

양자 회로에 대해 더 자세하게 살펴보자. 우선 라이브러리를 가져온다:

```
import numpy as np
from qiskit import QuantumCircuit, ClassicalRegister, QuantumRegister
from qiskit import BasicAer, execute
from qiskit.quantum_info import Pauli, state_fidelity, basis_state,
    process_fidelity
```

다음 코드와 같이 QuantumRegister와 ClassicalRegister를 정의하고:

```
q0 = QuantumRegister(2, 'q0')
c0 = ClassicalRegister(2, 'c0')
q1 = QuantumRegister(2, 'q1')
c1 = ClassicalRegister(2, 'c1')
q_test = QuantumRegister(2, 'q0')
```

양자 레지스터 q0의 이름과 크기를 출력한다:

```
print(q0.name)
print(q0.size)
```

그러면, 다음과 같이 출력된다:

```
q0
2
```

이제 양자 레지스터를 이용해서 양자 회로 QuantumCircuit을 빌드한다:

```
circ = QuantumCircuit(q0, q1)
circ.x(q0[1])
circ.x(q1[0]
```

다음 코드로 양자 회로를 출력한다:

```
print(circ)
```

다음과 같은 양자 회로도를 얻을 수 있다:

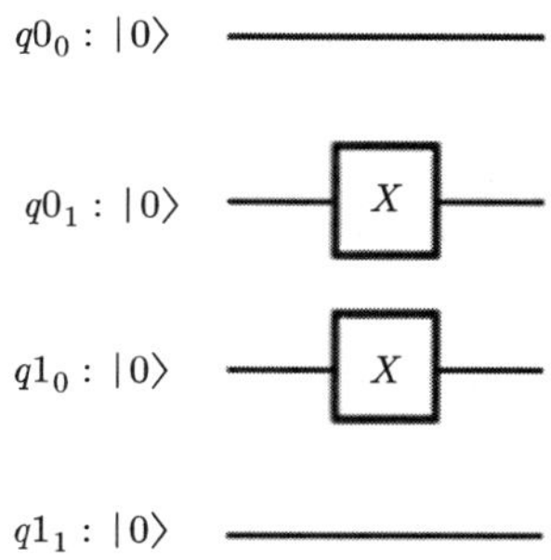

| 그림 7.9 | 양자 회로도

많은 경우, 양자 회로를 결합해서 새로운 회로를 구성할 수 있다. 특히 측정을 포함하지 않는 회로에 측정을 추가할 때 아주 쓸모가 있다:

```
meas = QuantumCircuit(q0, q1, c0, c1)
meas.measure(q0, c0)
meas.measure(q1, c1)
qc = circ + meas
```

새 회로를 그림으로 나타내 보자:

```
qc.draw(output='mpl')
```

다음과 같은 회로도를 얻을 수 있다:

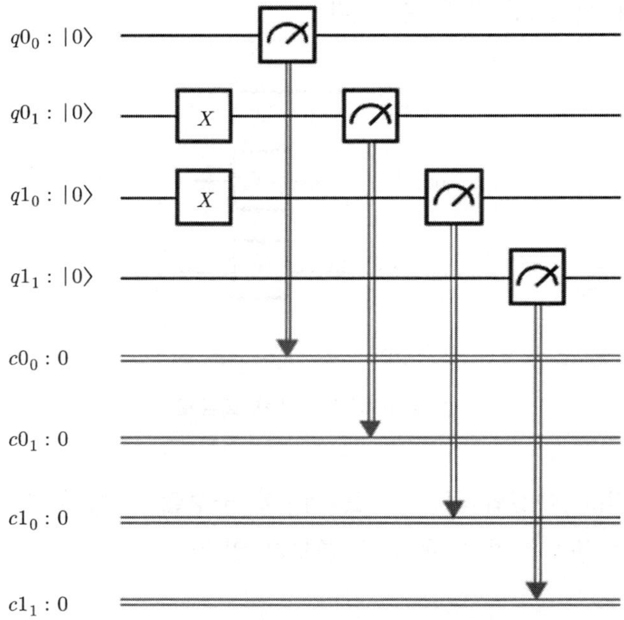

▌그림 7.10▌ 측정을 포함하는 양자 회로도

양자 게이트

양자 게이트는 양자 컴퓨팅을 위한 기본 빌딩 블록이다. 전통적인 디지털 논리회로에서 게이트에 의해 시스템의 상태가 바뀌는 것과 마찬가지로 양자 게이트에 의해 큐비트의 상태가 바뀐다. 양자 게이트 종류 역시 논리 게이트와 유사한데, 여기서는 x 게이트와 h 게이트를 주로 살펴보겠다.

x 게이트

0을 1로, 1을 0으로 바꾸기 때문에 비트-플립으로 알려진 x 게이트부터 시작해보자. 이 연산은 논리 게이트 NOT과 비슷하다. 블로흐 구면에서 X축으로 180도 회전한 것과 같기 때문에 x-**회전**이라고 부르기도 한다. 블로흐 구면의 꼭대기 즉, 상태 0에서 시작하면, x 게이트는 다음 그림과 같이 블로흐 구면을 아래 방향으로 회전해서 상태 1이 된다.

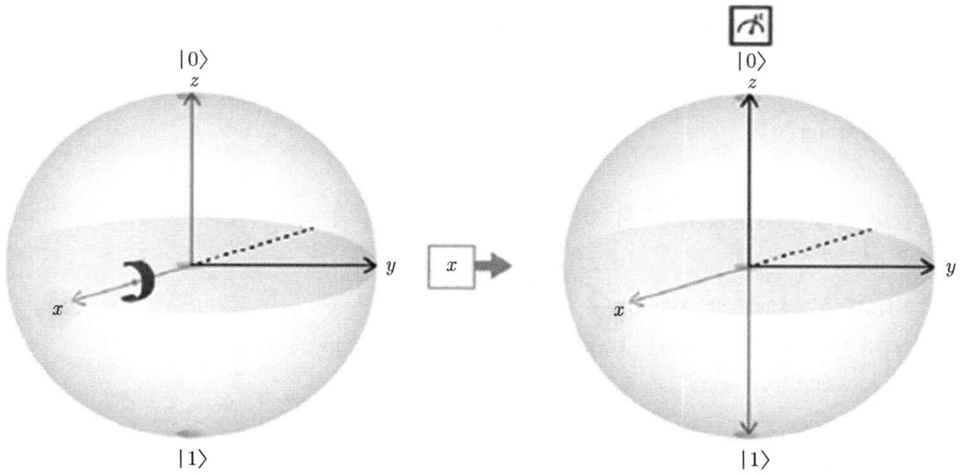

| 그림 7.11 | x **게이트**

Z축을 상태 0으로 초기화한다. x 게이트는 이것을 반전해서 1을 리턴한다. 즉, 논리 게이트 NOT과 유사하다.

비트-플립 게이트 x는 다음과 같이 정의된다: $x = \begin{pmatrix} 0 & 1 \\ 1 & 0 \end{pmatrix}$

간단한 코드를 통해서 더 알아보자:

```
import numpy as np
from qiskit import QuantumCircuit, ClassicalRegister, QuantumRegister
from qiskit import execute
from qiskit import BasicAer
```

큐비트 하나짜리 양자 레지스터를 정의한다:

```
q = QuantumRegister(1, 'q')
circ = QuantumCircuit(q)
```

동치 연산을 사용해서 큐비트 상태를 출력할 수 있다:

동치 연산은 다음과 같이 정의된다: $iden = \begin{pmatrix} 1 & 0 \\ 0 & 1 \end{pmatrix}$

```
circ.iden(q[0])
```

statevector_simulator를 이용해서 시뮬레이션을 수행한다:

```
from qiskit import BasicAer
backend = BasicAer.get_backend('statevector_simulator')
job = execute(circ, backend)
result = job.result()
vector = result.get_statevector(circ, decimals=3)
print(vector)
```

상태 q[0]는 다음과 같이 나타난다:

```
[ 1.+0.j 0.+0.j]
```

마지막으로 큐비트 q[0]에 대한 블로흐 구면을 다음 코드를 이용해서 나타내 보자:

```
from qiskit.tools.visualization import plot_bloch_vector
p = np.outer(vector,vector.conj())
px = np.array([[0,1],[1,0]])
py = np.array([[0,-1j],[1j,0]])
pz = np.array([[1,0],[0,-1]])

x = float(np.trace(np.dot(px,p)))
y = float(np.trace(np.dot(py,p)))
z = float(np.trace(np.dot(pz,p)))
vec=[x,y,z]
plot_bloch_vector(vec)
```

실행 결과는 다음과 같다:

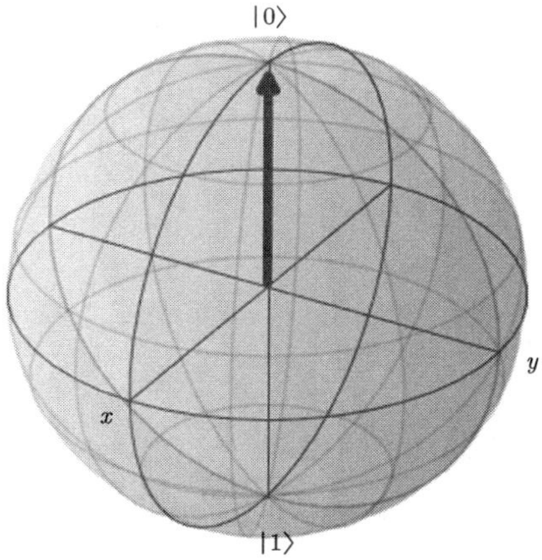

| 그림 7.12 | **큐비트 q_0의 상태**

이제 x 게이트 연산을 확인해보자. 연산 $iden$을 x로 바꾸기만 하면 된다:

```
circ.x(q[0])
```

x 게이트 연산 후 상태 `q[0]`는 다음과 같이 바뀐다:

```
[ 0.+0.j 1.+0.j]
```

블로흐 구면 역시 다음과 같이 나타난다:

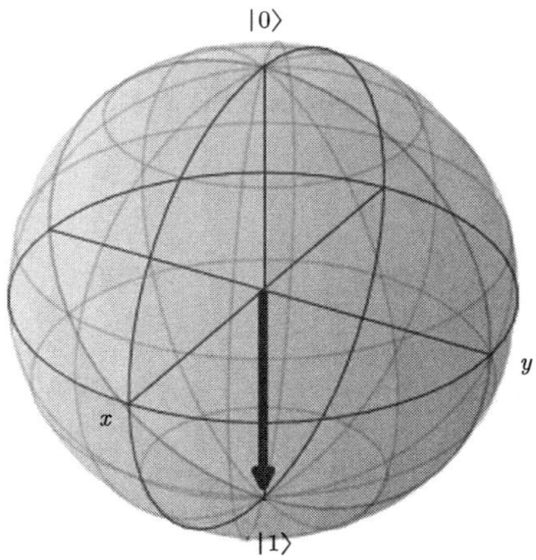

| 그림 7.13 | **x 게이트 연산 후 큐비트 q_0의 상태**

이 책 소스 코드에 포함된 쥬피터용 Qiskit 예제 identity.ipyb 및 X_operator.ipyb를 실행해 볼 수도 있다.

H 게이트

상태 0, 1을 반전시키는 방법을 알았으니, 이제 0과 1을 결합해서 양자 상태를 중첩 상태로 만드는 방법을 알아보자. 중첩 상태를 만드는 게이트가 하다마드 게이트로 알려진 H 게이트다. H 게이트는 상태 0으로 초기화한 큐비트의 상태를 절반은 0 절반은 1인 상태로 바꾼다. H 게이트는 측정을 포함하는데, 측정하기 전까지 큐비트의 상태는 0도 아니고 1도 아닌, 각 상태의 비중이 동일한, 독특한 양자 상태 즉, 중첩 상태에 있다.

H 게이트는 X축과 Z축에 대한 회전으로 생각할 수 있다:

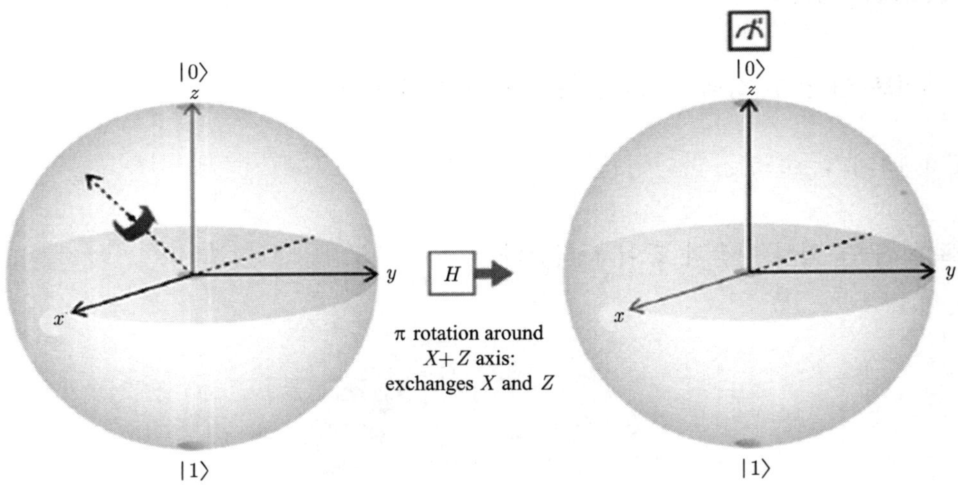

| 그림 7.14 | H 게이트

파이썬 코드로 알아보자. 먼저 라이브러리를 가져오고:

```
import numpy as np
from qiskit import QuantumCircuit, ClassicalRegister, QuantumRegister
```

```
from qiskit import execute
from qiskit import BasicAe
```

양자 모델을 빌드한 후:

```
q = QuantumRegister(1, 'q')
circ = QuantumCircuit(q)
```

큐비트 `q[0]`에 하다마드 연산 즉, H 게이트를 적용한다:

```
circ.h(q[0])
print(circ)
```

결과를 확인하기 위해, 결과 상태 `q[0]`에 대한 블로흐 구면을 그려보자:

```
from qiskit.tools.visualization import plot_bloch_vector
p = np.outer(vector,vector.conj())
px = np.array([[0,1],[1,0]])
py = np.array([[0,-1j],[1j,0]])
pz = np.array([[1,0],[0,-1]])
x = float(np.trace(np.dot(px,p)))
y = float(np.trace(np.dot(py,p)))
z = float(np.trace(np.dot(pz,p)))
vec=[x,y,z]
plot_bloch_vector(vec)
```

H 게이트 적용 후 블로흐 구면은 다음과 같다:

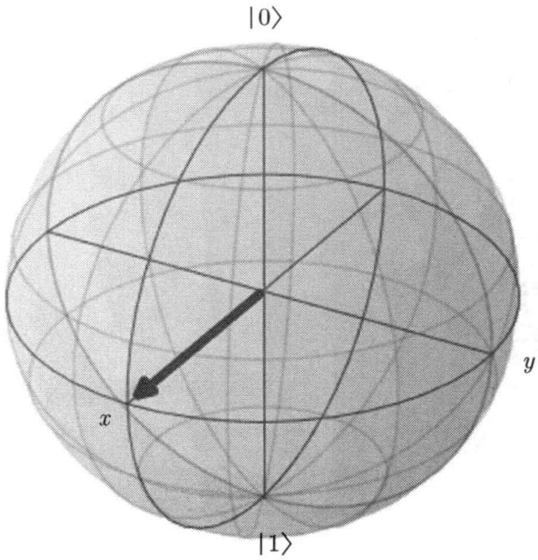

| 그림 7.15 | H 게이트 적용 후 큐비트 q_0의 상태

IBM Q에서 Qiskit 실행

IBM Q는 클라우드 서비스를 통해서 Qiskit을 지원하는 몇 가지 실제 양자 컴퓨터와 고성능 컴퓨팅 시뮬레이터를 제공한다.

무료 IBM Q 계정과 API 토큰 생성

다음 절차에 따라 API 토큰을 얻을 수 있다:

1. 로그인 후, `My Account`로 간다:

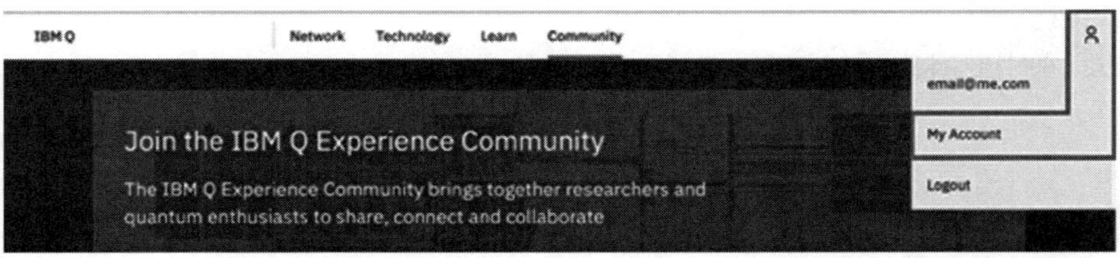

2. `Advanced` 탭으로 가서 API 토큰 섹션의 `Generate` 버튼을 클릭한다:

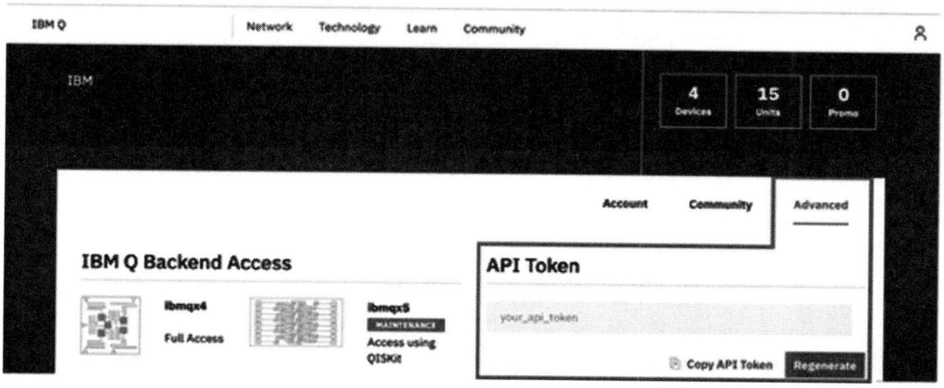

3. 파일 Qconfig.py를 설정할 때 필요하므로 API 토큰을 어디든 저장한다:

```
# Before you can use the jobs API, you need to set up an access token.
# Log in to the Quantum Experience. Under "Account", generate a personal
# access token. Replace 'PUT_YOUR_API_TOKEN_HERE' below with the quoted
# token string. Uncomment the APItoken variable, and you will be
  ready to go.

APItoken = 'MY_API_TOKEN'

config = {
    'url': 'https://quantumexperience.ng.bluemix.net/api',
    # If you have access to IBM Q features, you also need to fill the "hub",
    # "group", and "project" details. Replace "None" on the lines below
    # with your details from Quantum Experience, quoting the strings, for
    # example: 'hub': 'my_hub'
    # You will also need to update the 'url' above, pointing it to your custom
    # URL for IBM Q.
    'hub': None,
    'group': None,
    'project': None
}
if 'APItoken' not in locals():
    raise Exception('Please set up your access token. See Qconfig.py.')
```

IBM Q 디바이스 실행

다음은 간단한 양자 난수생성기 프로그램과 그것을 실제 백엔드에서 어떻게 실행하는지를 보여주는 예제다:

1. Qiskit 라이브러리를 가져온다:

```
import Qiskit
```

2. 자신의 API 토큰을 지정한 `Qconfig.py`를 가져온다:

```
import Qconfig
```

3. 큐비트 하나짜리 양자 레지스터를 생성한다:

```
qreg = QuantumRegister(1)
```

4. 양자 상태 측정을 위한 일반 레지스터를 생성한다:

```
creg = ClassicalRegister(1)
```

5. 두 레지스터로 초기화한 양자 회로를 정의한다:

```
qcircuit = QuantumCircuit(qreg,creg)
```

6. 회로가 구성되었으면 실행할 명령을 지정한다. 여기서는 회로의 (유일한) 큐비트에 H 게이트를 적용한다:

```
qcircuit.h(qreg[0])
```

7. 큐비트를 측정해서 (역시 유일한) 일반 레지스터에 넣는다:

```
qcircuit.measure(qreg[0],creg[0])
```

8. 회로를 실행한다:

```
result = execute(qcircuit, 'local_qasm_simulator').result()
```

9. 결과를 출력한다:

```
print(result.get_counts())
```

10. result.get_counts()을 호출해서 결과를 출력하면 0과 1이 몇 번이나 출력되었는지 알 수 있다. 다음과 같이 출력 된다:

```
{'0': 1024}
We'll use the least busy device: ibmqx4
{'0': 1001, '1': 23}
```

양자 컴퓨팅 응용

양자 컴퓨팅 연구 분야는 오류 정정 시스템 확장성 연구(현재 많은 경우에 있어서 기존의 알고리즘을 확장하는 게 용이하지 않음), 최초의 산업용 응용 개발, 양자 기술을 개발하는 데 필요한 프레임워크와 프로그래밍 언어 개발 등 매우 다양하다.

단기적으로, 고전 물리학과는 다르게 파동과 입자를 동시에 고려한 물리 시스템을 대상으로 하는 양자 시스템의 컴퓨터 시뮬레이션을 수행하는 양자 컴퓨팅 응용이 등장할 것이다. 이러한 시스템은 소수의 큐비트로 구현할 수 있는 간단한 것이다.

예를 들어, 생화학 분야에는, 신약 개발에서 신물질 개발, 화합물 분석에서 에너지 저장 시스템에 이르는 분야에 대한 해결해야 할 다양한 가설들이 있다. 중기적으로 빅데이터에 대한 실험을 통해 금융이나 과학 연구 분야와 관련된 응용이 개발될 것이다.

장기적으로, 양자 기술은 블록체인을 포함한 금융 거래나 군사용 보안 통신에 사용되는 암호 시스템을 무력화할 수 있다.

물론 이런 일이 당장 일어나지는 않을 거다; 이런 기술이 가능하려면 아주 많은 큐비트가 필요하다. 지금은 양자 기술 이후 혹은 양자 기술에도 안전한 암호 이론을 연구하고 있다.

양자 컴퓨팅 연구의 다른 한 분야가 바로 머신러닝을 포함한 인공지능 분야다. 아직까지 가정에 불과하고 정확한 예측이 어렵지만 양자 머신러닝에 대한 연구가 매우 활발해서, 신경망 학습이나 통계에 기반을 둔 학습 분야를 크게 개선한 엄청나게 다양한 응용 사례가 등장해서 전통적인 인공지능의 여러 분야에 큰 영향을 줄 수 있다.

결론

이 장에선, 양자 컴퓨팅의 기초 개념을 이해할 수 있었다. 양자역학에 기초한 큐비트 개념과 이에 기초한 새로운 계산 모델의 원리에 대해 살펴보았다. 이 새로운 연구 분자는 연구자들로 하여금 양자역학과 정보이론을 주로 하는 다양한 분야에 대해 관심을 갖게 하였다.

또한 양자 게이트와 양자 프로그래밍 기술의 개요를 다루었다. 특히, IBM 양자 컴퓨터에서 실행할 수 있는 다양한 수준의 양자 소프트웨어를 개발할 수 있는 완전한 플랫폼인 Qiskit 프레임워크에 중점을 두고 몇 가지 사례들을 구현해보았다.

마지막인 다음 장에서 흥미로운 주제인 DNA 컴퓨팅을 다루겠다: 전통적인 실리콘에 기반을 둔 컴퓨터를 대신한, DNA(따라서 생화학과 분자생물학)에 기초한 컴퓨터다. 그러다보니 DNA 컴퓨팅 연구에 대한 관심이 아주 크다.

DNA 컴퓨팅 계산 기술의 논리를 알아보고, 이 기술을 실제적인 연구 분야로 만든 애들먼Adleman 알고리즘을 구현해 보겠다.

참고 사이트

7장에서 다룬 주제에 대해 더 많이 배울 수 있는 유용한 정보가 있는 사이트:

양자역학

- 양자역학 기초: http://www.people.fas.harvard.edu/~djmorin/waves/quantum.pdf
- 양자물리와 역학: https://www.edx.org/learn/quantum-physics-mechanics
- 양자 거동에 대한 파이만 강의(양자물리학): http://www.feynmanlectures.caltech.edu/III_01.html

양자 컴퓨팅

- 10분만에 배우는 양자 컴퓨팅: https://www.youtube.com/watch?v=QuR969uMICM
- 양자 컴퓨팅 놀이터: http://www.quantumplayground.net/#/home
- 양자 컴퓨팅 튜터리얼: http://www.monoidal.net/papers/tutorialqpl-1.pdf
- 양자 컴퓨팅 짧은 역사: https://www.doc.ic.ac.uk/~nd/surprise_97/journal/vol4/spb3/
- Shor의 소인수 분해 알고리즘: https://www.youtube.com/watch?v=hOlOY7NyMfs

양자 프로그래밍

- 처음 배우는 양자 프로그래밍: https://hackernoon.com/an-interactive-tutorial-on-quantum-programming-327da388f859
- 파이썬으로 양자 컴퓨팅 시작: https://pythonspot.com/an-introduction-to-building-quantum-computing-applications-with-python/
- 파이썬을 이용한 양자 컴퓨팅 이해: https://dzone.com/articles/using-python-to-understand-quantum-computing
- 양자 컴퓨팅 프로젝트 목록: https://qosf.org/project_list/

양자 컴퓨터

- D-Wave 양자 컴퓨터: https://www.dwavesys.com/
- IBM Q: https://www.research.ibm.com/ibm-q/
- 양자 혁명 강화: https://www.microsoft.com/en-us/quantum/
- Rigetti 양자 클라우드 서비스: https://www.rigetti.com/
- 4가지 재미있는 양자 컴퓨팅 응용: https://devops.com/4-amazing-quantum-computing-applications/

파이썬 프레임워크

- Qiskit: https://qiskit.org/
- QuTip-파이썬을 이용한 양자 툴박스: http://qutip.org/
- ProjectQ: https://projectq.ch/

CHAPTER 8

DNA 컴퓨팅

DNA Computing

개요

전자 디지털 컴퓨터는 20세기 과학과 기술에 커다란 사회 문화적 영향을 끼친 가장 대중적인 산물임이 틀림없다. 1951년에 최초의 상업용 컴퓨터인 **유니박(UNIVAC)** 7대가 생산됨으로써 주로 군사용으로 사용되던 컴퓨터가 민간인이 사용하는 상업용으로 등장하게 되었다. 컴퓨터는 놀랍게 진화해서, 크기는 줄어들면서 성능은 처음에 상상할 수 없는 정도로 개선되었다.

성능을 개선하기 위해 구성요소를 엄청나게 작게 만들기 시작했다. 그러나 이러한 방식은 원자 이상으로 줄일 수 없다는 물리적 한계를 지닌다. 일련의 연구 그룹이 아주 전망이 밝은 가설에 대해 연구하기 시작한다: 7장에서 다룬 양자 컴퓨터와 DNA 컴퓨터다. 1994년 과학 잡지에 게재된 **애들먼**의 논문으로 DNA 컴퓨터에 대한 최초의 사례가 세상에 알려진다.

수학자이자 컴퓨터 과학자이고 분자 생물학자 전문가이기도 한 애들먼은 이미 **리베스트** 그리고 **샤미르**와 함께 개발한 공개키 암호 시스템인 RSA 시스템으로 잘 알려진

인물이었다.

애들먼은 **DNA**를 이용해 방향 그래프의 해밀턴 회로를 빠르게 찾는 실험 사례를 소개해서 큰 주목을 받는다. 프린스턴 대학교에 약 200명의 컴퓨터 과학자와 생물학자가 참여한 연구 조직이 5개월 만에 서둘러 조직되어 분자 생물학 기술을 암호 해독에서 보편 컴퓨터의 구성에 이르는 계산 문제에 응용하려는 다양한 시도를 하게 된다.

이렇게 새로운 학문 분야가 탄생했다: 그 이후 DNA 컴퓨팅 분야는 짧은 지면에 요약해서 소개할 수 없을 만큼 크게 발전했다. 이 장에서, 이 환상적인 분야의 기초 이론을 소개하고, 해밀턴 경로 문제에 대한 애들먼 실험에 대한 파이썬 시뮬레이션을 다뤄 보겠다.

다루는 세부 내용

- DNA 컴퓨팅 원리
- DNA 기초
- DNA 컴퓨팅 개요
  - DNA 조작
- DNA 알고리즘
- DNA 컴퓨팅을 위한 애들먼 모델
  - 애들먼의 생물학적 접근 방법
- 애들먼 모델 파이썬 구현
- 결론
- 참고 사이트

DNA 컴퓨팅 원리

계산 수단을 마이크로칩에서 DNA 분자로 바꾸자는 게 DNA 컴퓨팅의 기본 생각이다. 현재의 정보 처리 기술에 기초해서 더 작게 하는 방식으로 성능을 개선하려는 노력이 한계에 봉착하자 이를 극복하려는 노력의 결과로 최근에 출현한 극적인 혁신이 양자 컴퓨팅과 DNA 컴퓨팅임을 앞서 언급했었다.

사실, 이미 1950년대에 **리처드 파인만**은 분자를 계산 도구로 사용하는 가능성에 대해 많은 생각을 했다. 1980년대 **찰스 베네**와 **마이클 콘라드**는 분자 계산 모델을 더 구체적으로 형식화하여 제안하기도 하였다.

특히 세포 내부에서 일어나는 (DNA 스트링을 복사해 자르고 붙이는) 현상을 통해 생명 자체가 일련의 복잡한 계산임을 알게 되었다.

이제 DNA를 이용하는 계산의 장점에 대해 구체적으로 분석해보자:

- **빠른 계산 속도**: 애들먼에 의하면 DNA 컴퓨터는 이론적으로 초당 약 1.2×10^{10}개의 명령을 처리한다. 현재 가장 빠른 슈퍼컴퓨터보다 약 1,200배 빠르다. 십만 년 걸릴 계산을 DNA 컴퓨터는 한 달 내에 처리한다.

비밀은 바로 놀랄만한 병렬성에 있다. DNA는 안정적인 분자이고, 실험실에서 이미 잘 알려진 다양한 방법으로 조작하고 아부 빠르게 복제할 수 있어서, 현대식 컴퓨터보다 엄청난 규모로 병렬처리를 할 수 있다.

- **간결한 정보 표현**: 데이터 저장소로서 DNA는 믿을 수 없을 만큼 간결하게 데이터를 표현한다. DNA 몇 그램에 현대 컴퓨터 메모리 보다 더 많은 정보가 담길 수 있는 것으로 추정된다. DNA 염기 1개는 2비트 정보를 나타내며 상온에서 상보 염기가 짝을 이루지 못하게 하는 기술이 있기 때문에 외부의 교란과 무관하게 DNA 분자에 이러한 대용량 정보를 저장할 수 있다.

저장 용량에 대한 이런 계산 방법은 아주 흥미로운 것으로 정보 저장 능력의 10%만 활용하더라도 현재 기술에 비해 엄청난 것이다. 사실 우리 자신도 우리 DNA 분자의 10% 정도가 정보로 채워져 있는 것으로 알려져 있다.

DNA 컴퓨팅 연구자들은 DNA 시퀀스에 저장된 생물학적 정보를 인코딩, 축적, 조작,

그리고 검색하는 방법을 연구하고 있다. 예를 들어, 인공 DNA 분자로 구성된 염기 서열에 정보를 저장하고 또 꺼내기 위한 대용량 데이터베이스를 구축하는 연구가 있다. 이 데이터베이스는 많은 단위 DNA 염기 집합인데, 각각은 미리 정해진 부분 스트링을 구성된 특별한 스트링을 포함한다.

- **에너지 효율성**: 잠재적으로 분자 컴퓨터는 엄청나게 에너지 효율적이다. 원리적으로 1주울이면 약 2×10^{19} 리가아제(!핵산 분자를 결합하는 효소) 반응을 수행하기에 충분하다.

열역학 제2법칙에 따르면, 상온에서 1주울 당 최대 34×10^{19} 비가역 동작을 수행할 수 있다. 현대 슈퍼컴퓨터는 1주울 당 10^9 동작을 수행하니 DNA 컴퓨터가 에너지 효율면에서 10^{10}배 더 뛰어나다.

DNA 기초

생명체의 구조와 기능을 제어하는 정보 즉, 유전 물질은 세포핵의 염색체 속 DNA 분자에 인코딩되어 있다.

DNA는 큰 분자들로 구성된 거대 분자로 그리스어로 '길다'를 뜻하는 매크로로 더 잘 알려져 있다. 주 구성 요소인 뉴클레오티드는 인산, 당 그리고 염기로 구성되어 있다. 당과 인산의 결합은 언제나 동일하지만 당은 네 가지 다른 유형의 염기와 결합한다: 아데닌, 구아닌, 시토신, 그리고 티민으로 보통 머리글자 A, G, C, 그리고 T로 나타낸다.

염기 이름은 일반적으로 그것을 포함하는 뉴클레오티드를 나타내는 데 사용된다. 각각의 DNA 분자는 두 가닥으로 구성되는데, 이 가닥들은 아주 많은 개수의 뉴클레오티드를 포함한다. 당이 모두 같은 거리만큼 모서리에 떨어져 위치하는데 반해, 염기는 뻗어 나와 다른 필라멘트와 상대적으로 다소 약한 수소 결합을 한다.

염기 사이의 결합은 아데닌과 티민, $A=T$(이중 수소 결합) 그리고 구아닌과 시토신,

$G \equiv C$(삼중 수소 결합)만 가능하다. DNA 분자가 아주 복잡하지만 크기는 아주 작다. 예를 들어, DNA 분자 1개에는 염기가 약 30억 개 들어 있지만 크기는 약 10^{-6} 밀리미터다. 이중나선형으로 비틀리고 접혀 핵에 들어가도 직경은 100분의 1 밀리미터 정도다.

더구나, 세포 한 개에는 약 2미터 길이의 DNA(뉴클레오티드 3억 개)가 들어 있으니, 중간 크기 세포에 있는 DNA는 대략 15,000번 이상 접혀 있다. 사람의 몸에 들어 있는 DNA는 전체 길이가 약 1,300억 킬로미터에 이른다. 다음 그림은 DNA 한 가닥의 이중나선 구조를 나타낸다:

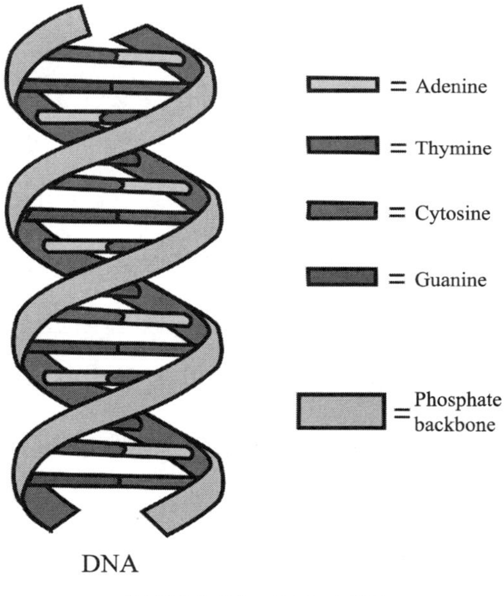

| 그림 8.1 | DNA 가닥

DNA 컴퓨팅 개요

DNA 컴퓨터는 분자의 화학적 성질을 이용해서 정보를 나타낸다. 특히, DNA는 생물학적 촉매인 효소라는 생물학적 소프트웨어가 간단한 연산을 수행한다. DNA 가닥은 네 가지 A, G, C, T 기호의 조합으로 구성된 스트링을 특징으로 한다. 수학적으로 나타내자면 일반 컴퓨터가 정보를 인코딩하는 데 이진 알파벳 $\sum=\{0,1\}$을 사용하는데 반해 DNA 컴퓨터는 네 가지 원소로 구성된 알파벳 $\sum=\{A,G,T,C\}$을 사용한다.

DNA 가닥이 입력과 출력으로 사용되는데, 여기서 유전 시퀀스가 어떤 정보를 나타낸다. 따라서 DNA 컴퓨터 프로그램은, DNA 가닥을 합성, 추출, 수정, 그리고 복제하는, 일련의 생화학적 연산을 수행한다. DNA 가닥에 대해 수행할 수 있는 연산으로써, 제안된 DNA 모델은 모두 다음에 설명할 다양한 생물학적 기본 연산을 조합한 것이다.

DNA 조작

일반적으로 어떤 연산을 수행할 때, DNA 분자를 당분이 있는 수용액에, 때로는 실행을 촉진하는 특정 효소와 함께, 넣는다. 우리가 사용할 수 있는 DNA 연산을 정리해 보자:

- 모든 모델에서 사용될 다항식 길이의 DNA 가닥 합성:
- **DNA 조각을 그것을 구성하는 상보 가닥 두 개로 분리**: 용액을 가열하면 상보 염기쌍의 약한 수소 결합이 깨져 분리가 일어난다.
- **두 상보 가닥을 합치는 어닐링**: 용액을 냉각하면 되는데, 리가아제 효소를 추가하면 결합이 더 안정된다.
- **DNA 가닥을 복제하는 폴리메라아제 연쇄 반응을 일으켜 DNA를 복제하는 증폭**: 폴리메라아제 효소가 필라멘트를 읽고 염기 혼합물에서 상보 염기를 끌어온다. 이 반응이 아주 빨라서 짧은 시간에 해당 DNA를 수백만 번 복제한다; 실제로 물질이 두 배가되는 주기를 단위로 반복하므로 DNA 한 가닥은 n 주기 후 2^n개가 복제된다.
- **DNA 가닥을 일정한 길이로 자르는 겔 전기영동**: 다른 길이의 DNA 분자를 겔의 얇은 막 말단의 웅덩이에 위치시키고 전류를 가한다. 음으로 대전된 DNA 분자가 양극으로 끌리는데 짧은 분자가 더 빠르게 이동한다.

- **친화력에 의한 추출:** 염기의 상보성 원리를 이용하여 특정 구성의 하위 가닥을 포함하는 DNA 가닥을 추출하는 기술이다.
- **인공 DNA 합성:** 100개 이상의 뉴클레오티드로 구성된 원하는 구조의 DNA 분자를 짧은 시간에 저비용으로 만들 수 있다.
- **묶기:** DNA 리가아제 효소를 사용하여 동질의 끈끈한 끝을 가진 DNA 가닥을 붙여넣는다. 실제로, DNA 리가아제는 DNA 가닥의 끝을 다른 가닥에 연결한다.
- **대체, 삽입, 또는 삭제:** 부위 특이적인 PCR 올리고뉴클레오티드 돌연변이 생성을 이용한다.
- **주어진 내용의 튜브 탐지 및 읽기:** 해당 DNA 가닥을 찾으면 '예' 아니면 '아니오'이다. PCR을 이용해서 결과를 증폭한 다음 시퀀싱이라는 절차를 거쳐 실제로 읽어들인다.

간단하게 요약하자면, DNA 컴퓨터는 문제를 DNA 언어로 인코딩해서 해결한다: 네 가지 염기 A, G, C, 그리고 T. 이러한 네 가지 염기로 구성된 4진 시스템을 사용해서 해결하려는 문제의 잠정적 솔루션을 튜링머신 테이프 같이 DNA 가닥으로 인코딩한다. 모든 가능한 염기서열을 위한 서로 다른 수조 개 DNA 가닥이 시험관 속에 화학적인 방법으로 생성되고, 유전공학을 사용해서 올바른 염기서열 즉, 솔루션을 걸러낸다.

DNA 알고리즘

(이상적인 상태에서) 두 DNA 가닥이 결합했다면 반대쪽 염기가 상보일게 확실하므로, 한 가닥으로 다른 가닥을 충분히 만들 수 있다. 즉, **왓슨-크릭**이 알아낸 이중나선 구조에 의해 DNA 한 가닥으로 두 개를 만들 수 있다. 이 현상이 이어서 개괄적으로 설명할 DNA 알고리즘의 마지막 두 단계에 결정적인 역할을 한다.

주어진 문제에 대해, 전형적인 DNA 컴퓨팅 방법론은 다음과 같이 세 단계로 구성된다:

1. **코딩**: 적절한 함수를 사용해서 문제를 DNA 스트링 즉, 가닥으로 번역하는 과정이다.
2. **분자 연산**: 분자 차원에서 데이터를 처리하는 연산이다. 초기에 코딩된 분자 데이터에 보통 어닐링과 묶기를 적용해서, DNA 분자들이 서로 반응하여 시험관 속에 문제에 대한 잠재적 솔루션 스트링을 생성하는 과정이다.
3. **결과 추출**: 분자 형태의 결과를 추출하는 데 사용하는 프로토콜이다: 전 단계의 혼합물에서 좋은 스트링과 그렇지 않은 스트링을 분리 추출한다.

DNA 알고리즘은 채색 문제 같은 그래프 이론과 냅색 문제 최적화를 위한 동적 프로그래밍과 행렬 연산 등을 확장해서 만든 알고리즘이다.

DNA 컴퓨팅을 위한 애들먼 모델

애들먼은 1994년 그 유명한 논문에서 분자 수준에서 계산을 수행할 수 있는 가능성을 보여주었다(그리하여 DNA 컴퓨팅이 탄생했다). 그는 해밀턴 경로 문제에 대한 생물학적 솔루션을 제시했다.

방향 그래프에서 해밀턴 경로는 모든 정점을 중복 없이 순회하는 사이클이다; 해밀턴 경오가 존재하는 경우 정점이 n개인 그래프의 해밀턴 경로는 면이 $n-1$개다(!혹은 경로 길이가 $n-1$이다). 애들먼 논문에서 사용한 방향 그래프의 해밀턴 문제는 임의의 두 정점에 대해 그 점들을 잇는 해밀턴 경로가 하나라도 있는지를 찾는 문제다.

애들먼의 생물학적 해결 방법

애들먼이 제시한 생물학적 알고리즘을 차례차례 자세하게 살펴보자:

1. **리가아제 효소**: 물, 리가아제 효소, 소금, 그리고 다른 결합 친화성 물질을 채운 튜브에 정점과 간선을 나타내는 충분히 많은 양의 DNA 코드 가닥을 넣는다. 이러한 방법으로 거의 모든 경로가 순식간에 코딩된다.
2. **증폭**: 폴리메라아제 연쇄 반응으로 출발과 도착 정점이 일치하는 올바른 DNA 가닥만 증폭한다.
3. **겔 전자양동**: 정해진 길이의 DNA 분자를 모두 분리해낸다: 애들면 실험의 경우 해밀턴 경로는 뉴클레오티드 20개짜리 6개 즉 총 분자 길이 120이다.
4. **친화력에 의한 추출**: 친화성 분리 기술로 모든 정점을 지나는 경로를 선택한다. 이 기술은 염기의 상보성 원리를 조사해서 주어진 정점 코드를 포함하는 모든 시퀀스를 추출한다; 각 정점에 대한 추출을 반복해서 각 정점을 경유하는 모든 경로를 추출할 수 있다.
5. **해밀턴 경로 식별**: DNA 가닥이 하나라도 추출되는지 검사한다; 있다면 그 가닥이 우리가 찾는 해밀턴 경로다.

이 실험은 해밀턴 경로 문제에 대한 생물학적 솔루션을 얻는 과정을 보여줌과 동시에 다른 일반적인 문제에 DNA 계산을 적용할 수 있다는 가능성을 보여주었다.

해밀턴 문제는 NP 완전이지만, DNA 기술을 사용하는 경우 필요한 연산의 수는 정점의 개수 n에 선형으로 비례해서 증가한다. 또한 연산을 위해 필요한 상이한 분자의 개수도 그래프 간선의 수 m에 선형으로 비례한다; 실제로 단계 1은 $n+m$개의 인공 합성 DNA 시퀀스를, 단계 4는 n번 반복하면 되고, 다른 단계는 그래프의 크기와 무관한 동일한 상수 시간에 수행된다.

이런 사실은 DNA 컴퓨터가, 특히 입력의 개수에 민감한 어떤 문제를 해결하는데, 일반 전자적 슈퍼컴퓨터보다 훨씬 빠르게 거대한 병렬 컴퓨팅 능력을 제공할 수 있음을 의미한다. 해밀턴 경로 사례에서 놀라운 병렬성은 초기 가능한 모든 경로를 인코딩하는 시점에 잘 드러난다.

게다가, 약 1입방 센티에 해당하는 DNA 1그램에 약 215 페타바이트(215경 바이트)를 저장할 수 있으니 전통적인 컴퓨터에 비해서 저장 용량 역시 어마어마하다.

애들먼 모델 파이썬 구현

해밀턴 경로를 해결하는 애들먼 과정은 다음과 같은 알고리즘으로 요약할 수 있다:

1. 리가아제 효소: 그래프의 모든 경로를 생성한다.
2. 증폭: 출발과 도착 정점이 일치하는 경로만 고려한다.
3. 겔 전자양동: 정점 개수가 n인 경로만 고려한다.
4. 친화력에 의한 추출: 각 정점을 한 번 경유하는 경로만 고려한다.
5. 해밀턴 경로 식별: 남은 경로가 있는지 검사한다; 있다면 그 경로가 해밀턴 경로다.

애들먼은 DNA 조각을 계산의 대상으로 삼았고 특정한 효소와 분자생물학 기술을 연산으로 사용했다. 주어진 문제를 적절하게 인코딩 한다는 애들먼의 개념에 기초해서 이 알고리즘을 구현해 보겠다.

그는 그래프를 다음과 같은 규칙으로 인코딩했다:

그래프 G의 각 정점 i를 20개의 뉴클레오티드로 된 임의의 DNA 시퀀스에 대응시킨다.

그래프 G의 각 간선 $i \rightarrow j$를 정점 j의 앞부분 뉴클레오티드 10개와 정점 i의 뒷부분 뉴클레오티드 10개를 연결한 20 클레오티드로 된 DNA 가닥으로 인코딩한다.

이러한 방법으로, 필라멘트들이 짝을 형성해서 그래프 경로를 나타내는 거대 분자가 된다: 한 필라멘트는 연속한 간선 시퀀스를 인코딩하는 접합이고, 다른 것은 경로 위에 있는 정점에 대한 상보 시퀀스 접합이다. 이제 해밀턴 경로를 찾는 애들먼 실험을 파이썬으로 구현해보자. 소스코드는 https://github.com/johncburns1/DNAComputationSim 에서 내려받을 수 있다.

DNAComputationSim을 사용하려면 다음과 같은 파이썬 라이브러리가 필요하다:

- **Networkx**(https://networkx.github.io/): 복잡계 네트워크를 생성 및 조작해서 구조, 동역학, 그리고 기능을 연구하는데 활용하는 파이썬 패키지다.
- **pydna**(https://pypi.org/project/pydna/0.9.2/): 분자 생물학을 위한 파이썬 패키지다. 유전자 절단, 접합, 복제, 그리고 PCR을 쉽게 수행할 수 있는 DNA 이중 가닥 클래스가 포함되어 있다.

명령어 창에서 다음 명령으로 프로그램을 실행할 수 있다:

```
python Main.py file.txt start_vertex end_vertex
```

`file.txt`는 그래프 간선 파일이고, `start_vertex`와 `end_vertex`는 해밀턴 경로를 위한 시작 및 도착 정점을 포함하는 파일이다.

해결하려는 문제에 대한 그래프의 간선을 인코딩한 입력 파일이 라이브러리에 포함되어 있다:

- `cities.txt`
- `peterson.txt`
- `nums.txt`

예를 들어, `cities.txt`의 내용은 다음과 같다:

```
ATLANTA BOSTON
ATLANTA DETROIT
BOSTON CHICAGO
BOSTON DETROIT
BOSTON ATLANTA
CHICAGO DETROIT
```

이 그래프를 그림으로 나타내면 다음과 같다.

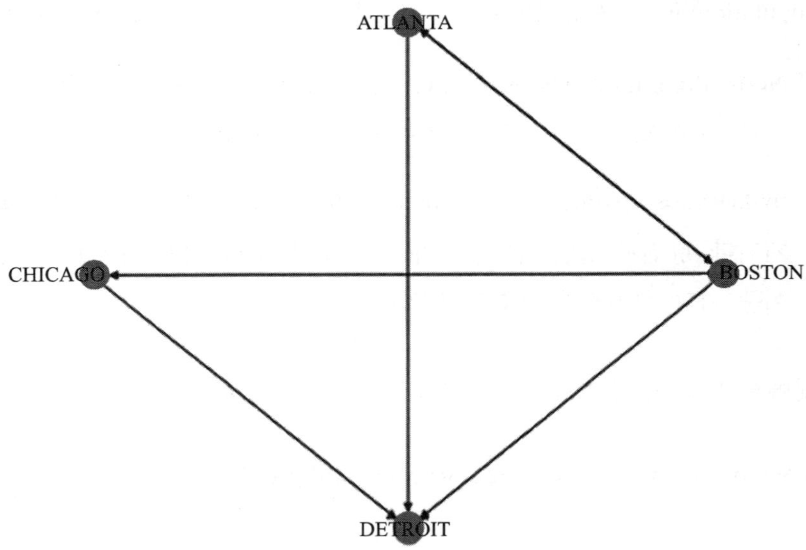

| 그림 8.2 | 입력 그래프

출발지와 목적지를 지정해서 문제를 정의한다:

```
python Main.py cities.txt ATLANTA DETROIT
```

즉, 앞에 나온 그래프의 ATLANTA에서 DETROIT로 가는 해밀턴 경로를 찾는 문제다.

문제를 해결하기 위해 파이썬 networkx 라이브러리를 사용해서 입력 그래프를 빌드할 필요가 있다:

```
graph = networkx.read_edgelist(file_path,create_using=networkx.DiGraph(),\
                               nodetype=str,data=[('to', str)])
```

다음으로 start_vertex와 end_vertex를 지정한다:

```
start_vertex = str(sys.argv[2]).upper()
end_vertex = str(sys.argv[3]).upper()
```

그리고 나서, Encoder 라이브러리를 사용해서 그래프의 정점과 간선을 임의의 DNA 시퀀스로 인코딩한다:

```
enc = Encoder()
nodes = enc.encodeNodes(graph)
edges = enc.encodeEdges(graph, nodes)
```

DNA 길이는 보통 단위 mer로 나타낸다; 이 문제의 경우, 모든 정점과 간선은 동일한 길이 20-mer(즉, 정점과 간선을 구성하는 염기의 수가 20)이다:

```
#NODES
{'BOSTON': 'CGAGGCCATAATTAAGGAGG', 'ATLANTA': 'TTTACGACAGAAGCTGGCCC',
'CHICAGO': 'CCACGCGATGTGACGCGTCT', 'DETROIT': 'GTAAACAGTCAGCGCCACCG'}

#EDGES
{('BOSTON', 'DETROIT'): 'ATTAAGGAGGGTAAACAGTC', ('ATLANTA', 'DETROIT'):
'AAGCTGGCCCGTAAACAGTC', ('CHICAGO', 'DETROIT'): 'TGACGCGTCTGTAAACAGTC',
('BOSTON', 'ATLANTA'): 'ATTAAGGAGGTTTACGACAG', ('ATLANTA', 'BOSTON'):
'AAGCTGGCCCCGAGGCCATA', ('BOSTON', 'CHICAGO'): 'ATTAAGGAGGCCACGCGATG'}
```

AssembleNAnneal 함수는 pydna.Assembly() 메서드를 사용해서 겹친 부분들은 이어 붙여 경로를 생성한다:

```
x = AssembleNAnneal(graph, nodes, edges, start_vertex, end_vertex)
```

생성된 결과를 걸러낸다:

```
filtered_paths = filter(x, nodes, node_names)
```

결과는 도시를 중복 없이 거쳐 가는 해밀턴 경로에 필요한 정점의 개수를 길이로 하는 경로에 대응하는 DNA 가닥들의 집합이다:

```
results = getResults(nodes, edges, filtered_paths, ham_graph_path)

if results[0] == True:
    print("\nTHERE IS A HAMILTONIAN PATH " + str(results[1]))
    return exit(0)
else:
    print("\nTHERE IS NOT HAMILTONIAN PATH")
    return exit(0)
```

출력은 해밀턴 경로를 자세하게 보여준다:

```
python Main.py cities.txt ATLANTA DETROIT
['Main.py', 'cities.txt', 'ATLANTA', 'DETROIT']

ATLANTA
DETROIT

{'BOSTON': 'CGAGGCCATAATTAAGGAGG', 'ATLANTA': 'TTTACGACAGAAGCTGGCCC',
'CHICAGO': 'CCACGCGATGTGACGCGTCT', 'DETROIT': 'GTAAACAGTCAGCGCCACCG'}

{('BOSTON', 'DETROIT'): 'ATTAAGGAGGGTAAACAGTC', ('ATLANTA', 'DETROIT'):
'AAGCTGGCCCGTAAACAGTC', ('CHICAGO', 'DETROIT'): 'TGACGCGTCTGTAAACAGTC',
('BOSTON', 'ATLANTA'): 'ATTAAGGAGGTTTACGACAG', ('ATLANTA', 'BOSTON'):
'AAGCTGGCCCCGAGGCCATA', ('BOSTON', 'CHICAGO'): 'ATTAAGGAGGCCACGCGATG'}

['BOSTON', 'CHICAGO']

Assembly:
Sequences........................: [30] [30] [30] [30] [30] [30]
Sequences with shared homologies.: [30] [30] [30] [30] [30] [30]
Homology limit (bp)..............: 10
Number of overlaps...............: 6
Nodes in graph(incl. 5' & 3')....: 5
Only terminal overlaps...........: Yes
Circular products................: [40]
```

```
Linear products.................: [90] [70] [70] [70] [70] [70] [70]
[50] [50] [50] [50] [50] [50] [10] [10] [10]

ATTAAGGAGGTTTACGACAGAAGCTGGCCC
     AAGCTGGCCCCGAGGCCATAATTAAGGAGG
          ATTAAGGAGGCCACGCGATGTGACGCGTCT
               TGACGCGTCTGTAAACAGTCAGCGCCACCG

BOSTON_ATLANTA|10
            \/
            /\
            10|ATLANTA_BOSTON|10
                           \/
                           /\
                           10|BOSTON_CHICAGO|10
                                          \/
                                          /\
                                          10|CHICAGO_DETROIT

AAGCTGGCCCCGAGGCCATAATTAAGGAGG
            ATTAAGGAGGCCACGCGATGTGACGCGTCT
                           TGACGCGTCTGTAAACAGTCAGCGCCACCG

ATLANTA_BOSTON|10
            \/
            /\
            10|BOSTON_CHICAGO|10
                           \/
                           /\
                           10|CHICAGO_DETROIT

AAGCTGGCCCCGAGGCCATAATTAAGGAGG
            ATTAAGGAGGTTTACGACAGAAGCTGGCCC
                           AAGCTGGCCCGTAAACAGTCAGCGCCACCG
```

```
ATLANTA_BOSTON|10
              \/
              /\
              10|BOSTON_ATLANTA|10
                                \/
                                /\
                                10|ATLANTA_DETROIT

ATTAAGGAGGTTTACGACAGAAGCTGGCCC
              AAGCTGGCCCCGAGGCCATAATTAAGGAGG
                                ATTAAGGAGGGTAAACAGTCAGCGCCACCG

BOSTON_ATLANTA|10
              \/
              /\
              10|ATLANTA_BOSTON|10
                                \/
                                /\
                                10|BOSTON_DETROIT

ATTAAGGAGGGTAAACAGTCAGCGCCACCG
              ATTAAGGAGGTTTACGACAGAAGCTGGCCC
                               AAGCTGGCCCGTAAACAGTCAGCGCCACCG

BOSTON_DETROIT|10
              \/
              /\
              10|BOSTON_ATLANTA|10
                                \/
                                /\
                                10|ATLANTA_DETROIT

AAGCTGGCCCCGAGGCCATAATTAAGGAGG
              ATTAAGGAGGGTAAACAGTCAGCGCCACCG
```

```
ATLANTA_BOSTON|10
              \/
              /\
              10|BOSTON_DETROIT

HAMILTONIAN PATH:
AAGCTGGCCCCGAGGCCATAATTAAGGAGGCCACGCGATGTGACGCGTCTGTAAACAGTC

HAMILTONIAN PATH:
AAGCTGGCCCCGAGGCCATAATTAAGGAGGCCACGCGATGTGACGCGTCTGTAAACAGTC

THERE IS A HAMILTONIAN PATH [('ATLANTA', 'BOSTON'), ('BOSTON',
'CHICAGO'), ('CHICAGO', 'DETROIT')]
```

이렇게 얻은 해밀턴 경로는 networkx 모듈을 이용해서 그래프로 변환한 다음 matplotlib를 사용해서 그림으로 나타낼 수 있다. 그림 8.2 그래프에 대한 해밀턴 경로는 다음과 같다:

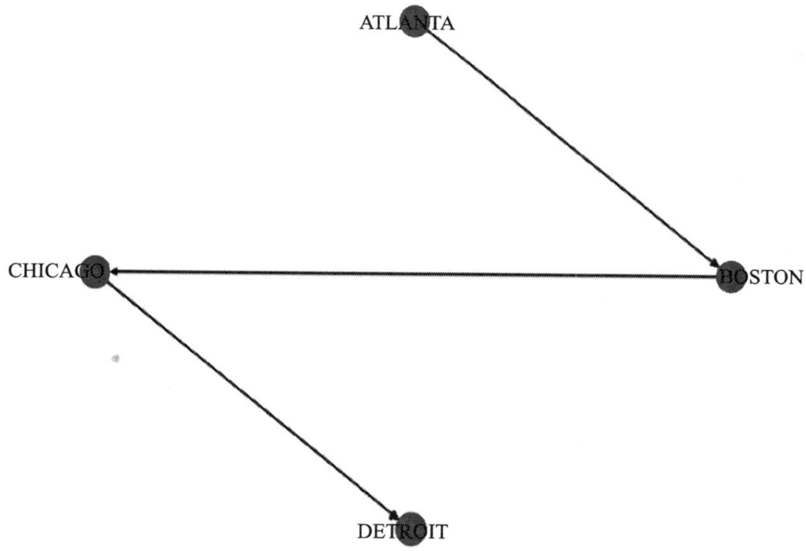

| 그림 8.2 | 해밀턴 경로

프로젝트 폴더의 그래프 디렉터리에서 이 그림을 찾을 수 있다.

결론

DNA 컴퓨팅은 레오나드 애들먼이 1994년 유전 공학 기술을 사용해서 까다로운 계산 문제를 해결할 수 있음을 입증한 이후 새로운 계산 모델로 자리를 잡았다.

살아 있는 생명의 믿을 수 없는 복잡성은 DNA 시퀀스에 몇 가지 단순한 연산(돌연변이, 절단, 복사, 접합, 재결합)을 적용한 결과다; 실제 생물학적 연산이지만 수학적 연산과 완벽하게 일치해서 결과를 기본 수학 연산자의 조합으로 나타낼 수 있다.

이런 생각과 실험실에서 DNA를 합성하고 조작할 수 있는 가능성에 기초해서 문제를 DNA 시퀀스로 인코딩한 후 유전 공학의 연산을 적용해서 계산을 수행하는 게 가능해졌다.

그러나 DNA 연산을 수행할 때 발생하는 오류 비율이 실제로 상당이 높아서 실제 문제에 응용하기는 아직 이르다. DNA 컴퓨팅의 궁극적인 성패는 주로 분자 생물학 기술의 발전에 달려 있다.

DNA 컴퓨팅은 앞으로 분자 생물학과 유전 컴퓨팅의 다양한 융합으로 더욱 발전할 것이다. 현재 컴퓨터로 다루기 어려운 까다로운 문제를 해결하는 DNA 컴퓨터 개발은 물론이고 생명과 컴퓨터 과학에 대한 더 많은 관심과 흥미가 필요하겠다.

참고 사이트

마지막으로 8장에서 다룬 주제에 대해 더 많이 배울 수 있는 유용한 정보가 있는 사이트:

DNA 컴퓨팅

- DNA 컴퓨팅은 어떻게 작동하는가: https://computer.howstuffworks.com/dna-computer.htm
- DNA 컴퓨팅에 대한 짧은 개요: https://luckytoilet.wordpress.com/2016/07/28/a-brief-introduction-to-dna-computing/
- 드디어! 프로그램 가능한 DNA 컴퓨터: https://www.wired.com/story/finally-a-dna-computer-that-can-actually-be-reprogrammed/
- DNA 컴퓨팅이란?: https://www.youtube.com/watch?v=Z2yYuCVU0GM
- 분자 컴퓨팅 튜터리얼: https://www.iiitb.ac.in/CSL/events/conference/RMIT2009/slides/Dr%20Balan.pdf
- DNA 컴퓨팅 모델과 구현: https://cs.uwaterloo.ca/~lila/pdfs/comments.pdf

애들먼 실험

- 해밀턴 경로를 위한 애들먼 DNA 알고리즘: http://web.cecs.pdx.edu/~mperkows/temp/June16/dna2.pdf
- DNA 연산: https://www.cse.unsw.edu.au/~cs4211/04s1/seminars/hiroshi.ppt
- 애들먼의 분자 툴박스: https://www.youtube.com/watch?v=UzdmnMi43YA

파이썬 프레임워크

- Biopython: https://biopython.org/
- 파이썬을 활용한 DNA 연산 시뮬레이터: http://www.littlespikeyland.com/msc/DNASim/
- Pydna: https://pypi.org/project/pydna/